LE NOUVEAU
SIÈCLE DE LOUIS XIV

OU

CHOIX DE CHANSONS

HISTORIQUES ET SATIRIQUES

PRESQUE TOUTES INÉDITES, DE 1634 A 1712

ACCOMPAGNÉES DE NOTES

Par le traducteur de la Correspondance de Madame
duchesse d'Orléans

PARIS
LIBRAIRIE DE GARNIER FRÈRES
6, RUE DES SAINTS-PÈRES ET PALAIS-ROYAL, 215

1857

LE NOUVEAU
SIÈCLE DE LOUIS XIV

Paris. — Imprimerie de G. Gratiot, 30, rue Mazarine.

LE NOUVEAU
SIÈCLE DE LOUIS XIV

OU

CHOIX DE CHANSONS

HISTORIQUES ET SATIRIQUES

PRESQUE TOUTES INÉDITES, DE 1634 A 1712

ACCOMPAGNÉES DE NOTES

Par le traducteur de la *Correspondance de Madame*
duchesse d'Orléans

PARIS

LIBRAIRIE DE GARNIER FRÈRES

6, RUE DES SAINTS-PÈRES ET PALAIS-ROYAL, 215

—

1857

AVANT-PROPOS

L'attention publique se dirige depuis quelques années avec une vivacité bien légitime sur l'histoire du règne de Louis XIV; d'éminents écrivains, parmi lesquels il suffit de citer MM. Victor Cousin et Sainte-Beuve, ont écrit des pages fort remarquables sur divers points de ce règne qui occupe une si grande place dans les annales de la France; d'importants travaux ont été entrepris dans le but de faire connaître les efforts de l'administration et de la diplomatie; on remonte aux sources; on interroge tous les témoignages contemporains; plusieurs éditions simultanées des *Mémoires* de Saint-Simon viennent se disputer, jusque devant les tribunaux, les suffrages des lecteurs; le *Journal* de Dangeau est pour la première fois publié en entier; on annonce une réimpression de cet amas de vers écrits par Loret, sous le nom de la *Muse historique*, et devenu bien rare et bien cher[1]. Des sa-

---

[1] Un éditeur, aussi actif qu'intelligent, M. Jannet, a mis sous presse une réimpression en quatre volumes, grand in-8°, des *Lettres* en vers de Loret; elles offrent une source des plus abondantes en renseignements curieux sur l'histoire anecdotique de seize années au commencement du grand règne (4 mai 1650 au 28 mars 1665). Cet ouvrage, en trois tomes in-folio, a subitement excité la convoitise

vants feuillettent les archives, en retirent des pièces oubliées jusqu'ici dans la poussière et les mettent au grand jour. Parmi ces publications d'un prix véritable pour l'histoire, nous rappellerons seulement la *Correspondance administrative sous Louis XIV*, que M. Depping commença à éditer pour la collection des *Documents sur l'histoire de France*, et dont le quatrième volume vient de paraître, la tâche entreprise par ce laborieux érudit et interrompue par sa mort, ayant été continuée par son fils.

Le recueil que nous offrons au public est d'un genre moins grave, mais il peut toutefois, nous l'espérons, avoir son utilité.

On n'ignore pas qu'il existe des recueils manuscrits plus ou moins étendus de ces chansons qui, peu nombreuses sous Louis XIII, se multiplient pendant toute la durée du règne de Louis XIV, ne perdent rien de leur activité et de leur acrimonie pendant l'époque de la régence, et se prolongent, quoique bien réduites en quantité, à travers tout le dix-huitième siècle jusqu'aux premiers jours de la révolution.

---

des bibliophiles au point que, marqué seulement au prix de 15 à 24 francs dans la dernière édition du *Manuel du Libraire*, il s'est élevé à 339 francs à la vente Walckenaër, à 545 francs à celle Armand Bertin, et à 1,055 francs à celle de M. Leroux de Lincy. Une bonne notice sur Loret et sur son livre se rencontre dans les notes fort intéressantes que M. Léon de Laborde a jointes à son écrit sur le *Palais-Mazarin* (1846) et qui ont malheureusement été tirées à très-petit nombre. On peut consulter aussi le *Catalogue* des livres de M. Bazin, n° 762, et le travail de M. Pezet : *Recherches sur l'origine des journaux, et esquisse historique sur Jean Loret*, Bayeux, 1840, 72 p. in-8.

Des copies de ces *chansonniers* se trouvent parfois dans des bibliothèques publiques ou chez quelques amateurs; l'exemplaire le plus complet est celui qu'avait fait transcrire, pour sa satisfaction personnelle, le ministre Maurepas [1]. Grand amateur de ces bagatelles rimées, cet homme d'État frivole, auteur lui-même d'un couplet méchant qui lui valut une longue disgrâce [2], n'avait rien négligé pour avoir en ce genre une collection à laquelle rien ne manquât.

[1] Ce recueil, connu sous le nom de *Recueil de Maurepas*, se compose de 44 volumes in-4, avec deux volumes de musique et deux volumes de table. Sorti pendant les troubles révolutionnaires de la bibliothèque qu'avait laissée le ministre qui l'avait fait exécuter à grands frais, il devint la propriété d'un bibliophile zélé, de Méon, et à la vente des livres de cet amateur, opérée en 1802, les 44 volumes furent acquis au prix de 2,350 francs pour la bibliothèque de la rue de Richelieu.

M. Jannet, dont nous venons de signaler l'active et hardie initiative, annonce la publication de ce *Recueil* célèbre. Elle formera 6 volumes in-8, au prix de 25 francs chaque; il ne sera tiré que 200 exemplaires.

[2] Madame de Pompadour avait présenté au roi, le jour de sa fête, un superbe bouquet de roses blanches. Cette favorite passait pour être affectée d'une indisposition fâcheuse; Maurepas se permit une épigramme qu'inspira la couleur de ces roses, et à laquelle une déplorable équivoque prêtait une cruelle malignité. Après avoir vanté les appas de la marquise, il ajoutait :

> Et les fleurs naissent sous ses pas,
> Mais, hélas! ce sont des fleurs blanches.

La maîtresse du roi demanda vengeance; on la lui promit; le rimeur coupable fut découvert, non sans peine, renvoyé d'un double ministère qu'il occupait, exilé d'abord à Bourges, et il resta éloigné de l'administration pendant les vingt-cinq années que dura encore le règne de Louis XV, dont la rancune survécut à la mort de madame de Pompadour.

Il ne pouvait être question, et pour cause, de réimprimer tout ce qu'offrent les *chansonniers*. Ils s'y trouve une foule de pièces qui n'ont plus d'intérêt et qui concernent des personnages restés inconnus ; on y rencontre, et ceci est plus grave, une multitude de vers où la licence des expressions ne le cède en rien à l'audace des idées. Le français y brave l'honnêteté avec une effronterie égale à celle du latin de Catulle et de Martial. On a peine à comprendre que des hommes du monde, appartenant à la société polie, aient pu se laisser aller à un pareil dévergondage, dont on rougirait dans un corps de garde ; ce sont choses que la plume des copistes a reproduites, mais que les caractères de la typographie ne doivent pas perpétuer.

A cet égard nous invoquerons l'autorité de M. F. Barrière ; l'ingénieux auteur de deux volumes riches en révélations sur l'histoire anecdotique [1], s'exprime ainsi dans l'*Introduction* qu'il a mise en tête des *Mémoires du comte de Brienne*, dont il a été l'éditeur (Paris, 1828, 2 vol. in-8°) :

« Les faiblesses de Louis XIV n'étaient pas plus épargnées que celles de ses sujets dans ces couplets que la malice, la médisance et quelquefois la haine la plus envenimée répandaient à la cour, à la ville, sur des refrains connus.

« J'ai tenu dans mes mains cinq volumes in-folio de ces chansons manuscrites ; c'est une *histoire de France en vaudevilles*, mais c'est bien l'histoire la plus scanda-

---

[1] *Tableaux de genre et d'histoire*, 1828, in-8 ; *La Cour et la Ville*, 1830, in-8.

AVANT-PROPOS.

leuse qu'on ait jamais écrite. Ces vaudevilles peignent à la fois le désordre des mœurs et l'audace effrénée des satiriques; ni le sexe, ni l'âge, ni le rang, ni la condition ne peuvent trouver grâce à leurs yeux. Les abus de la presse n'ont rien de comparable à la licence presque toujours impunie de ces couplets.

« Je ne saurais dire jusqu'à quel point on a porté l'obscénité dans la plupart de ces vaudevilles. Il en est qu'aucun homme de notre âge ne saurait entendre un seul instant sans dégoût, et cependant ces couplets étaient composés par les courtisans les plus spirituels et répétés dans les cercles les plus brillants. Pendant la Fronde, on les chantait au palais du Luxembourg, à l'hôtel de Longueville, peut-être même à l'archevêché. Plus tard, on les murmurait tout bas dans les bosquets de Marly, sur le grand degré de Versailles. »

M. Eugène Sue s'exprime de son côté de la manière suivante dans un de ses romans [1] : « Le recueil de chansons manuscrites à la bibliothèque (alors) du roi, renferme d'innombrables et curieuses révélations sur tous les personnages influents de cette époque. On voit facilement, par les détails contenus dans ces chansons, qu'elles ont été composées par des gens de la plus haute compagnie et des mieux instruits; le cynisme de ces couplets est tel, qu'il serait presque impossible de citer une de ces pièces tout entière [2]. »

Laissant de côté ces excès odieux, des auteurs justement estimés ont demandé aux *chansonniers* d'utiles

---

[1] *Latréaumont*, édit. in-3, t. II, p. 122.
[2] Ceci est exagéré; il y a beaucoup de pièces (et ce sont les plus nombreuses) qu'on pourrait transcrire en entier

renseignements sur des personnages contemporains de Louis XIV; nous mentionnerons seulement M. Walckenaër, qui cite les recueils manuscrits en divers endroits de ses notes sur les *Caractères* de La Bruyère, 1845, in-8° (p. 606, 725, etc.), et M. Cousin qui, dans la *Jeunesse de M*me *de Longueville* (1853, in-8°), a fait plusieurs emprunts à un recueil de *chansons notées* conservé à la bibliothèque de l'Arsenal (voir p. 174, 184, 210, 271, 304, 368).

Nous nous mettons sous la protection de ces autorités imposantes, et nous espérons qu'on ne portera pas sur notre recueil un jugement trop sévère.

La difficulté était de choisir dans une multitude de pièces; nous voulions, élaguant tout ce qui porte le cachet d'une immoralité sans pudeur, offrir un échantillon assez fidèle de ces collections inédites. Il fallait, pour atteindre ce but, joindre à des pièces historiques relatives au roi, à ses généraux, à ses ministres, celles qui dévoilaient les scandales de quelques ménages et qui flétrissaient la conduite plus que légère de quelques dames de la cour ou de quelques femmes de la ville qui ne passaient pas tout à fait pour des Lucrèces. Les couplets de ce genre abondent dans les *chansonniers*; ils fourniraient de bien amples matériaux aux gens qui seraient tentés d'explorer à fond les archives des malices du sexe; ils allongeraient d'une façon démesurée la liste des *saints qu'a célébrés Bussy*. Ce n'était nullement notre but, et sous ce rapport, nous

sans blesser la morale; en revanche, il en est d'autres dont il n'y aurait pas moyen de citer deux vers de suite.

n'avons puisé qu'avec beaucoup de réserve dans les manuscrits mis sous nos yeux.

A l'époque des troubles de la Fronde et lorsque Louis XIV était jeune encore, les principaux chansonniers dont les noms ont percé le voile de l'anonyme, ordinairement jeté sur pareilles productions, sont Blot et Bussy-Rabutin. Le premier ne manquait pas d'esprit, mais il le souillait par une impiété dont on trouve heureusement fort peu d'exemples parmi les écrivains de cette époque, et par un cynisme qui, dans certains vers dirigés contre Anne d'Autriche et contre le cardinal Mazarin, dépasse toutes limites; le second est trop connu pour qu'il soit nécessaire d'en parler ; tout le monde sait quelles furent pour lui les suites d'un *cantique* trop célèbre qu'il composa avec quelques joyeux camarades d'orgie, et qui n'était pas de nature à lui concilier la faveur de Louis XIV. Nous laissons d'ailleurs dans des recueils faciles à trouver cette pièce imprimée à diverses reprises, au sujet de laquelle il a été commis bien des erreurs qu'un critique judicieux a relevées avec soin [1].

Parfois les manuscrits mettent en marge le nom de l'auteur de certains couplets, mais c'est rare ; la duchesse de Bourbon, fille naturelle de Louis XIV, est indiquée dans tous les *Mémoires* comme faisant beaucoup de chansons très-mordantes où elle n'épargnait

---

[1] Consulter l'excellente notice de M. Bazin sur Bussy; insérée d'abord dans la *Revue des Deux-Mondes*, juillet 1842, elle a été reproduite dans les *Études d'histoire et de biographie* (Paris, 1844, in-8), dues à cet écrivain enlevé par une mort prématurée.

ni son père, ni son mari ; on connaît une partie des vers qui échappèrent à sa verve railleuse. A diverses reprises l'autorité s'efforça, mais toujours en vain, de réprimer la licence des rimeurs anonymes [1] ; ils échappaient à toutes les recherches, et ils ne cessèrent de braver la colère du roi.

La dureté brutale de Louvois, la maladresse de Chamillard, l'inhabileté de Pontchartrain, la rigueur des impôts, figurèrent, pendant quelque temps, parmi les sujets favoris des faiseurs de chansons. Ils ne tarissaient pas sur la présomption funeste de Villeroi, qui servait si bien, sans le vouloir, les ennemis de la France; ils raillaient sans ménagement la nullité de généraux tels que Tallard, qui se faisait si rudement battre à Blenheim, et La Feuillade, qui échouait avec tant d'éclat au siége de Turin ; ils ne ménageaient point la triste indolence de Jacques II, expulsé d'Angleterre ; ils persifflaient, mais cette fois avec injustice, la vanité de Villars qui sut faire oublier par d'éclatants succès son avidité et son orgueil ; les vices de Vendôme trouvaient chez eux des peintres trop fidèles, et la coïncidence fâcheuse d'une rime fortuite leur fournissait un aliment qu'ils n'étaient pas disposés à négliger. S'ils rendent hommage aux qualités guerrières de Luxembourg, ils indiquaient de bien singulières et bien inconvenantes plaisanteries que ce maréchal se permettait avec les dames.

[1] C'est ainsi qu'une lettre du marquis de Seigneley (13 décembre 1681), insérée dans la *Correspondance administrative*, publiée par M. Depping, ordonne de poursuivre les auteurs de chansons satiriques.

AVANT-PROPOS.

Notre recueil débute par une malice contre la veuve d'Henri IV, insultée par un jeu de mots au sujet de ses prétendues relations avec le maréchal d'Ancre ; il reproche en passant au cardinal de Richelieu une intrigue avec sa nièce, la duchesse d'Aiguillon [1], et à l'occasion de la mort de ce puissant ministre, il retrace la haine qu'il avait inspirée ; Mazarin est, à son tour, l'objet de railleries amères ; puis défilent sous le fouet des coupletiers, l'archevêque de Paris, Harlay, prélat dont la conduite était loin d'être édifiante, et le cardinal d'Estrées qui ne valait guère mieux [2], la comtesse d'Olonne qui se rendit fameuse par le scandale de sa vie, madame de Crussol, renvoyée de la cour pour avoir voulu « instruire M. le Dauphin sur un chapitre que ne lui montrait pas M. de Montausier, » l'ancienne

---

[1] Indépendamment de l'autorité des faiseurs de chansons on a, si l'on veut, pour la garantie de la réalité de cette intrigue, le récit de mademoiselle D. (Durand) dans son *Histoire des amours de Grégoire VII, du cardinal de Richelieu*, etc. ; mais ce n'est qu'un roman dépourvu de toute vraisemblance.

[2] Ce prélat est fort maltraité, ainsi que madame de Maintenon, dans un libelle qui était devenu très-rare, mais dont il a été fait, en 1850, une élégante réimpression tirée à petit nombre : *le Cochon mitré, dialogue*. On a prétendu que l'auteur de ce pamphlet impudent était un moine défroqué qui tomba entre les mains de la police française, et qui finit ses jours enfermé dans une cage de fer au Mont-Saint-Michel ; mais cette dernière circonstance n'est pas bien prouvée. (Voir le *catalogue* Leber, t. II, p. 334). Ajoutons que dans un ouvrage devenu très-rare, et publié sous une rubrique et avec une date bizarres (*Supplément aux Mémoires de Bussy*, au Monde, 7535417, 2 vol. in-12), on trouve aussi des couplets contre le prélat dont nous venons de parler, couplets qu'il ne faut pas reproduire.

maîtresse de Charles II, jeune Bretonne devenue duchesse de Portsmouth [1], mesdames de La Ferté, de Boislandry, d'Alluy et bien d'autres; l'énumération de toutes les femmes dont se moquent les *chansonniers* serait d'ailleurs interminable : on compterait plutôt :

> Les pachas étranglés par l'ordre des sultans,
> Le nombre des écus volés par les traitants.

Les filles d'honneur de la reine figurent souvent dans les recueils manuscrits; nous n'avons pu offrir que de faibles échantillons de ces vers où il y avait sans doute de la calomnie, mais où il entrait sans doute quelque vérité, puisque Louis XIV (arrivé, il est vrai, à l'âge mûr) se décida à supprimer les fonctions que remplissaient ces demoiselles, placées au milieu de tant de dangers.

Le grand Dauphin, ce prince dont la nullité était si déplorable, ne pouvait être épargné; ce fils unique de Louis XIV est, à plusieurs reprises, accusé d'avoir, pour sa sœur consanguine, la princesse de Conti, une tendresse plus que fraternelle. Nous ne croyons pas que les mémoires du temps aient appuyé cette inculpation qui était sans doute dénuée de fondement, mais des vers clandestins se permettaient des choses que la prose émanant d'un auteur connu n'aurait pas osé dire.

---

[1] Consulter à son égard l'ouvrage de M. Léon de Laborde que nous avons déjà cité : *le Palais Mazarin*, notes, p. 377. On publia en Hollande, en 1690, l'*Histoire secrète* de cette duchesse, ouvrage qu'il ne faut consulter qu'avec beaucoup de réserve. Ses *Mémoires secrets*, Paris, 1805, 2 vol. in-12, ne méritent aucune créance.

Les rimeurs se déchaînèrent avec aigreur contre le duc de Bourgogne; pieux, timide, dépourvu de lumières et de résolution, tout à fait paralysé à la tête des armées où sa naissance le plaçait et où il n'était ni hardi, ni heureux, ce prince offrait à la raillerie des points vulnérables qu'on se hâtait de saisir.

On comprend que madame de Maintenon ne pouvait être oubliée au milieu de ce déchaînement universel; c'est à elle surtout qu'on s'en prenait des revers qui frappèrent la vieillesse de Louis XIV, des humiliations que subissait la France vaincue à Hochstett et à Ramillies. On lui reprochait d'avoir choisi des généraux sans talent, des ministres sans capacité, et les reproches qu'on lui lançait allaient frapper son royal époux qui avait, pour la presque totalité de la cour et de la ville, l'impardonnable tort de régner depuis plus d'un demi-siècle. Nous n'avons pas à examiner ici si l'influence de madame de Maintenon sur la politique de Louis XIV fut aussi grande qu'on l'a prétendu; nous croyons qu'il y a un juste milieu à garder entre les attaques passionnées dont cette femme célèbre a été l'objet et les apologies chaleureuses qu'elle a inspirées depuis quelques années surtout; mais ce qui rentre dans le domaine des faits, c'est que les attaques dirigées par les chansonniers contre la veuve Scarron sont bien plus audacieuses que celles auxquelles se livrèrent quelques réfugiés qui épanchaient leur haine dans des pamphlets sortant des presses de Hollande, et qu'on ne pouvait faire circuler en France qu'en s'exposant à la question ordinaire et extraordinaire, aux galères perpétuelles et à la potence (voir p. 196 de notre volume).

Les noms de Racine, de Boileau, de La Fontaine et de quelques autres écrivains célèbres reviennent de temps à autre dans les *chansonniers*; on accuse Bossuet de montrer une animosité trop vive contre Fénelon et contre le quiétisme; on touche en passant à divers artistes, notamment à Lulli, auquel on reproche de bien honteuses mœurs [1], dont il aurait été le premier à plaisanter, s'il fallait accepter comme authentique un couplet qu'on indique comme une improvisation qu'il fit à un souper avec plusieurs dames de la cour. Si l'anecdote était vraie, elle donnerait une idée effrayante du langage qu'on pouvait se permettre en parlant à quelques femmes du plus haut parage.

Madame de Grignan, cette beauté si froide, n'a point sans doute inspiré ni ressenti les passions que mentionnent les *chansonniers*, et, quel que ait été le degré d'intimité de la charmante Henriette d'Angleterre et du séduisant comte de Guiche, il ne sera jamais allé jusqu'à autoriser ce dernier à échanger avec la belle-sœur de Louis XIV des vers qu'on ne se permettrait pas d'envoyer à la moins farouche des actrices d'un des plus petits théâtres.

Les maîtresses du Roi devaient occuper grandement les rimeurs anonymes : La Vallière les désarmait par sa douceur et son éloignement des intrigues de cour; mais l'altière Montespan fut maintes fois l'objet de leurs attaques; les prétendus rivaux qu'elle don-

---

[1] Ce reproche se retrouve d'ailleurs dans des ouvrages du temps (Voir l'écrit de Senecé : *Lettre de Clément Marot touchant ce qui s'est passé à l'arrivée de Lully aux Champs-Élysées*. Cologne, 1688, in-12).

nait à Louis XIV étaient désignés en toutes lettres [1].

Une multitude de circonstances restées inconnues sont dans les *chansonniers*, toujours empressés à recueillir avec avidité, à colporter avec indiscrétion, le scandale du jour ou l'anecdote de la veille. Ils nous apprennent, par exemple, que le chevalier de La Ferté, étant embarqué avec le comte d'Estrées, lui fit voler ses assiettes d'argent par un mousse. Ils nous révèlent sur les familles les plus illustres, sur les événements publics, bien des particularités dont les généalogistes et les historiens (les historiographes surtout) n'ont jamais dit le moindre mot.

Les jésuites, dont l'influence était si grande sous Louis XIV, ne pouvaient être épargnés [2]; le père La Chaise, le puissant directeur de la conscience du monarque, se vit en butte à d'amères railleries; on chansonna les querelles du jansénisme, on se moqua parfois des moines; on signala quelques scandales survenus dans diverses maisons religieuses.

---

[1] Entre autres assertions de ce genre, on prétendit qu'elle n'avait pas été insensible pour le chevalier de Rohan, décapité en 1674, pour conspiration, crime rare sous Louis XIV. Cet audacieux personnage se fit aussi écouter, dit-on, de madame de Mazarin et de madame de Thianges, deux femmes que les *chansonniers* ne ménagent guère.

[2] La prose des réfugiés les épargnait aussi peu que la poésie anonyme des beaux esprits de Paris ; voir un livret rempli de calomnies ridicules et devenu rare : *Les Jésuites de la maison professe de Paris en belle humeur*, 1696 ; il fut traduit en allemand, en flamand, et nous en avons vu une version anglaise intitulée : *Love in all its shapes, illustrated in the various practices of the Jesuits with ladies of quality*.

Cette multitude de petits faits, qui préparent ou qui expliquent de grands événements et dont on ne découvrirait pas de trace ailleurs que chez les *chansonniers*, fût-ce même au prix des recherches les plus minutieuses et les plus persévérantes, forme le principal mérite des recueils manuscrits. Il n'y avait alors d'autre journal qu'une *Gazette* officielle, qui ne parlait que sous le bon plaisir du chancelier et avec le visa du lieutenant général de police; les faiseurs de *Mémoires* se trouvaient resserrés dans des limites assez étroites; ce n'est que dans des vers anonymes, nullement destinés à l'impression, que pouvaient se glisser ces bruits de la ville, ces nouvelles de la cour, ces secrets de la comédie, ces mystères de la ruelle et parfois de l'alcôve, toutes ces rumeurs, enfin, qu'il ne faut ni adopter sans examen, ni repousser de parti pris, et dont la postérité est avide, non sans motifs, car elle recherche les particularités intimes de la vie des personnages célèbres à divers titres.

On doit convenir que la lecture des recueils manuscrits que nous avons en vue donne d'abord une fâcheuse idée de la moralité des contemporains du grand roi, mais il importe de se tenir en garde contre cette impression. Les chansonniers parlent de beaucoup de monde, mais le nombre des courtisans et des dames dont ils ne parlent point est infiniment plus considérable. Leurs indiscrétions sont maintes fois confirmées par les écrits de l'époque, par le témoignage de Saint-Simon, par les étranges assertions que la duchesse d'Orléans, la belle-sœur du roi, a jetées dans cette volumineuse correspondance qu'elle entretenait avec ses parents d'outre-Rhin, et dans laquelle elle s'exprimait avec une crudité que l'idiome germanique tolérait sans doute, mais qu'on ne pourrait reproduire sans quelque voile dans la langue française. Nous n'excusons certes ni cette princesse aussi vertueuse que laide, ni les rimeurs hardis qui dépassaient effrontément toutes les bornes de la bienséance, mais il est juste cependant d'observer que le monde tolérait alors des expressions bannies à très-bon droit du langage moderne par les progrès de la décence. L'étude de ces vicissitudes dans la destinée des mots conduit à des particularités curieuses. Sous Louis XIII, on employait en chaire, on mettait dans des sermons imprimés, avec approbation et privilége, des termes déshonnêtes, relégués de nos jours dans le vocabulaire de la plus mauvaise société, et nul ne songeait à s'en scandaliser[1]. Madame de Sévigné nous a conservé des propos beaucoup trop gais tenus par des personnages qui auraient dû donner l'exemple de la circonspection. Elle-même s'exprimait souvent avec une vivacité que ses premiers éditeurs ont cru devoir atténuer[2].

[1] Qu'on prenne la peine de parcourir, entre autres homélies, celles du père Bosquier sur la *Parabole du prodigue évangélique* (Arras, 1600; Paris, 1612) et du père Gazet sur l'*Histoire sacrée des bonheurs et malheurs d'Adam et Ève* (Arras, 1616), et l'on trouvera sans doute bien étrange le langage de ces naïfs prédicateurs.

[2] On sait que le texte des *Lettres* de madame de Sévigné a été, dès l'origine, modifié par des scrupules dont la curiosité moderne s'est affranchie.
M. Ludovic Lalanne a, dans une courte brochure, fourni quelques exemples de cette atténuation de couleur. (Voir la

Le sévère Boileau a donné place dans ses vers à des traits dont la bienséance du dix-neuvième siècle se trouve choquée [1]. Louis XIV, malgré la gravité que lui imposaient l'orgueil et l'étiquette, se laissait aller parfois à des accès de belle humeur qu'il se reprocha sans doute lorsque madame de Maintenon l'eut ramené à des pensées moins frivoles [2].

Les copies manuscrites des chansons sont accompagnées de notes du temps qui expliquent quelles sont les personnes désignées, et qui mentionnent parfois des particularités auxquelles il est fait des allusions que les contemporains reconnaissaient, mais qui nous échapperaient aujourd'hui. Nous avons dû conserver ces notes; elles ont d'ailleurs le mérite d'être fort courtes; il arrive de temps à autre que le commentateur partage la licence du texte sur lequel il glose.

Nous avons joint à quelques passages d'autres notes qui nous ont paru nécessaires, afin de fournir des détails qui ne seront peut-être pas toujours regardés comme superflus.

Il n'eût pas été difficile d'augmenter considérablement le nombre et l'étendue de ces annotations, mais nous tenions à rester fort sobres.

Revue de Paris (1er octobre 1853, p. 140, et la *Bibliothèque de l'École des Chartes*, 3e série, tom. IV, p. 148).

[1] Dans la satire IV, il a placé un mot qu'il imprima d'abord en toutes lettres et qu'il remplaça ensuite par des étoiles, mais qui a depuis été rétabli dans la plus grande partie des éditions, même dans celles destinées à la jeunesse.

[2] Voir les *Mémoires de Brienne*, publiés par M. F. Barrière, ch. XXIX.

Nous ne pouvions, sous peine de donner une très-fausse idée des recueils manuscrits que nous avons eus sous les yeux, nous dispenser de reproduire quelques-uns des échos des rumeurs scandaleuses qui circulaient alors; mais nous n'avons pas voulu commenter complaisamment ces médisances ou ces calomnies et les élucider en fouillant dans ces pamphlets satiriques, souvent orduriers, qui sortaient des presses clandestines de Leyde ou d'Amsterdam, et que les bibliophiles recherchent avidement [1]. Ces sources suspectes ne doivent être consultées qu'avec beaucoup de méfiance, et en faisant la part de l'exagération et de

---

[1] *L'Histoire amoureuse des Gaules,* par Bussy-Rabutin, et les petits romans assez nombreux qu'on y joint (et sur lesquels il faut consulter le *Catalogue de la bibliothèque de M. Leber*, t. I, p. 335 et suiv.), ont été réimprimés maintes fois et sont trop connus pour que nous nous y arrêtions; mais il existe divers pamphlets qui n'ont eu qu'une seule édition, devenue aujourd'hui presque introuvable. Nous signalerons entre autres :

La *Carte géographique de la cour et autres galanteries,* par Rabutin, Cologne (Hollande), 1668. La carte en prose avec des notes, n'occupe que 20 pages; c'est un libelle d'un cynisme révoltant contre des femmes et des personnages de la première distinction, nommés en toutes lettres. Le typographe batave y mit, par une supposition fort explicable, le nom de Bussy, que sa disgrâce, survenue en 1665, avait rendu fameux comme écrivain satirique, mais l'ouvrage est du prince de Conti; Bussy l'a dit expressément. Ce géographe d'un nouveau genre transforme en villes, en bourgs ou en lieux de passage, toutes les dames de la cour, et ses descriptions topographiques lui fournissent l'occasion de faire les allusions les plus grossières.

Vie de madame de Brancas et autres pièces galantes de la cour, Fribourg (Hollande), 1668, « satire en vers plus que libres, » dit avec raison M. Leber; elle est surtout fort

la rancune, stimulées par une spéculation des moins honorables sur la malignité publique.

La plupart des pièces que nous publions sont inédites; quelques-unes sont éparses et comme noyées dans divers ouvrages; d'autres se trouvent dans un recueil du genre du nôtre, qu'un littérateur assez obscur, Sautereau de Marsy, a publié en 1702, en 4 volumes in-8°, et qui est devenu peu commun. Le choix de notre devancier nous a, en général, paru fait avec un médiocre discernement, et les éclaircissements qu'il a joints aux vers qu'il copiait, n'apprennent rien de neuf aux personnes qui sont déjà un peu au fait de l'histoire anecdotique du règne de Louis XIV.

Une des difficultés qui s'est offerte à nous est venue

rare, lorsqu'elle comprend, p. 37 à 49, deux autres pièces du même genre dont nous ne voulons pas transcrire les titres, et qui se trouvaient dans un exemplaire payé 71 fr., en 1844, à la vente de Charles Nodier.

Le *Tombeau des amours de Louis le Grand, et ses dernières galanteries*, Cologne, 1695.

La *Chasse au loup de monseigneur le Dauphin*, 1695.

Parmi les écrits qui retracent des scandales survenus en partie dans la bourgeoisie, nous en distinguerons deux qui ne se trouvent que chez bien peu d'amateurs.

Le *Siècle d'or de Cupidon, ou les heureuses aventures d'amour*, Cologne, sans date; livret fort peu édifiant et très-difficile à trouver. Un exemplaire s'est payé récemment 41 francs à la vente de M. Renouard.

Le *Taureau banal de Paris*, Cologne, 1689.

Il ne faut guère s'arrêter à des écrits romanesques, presque toujours sans fondement historique et fort mal écrits, tels que :

L'*Histoire des amours du maréchal de Luxembourg*, 1695; du *maréchal de Boufflers*, 1698; la *Cour de Saint-Germain, ou les Intrigues galantes du roi et de la reine d'Angleterre, depuis leur séjour en France*, 1695, etc.

de ce que des scribes ignorants ont défiguré, parfois de la façon la plus ridicule, les noms de personnes et de lieux qu'ils transcrivaient étourdiment; nous nous sommes attaché à rectifier ces erreurs; il est toutefois quelques noms obscurs que nous avons laissés tels que nous les avons trouvés, ne voulant pas les corriger par voie de conjecture. Les copistes ont aussi déplacé, à ce que nous pensons, la date de quelques pièces; un couplet que nous donnons (p. 109) nous a d'abord semblé, à cause de l'année 1682, sous lequel il est inscrit, se rapporter au chevalier de Châtillon; il serait toutefois fort possible qu'il eût trait à la sœur de Luxembourg, à cette duchesse fameuse dans les fastes de la galanterie et que n'épargna pas la verve de Bussy-Rabutin [1], mais il faudrait alors l'attribuer à l'époque de la Fronde; des vers sur mademoiselle du Vigean, qui se présentent avec la date de 1700 (p. 197), ont dû être composés quarante ans plus tôt. Malgré toutes ces imperfections et bien d'autres que l'on découvrira sans peine, et pour lesquelles nous réclamons une indulgence dont nous avons grand besoin, nous avons l'espoir que notre *Nouveau Siècle de Louis XIV* sera accueilli avec la même faveur que la *Correspondance de la duchesse d'Orléans*, dont nous avons essayé de donner une traduction bien plus complète que celles qui existaient déjà; deux éditions successives de ces *Lettres* ont montré que le public

---

[1] Il existe un pamphlet assez plat, intitulé : *Histoire véritable de la duchesse de Châtillon*, Cologne (Hollande), 1699.

était avide de détails anecdotiques sur le règne de Louis XIV, et le nouveau volume que nous lui présentons nous semble de nature à piquer sa curiosité.

LE NOUVEAU
SIÈCLE DE LOUIS XIV

1617.

L'air : *des Guéridons*[1].

Si la reine alloit avoir
Un enfant dans le ventre,
  Il seroit bien noir,
  Car il seroit d'Ancre.
O guéridon, guéridon, dondaine!
O guéridon, guéridon, dondon[2]!

[1] Le nom de Guéridon fut donné, vers 1615, à un personnage imaginaire qui, semblable à Maître Guillaume, alors si célèbre, s'exprimait avec une hardiesse satirique sur les affaires du temps. Entre autres pamphlets où figure cet éditeur responsable des malices du temps, nous citerons la *Conférence d'Antitus, Panurge et Guéridon*, les *Grands jours* de ces trois individus et la *Continuation des grands jours*. Ce dernier écrit est une parodie des états généraux. M. Leber (catalogue de sa bibliothèque, n° 4292) le croit sorti d'une plume et peut-être d'une presse languedociennes, mais le fait est que Guéridon s'exprime en patois poitevin.

[2] La duchesse d'Orléans, mère du Régent, a cité ce couplet dans une de ses lettres qui abondent en révélations curieuses sur la cour de Louis XIV et dont l'édition la plus complète a paru en 1855 (Paris, Charpentier, 2 vol.) Tallemant des Réaux s'exprime ainsi à l'égard de la circonstance à laquelle ces vers font allusion :

« Toutes les médisances qu'on a faites sont publiques. Un jour, comme la reine-mère disoit : « Apportez-moi

1628.

Monsieur d'Essés[1], grand capitaine,
Et Brias, son lieutenant,
Et Royan, le porte-enseigne,
  Vive le roi !
Menoient les badauds de Paris.
  Vive Louis !

Ils avoient des chausses rouges,
Des pourpoints de satin blanc,
Avec des plumes blanches,
  Vive le roi !
Dessus leurs chapeaux gris.
  Vive Louis !

Dufrénoy[2], l'apothicaire,
Aide de sergent-major,
Portoit à l'arçon de sa selle,
  Vive le roi !
La seringue et son étui.
  Vive Louis !

mon voile, » le comte de Lude dit en riant : « Un navire qui est *à l'ancre* n'a pas autrement besoin de voiles. » Le duc d'Ancre n'a jamais couché au Louvre, mais il couchoit souvent dans un petit logis au bout du jardin vers l'abreuvoir ; à la vérité, il y avoit un petit pont pour entrer dans le jardin, qu'on appeloit vulgairement le Pont-d'Amour. » (*Historiettes*, édit. de 1840, t. I, p. 191).

[1] [Entrée de Louis XIII revenant du siége de la Rochelle (*n. du t.*).]

[2] [Père de ce Dufrénoy qui a fait fortune chez M. Letellier (*n. du t.*).]

Et Renouard, son beau-frère,
Avoit de forts beaux habits,
Et n'osoit chier dans ses chausses,
    Vive le roi!
Car elles n'étoient pas à lui.
    Vive Louis!

Il survint une pluie
Qui les mit en désarroi;
Aussitôt Brias s'écrie :
    Vive le roi!
Adieu tous nos beaux habits.
    Vive Louis!

Marchoit devant la noblesse
Monsieur Haussin le fils,
Avec son habit jaune,
    Vive le roi!
Chevauchant comme un marquis,
    Vive Louis!

Les bons pères jésuites
Firent de beaux chariots,
Et les chevaux qui les mènent,
    Vive le roi!
Sont aux boueurs de Paris.
    Vive Louis!

Puis un beau feu d'artifice
Fut tiré dans un bateau
Situé sur la rivière,
    Vive le roi!
Devant le Louvre de Paris.
    Vive Louis!

Le lendemain de l'entrée,
Monsieur Clermont fit porter
Les triomphes et les trophées,
    Vive le roi!
Droit à sa maison d'Athis.
    Vive Louis!

Le tout avecque licence
De messieurs les échevins,
Qui n'ont pas grande science,
    Vive le roi!
Car ils n'ont guère d'esprit.
    Vive Louis!

1628. — ROCHELOIS.

Sire, ne soyez point courtois
A ces rebelles Rochelois;
Point de quartier, il les faut pendre.
Vous m'avez donné la maison
D'un parpaillot; s'il faut la rendre,
Je serai sot comme un oison.

1636.

La Combalet[1] se plaint fort
De ce que l'on dit d'elle,

---

[1] [Marie-Magdelaine de Vignerod, fille de René de Vignerod et de Françoise du Plessis, sœur du cardinal de Richelieu, femme de M. Combalet, duquel elle n'a point eu d'enfants; elle a été créée duchesse d'Aiguillon en 1638 et est morte le 7 février 1675, après avoir testé en faveur de sa nièce Marie-Thérèse de Vignerod, marquise d'Agenois, morte duchesse d'Aiguillon, en 1704 (n. du t.).]

Le cardinal son oncle acheta pour elle, en 1638, le

Et jure qu'on a grand tort
De l'appeler mademoiselle;
Car elle a passé son temps,
Et son oncle est trop puissant
Pour la laisser pucelle.

1642. — LAMPONS.

Roquelaure et Saint-Maingrin[1]
Ont tenu jusqu'à la fin
Pour le maréchal de Guiche
Qui fuit tout comme une biche;

duché d'Aiguillon. Fléchier prononça son oraison funèbre.

Tallemant des Réaux s'exprime ainsi dans ses *Historiettes* : « On en a fort médit de son oncle et d'elle. Il aimoit les femmes et craignoit le scandale. Sa nièce étoit belle, et on ne pouvoit trouver étrange qu'il vécût familièrement avec elle. Effectivement, elle en usoit peu modestement. »

Le caustique Guy-Patin (lettre du 3 novembre 1640) dit que le cardinal, deux ans avant que de mourir, avait encore trois maîtresses : « la première étoit sa nièce; la seconde étoit la Picarde, savoir la femme de M. le maréchal de Chaulnes; la troisième une certaine belle fille parisienne, nommée Marion de Lorme. »

M. Paulin Paris, dans une note de son édition de Tallemant des Réaux, observe que « la nature des relations de madame de Combalet avec le cardinal était un aliment inévitable de la médisance. La postérité n'en a pourtant pas recueilli d'autres preuves que les allégations contemporaines de la *Miliade* et des *Ponts-Bretons*; on ne doit pas s'y arrêter. »

[1] [Le duc de Roquelaure. Saint-Maingrin, lieutenant-général, commandoit sous le duc de Grammont.

On prétend que le duc de Grammont, créature du cardinal de Richelieu, se fit battre à Lomincourt en 1642, le 26 mai, pour faire sa cour au cardinal qui vouloit se rendre nécessaire dans cette guerre (*n. du t.*).]

Lampons, lampons !
Mon camarade, lampons.

Quand il fut à Saint-Quentin,
On lui présenta du vin ;
Monseigneur, prenez courage,
Il vous reste encore un page.
    Lampons, etc.

Guiche disoit à Rousauts :
Soutenez bien les assauts
Pour l'honneur de la couronne ;
J'aurai soin de ma personne.
    Lampons, etc.

Je ne puis, mes chers amis,
Car mes gens sont déconfits ;
L'ennemi, près de Vauchelle,
M'a fait battre la semelle.
    Lampons, etc.

Richelieu[1] dans les enfers,
Favori de Lucifer,
Est dans ces lieux comme en France ;
On le traite d'Éminence.
    Lampons, etc.

Lucifer fut à cheval
Au-devant du cardinal ;
Les diablotins magnifiques
Portèrent mousquets et piques.
    Lampons, etc.

[1]. [Mort du cardinal de Richelieu au mois de décembre (n. du t.).]

Sitôt qu'il eut fermé l'œil,
Lucifer dans un fauteuil
Releva bien la moustache
Du curé de Saint-Eustache.
  Lampons, etc.

A la moitié du chemin,
Caron lui donna la main :
Passez, le plus grand monarque
Qui fut jamais dans ma barque.
  Lampons, etc.

Mais quand il fallut payer,
Il n'avoit plus d'aumônier ;
Mais un si grand personnage
Ne paye rien pour passage.
  Lampons, etc.

Il n'étoit pas aux faubourgs
Qu'il entendit les tambours ;
Lucifer pour sa venue
Fit bien balayer la rue.
  Lampons, etc.

Tout comme on lui fit jadis [1]
Dans la ville de Paris,
Revenant de Carcassonne
Dans sa machine en personne.
  Lampons, etc.

Arrivé dedans ce lieu,
Croyant être Richelieu,

---

[1] [Après le siége de Perpignan, deux mois avant sa mort, il fut apporté par vingt-quatre Suisses à cause d'une fistule qu'il avoit au derrière, ne pouvant trouver une situation plus commode (*n. du t.*).]

Les diablotins tous en garde
Mirent bas les hallebardes.
 Lampons, etc.

D'Ancre[1], ce grand maréchal,
Dès qu'il vit le cardinal,
Tout aussitôt il s'écrie :
Chauffez-vous, je vous en prie.
 Lampons, etc.

Ah! morbleu, qu'il y fait chaud!
N'y a-t-il point ici d'eau?
Holà! oh! laquais, ho! page,
Par la sacre-bleu, j'enrage!
 Lampons, etc.

Mais je ne vois point de Thou;
Ah! Cinq-Mars, où êtes-vous?
Vous êtes en purgatoire,
Et moi dans la fosse noire[2].
 Lampons, etc.

---

[1] [Le maréchal d'Ancre tué par ordre de Louis XIII, par Vitry, son capitaine des gardes, le 11 avril 1617 (n. du t.).]

[2] Cette chanson reproduit une idée développée dans deux petites comédies satiriques :

Le Cardinal tasche d'entrer en paradis, tragi-comédie en vers, sans date, seize pages in-4° (il en existe trois réimpressions, deux avec la date de 1643, seize et quatorze pages, et une datée de 1645).

La farce du Cardinal aux enfers, sans lieu ni date, quatre pages in-4°. Ce dernier écrit est rempli de fautes contre les lois de la versification.

Dans l'une et l'autre de ces compositions, le cardinal rencontre à la porte du paradis les âmes de ceux qu'il a fait mourir : Marillac, Montmorency, de Thou, Cinq-Mars, qui le repoussent; il descend alors en enfer;

De Bullion, à mon secours,
C'est à vous que j'ai recours.
Je brûle; qu'on me délivre;
Au diable le sel pour livre.
  Lampons, etc.

Maugrébleu, j'ai bien du mal,
Dit Bullion[1] au cardinal :
Les tailles, les subsistances,
Sont l'objet de nos souffrances.
  Lampons, etc.

Que ne suis-je avec le roi?
Hélas! qu'est-ce que je vois?

Caron lui fait passer le fleuve du Styx, et, chemin faisant, lui reproche ses crimes. Richelieu trouve chez Pluton ses fidèles agents : le père Joseph et le président de Bullion qui l'injurient.

Voici un échantillon du style de cette satire platement versifiée :

LA REINE-MÈRE.

Horreur de mes regards, avorton des enfers,
Qui t'amène en ces lieux? Que n'es-tu dans les fers!

LE CARDINAL.

Je vous crie merci, si je vous ai fâchée;
Je suis fort repentant de ma vie passée.

LA REINE-MÈRE.

En est-ce la saison, indigne cardinal?
Tu veux faire le bien ne pouvant plus de mal.
Encor ne crois-je pas que tu en veuilles faire,
Monstre, tigre inhumain, léopard sanguinaire,
Avide des trahisons, ambitieux d'honneur,
Rempli de vanité, sans courage et sans cœur,
Moi, qui avais été cause de ta fortune,
T'ayant fait grand seigneur, je t'étais importune,
T'ayant par ma bonté fait puissant à la cour,
Traître, tu as payé d'un exil mon amour.

[1] M. de Bullion, intendant des finances, homme du cardinal (n. du t.).]

Dans l'ardeur qui le presse,
Il prend Proserpine pour sa nièce.
Lampons, etc.

Que diable fais-tu ici?
Oh! grand Armand du Plessis,
Je suis dame Proserpine,
Et non votre concubine.
Lampons,
Lampons,
Mon camarade, lampons.

1643. — ROCHELOIS.

Ci-gît le pacifique Armand [1]
Dont l'esprit doux, juste et clément,
Ne fit jamais mal à personne;
Il n'a garde d'être damné,
S'il est vrai que Dieu lui pardonne
De même qu'il a pardonné.

---

[1] La mort du cardinal de Richelieu fut immédiatement suivie d'un grand nombre de satires; on se vengeait ainsi du silence qu'il avait fallu garder longtemps.

Les pièces dirigées contre le ministre et de son vivant sont peu nombreuses; on risquait trop à s'attaquer à cette redoutable Éminence. On cite l'*Impiété sanglante du cardinal de Richelieu*, imprimée à Envers (sic) sans date, 4 feuillets; il y a dans ce texte autant de fautes que de mots : la grossièreté de l'exécution typographique fournit un indice de l'intention de déguiser une impression française. Le *Tableau du gouvernement présent ou l'éloge de Son Éminence* est une satire qui comprend mille vers tout juste; aussi la connaît-on sous le nom de la *Milliade*. Une édition de 60 pages avec la rubrique d'Envers est fort rare; une réimpression faite en 1649 l'est bien moins; et d'après les *Mémoires* de la Porte (col-

Armand, depuis que le trépas
A tranché le cours de tes pas,
C'est à qui blâmera ta vie;
Mais moi qui déplore ton sort,
Je dis sans haine et sans envie
Que c'est assez que tu sois mort.

lection Petitot, seconde série, t. LIX, p. 356), cet écrit a d'Estelan pour auteur. Nous en citerons quelques vers :

C'est le ministre des enfers,
C'est le démon de l'univers;
Le fer, le feu, la violence
Signalent partout sa clémence;
Les frères du roi maltraités,
Les maréchaux décapités,
Quatre princesses exilées,
Trente provinces désolées,
Les magistrats emprisonnés,
Les grands seigneurs empoisonnés,
Les gardes des sceaux dans les chaînes,
Les gentilshommes dans les gènes,
Tant de généreux innocents
Dans la Bastille gémissants.....

Le poëte ne ménage pas davantage les instruments des rigueurs du cardinal.

Machaut et Laffemas,
En décapitant ils se jouent ;
Ils sont encor plus gais s'ils rouent;
Mais leur plus agréable jeu
Est de brûler à petit feu.

Des invectives du même genre se rencontrent dans un autre petit poëme, *l'Enlèvement des reliques de saint Fiacre* :

Miracle, citoyens, celui dont la fureur
Remplit toute l'Europe et de sang et d'horreur,
Met les grands à l'aumône et le peuple en chemise,
Profane les autels et ravage l'Église,
Bourrelé de l'excès de son ambition
S'alambique l'esprit de la religion,
Recherche les saints lieux, réclame les reliques,
Couvre de piété ses humeurs tyranniques.
Démons, souffrirez-vous que ce faux capitan,

Ci-gît qui fut sans foi, sans loi,
Sans âme, sans Dieu ni sans roi;
Ci-gît qui sur terre, sur l'onde,
Haï des hommes et de Dieu,
A fourbé les plus grands du monde :
Le cardinal de Richelieu.

Puisse vivre en repos qui commande en tyran,
Que ce fameux ingrat, cet infâme corsaire
Loge dedans les cieux son âme sanguinaire?
Non, je n'estime pas que ce soit son dessein,
Vous êtes ses tuteurs; il suit votre destin.....
Un moine, un renégat, l'un blanc et l'autre gris,
Servent insolemment ce cruel Phalaris;
Le plus gros des voleurs dispose des finances,
Et le plus corrompu tient en main la balance;
Enfin la cruauté, la rage et le dépit
Ont mis dans ce bon chef les bourreaux en crédit.
Méchant, c'était assez de ruiner tant d'États,
De troubler le repos de tant de potentats,
Qu'un prêtre scélérat eût ravagé la terre,
Qu'il eût porté partout le flambeau de la guerre;
Ton insolence va jusque dedans les lieux,
Tu fais venir les saints au lieu d'aller à eux,
Tu les assujettis aux lois de tes caprices,
Tu veux qu'ils soient témoins de tes noires malices.

On trouve un assez grand nombre de pièces dirigées contre le cardinal dans un petit volume publié en 1693, le *Tableau de la vie et du gouvernement de messieurs les cardinaux Richelieu et Mazarin*. Nous en transcrirons quelques-unes.

LE DÉCALOGUE DU CARDINAL.

Un seul Dieu tu adoreras, en apparence seulement,
Dieu en vain tu jureras et mentiras incessamment,
Les dimanches messe ne diras ni bréviaire aucunement,
Homicide toujours seras, au moins par commandement,
Luxurieux demeureras de corps et de consentement,
L'avoir d'autrui tu embleras et ne le rendras nullement,
Faux témoignage tu diras, à un seul secrètement,
Les biens d'autrui possèderas et troubleras le Parlement,
L'œuvre de chair ne désireras qu'en la duchesse seulement.

Ci-gît le fléau de la terre,
Ce prêtre qui faisoit la guerre,

Si tu veux savoir ses ébats,
C'était la guerre et les combats;
Après cela, qui pourra dire
Qu'il ne soit logé dans le rang
De ceux qui souffrent le martyre
Ayant tant répandu de sang?

Le cardinal de Richelieu,
Suivant le contre-pied de Dieu,
S'est gorgé de sang et de rage;
Aussi, mourant, il a laissé
A chacun de son parentage
Les passions d'un insensé.

Qui vécut du sang des François,
L'auteur du mal qui nous désole,
Et qui, de sa nièce autrefois,
Eut deux enfants et la v...le.
Passant, rassure ton courage,
Ne t'étonne pas de ces vers,
Ce diable ne sauroit te nuire davantage,
Dieu l'a mis pour jamais au profond des enfers.

Vous tous qui admirez les faits de Richelieu,
Ne mettez plus ainsi votre âme à la torture,
Pour savoir s'il étoit Ange, Diable ou Dieu,
Sa nièce vous dira quelle était sa nature.

Ci-gît le cardinal; je suis fâché, passant,
Qu'au lieu de ce ci-gît, tu ne vois pas, ci-pend.

Le cardinal de Richelieu,
Devant que de nous dire adieu
Éloigna la paix de la terre;
Et si jamais il fut monté
Au siége de la papauté
Il eût canonisé la guerre.

Ci-gît Armand-Jean du Plessis,
Perturbateur du genre humain;
S'il est allé en paradis,
Nous irons tous pour le certain..

Ce cardinal ne pouvait pas
Loger mieux, après son trépas,
Son corps que dedans la Sorbonne,
Car c'étoit un maître docteur
Du droit de la race bourbonne
Qui le rendoit usurpateur.

Arrête, et me dis en passant
Sur le trépas du plus puissant
Qui jamais ait vu la lumière,
Le cardinal de Richelieu
Est enfermé dans cette bière,
Lui qu'on révéroit comme un Dieu.

Ses plus ordinaires ébats,
C'étoit de brouiller les États
Et de porter partout la guerre;
Il mit l'Espagne à la raison,
Il sut étonner l'Angleterre
Et remit saint Pierre en prison.

Les princes étoient ses sujets,
Les rois redoutoient ses projets;
Il auroit ébranlé l'Empire
S'il avoit eu plus de santé;
Il forçoit Rome de l'inscrire
Successeur de Sa Sainteté.

Durant son règne de vingt ans,
Il se moquoit des mécontents;
Les partis étoient morts en France;
Il mit si bas ses ennemis,
Que rien ne heurta sa puissance
Que la Parque qui l'a soumis.

1643. — AUTRES ROCHELOIS.

Si la pauvre duchesse[1] pleure,
Hélas! pourquoi s'étonner tous?
Ne perd-elle pas à même heure
Et le père et l'oncle et l'époux?

Ici gît une rare pièce
Sous ce magnifique tombeau;
S'il n'eût point caressé sa nièce,
On en eût fait un saint nouveau.

1643.

Quelle fortune,
Quelle fortune;
Quoi, sans être sanglier [2]

---

[1] [La duchesse d'Aiguillon, nièce du cardinal de Richelieu (*n. du t.*).]

[2] [M. le Prince, le père du grand Condé, s'imaginoit quelquefois être oiseau et d'autres fois sanglier et se cachoit sous les lits et les tables, comme s'il eût été dans une forêt (*n. du t.*).]

Cette étrange hallucination se retrouva chez un de ses descendants, le duc de Bourbon, fils du grand Condé.

« Il s'imagina dans le dernier voyage qu'il fit en Bourgogne dont il étoit gouverneur, qu'il étoit devenu un lièvre, et il défendit qu'on sonnât les cloches, prétendant que leur son l'obligeait de se retirer dans le fond d'un bois. Il crut une fois être devenu plante, et comme tel, il voulut se faire arroser. Après s'être mis dans le petit jardin de l'hôtel de Condé, il chargea de cette commission un de ses pages nommé de Plainville, qui n'en voulut rien faire, et qui laissant les deux arrosoirs qu'il

Passerons-nous cette lune?
Cette lune,
Cette lune;
Je ne suis point sanglier,
J'ai toujours gardé mes plumes.

1644.

Carus[1] amicus Mussœus,
Ah! Deus bone! quod tempus!
Landerirette;
Imbre sumus perituri,
Landeriri.

Securæ sunt nostræ vitæ[2],
Sumus enim Sodomitæ,
Landerirette;
Igne tantum perituri,
Landeriri[3].

avait remplis d'eau, courut se cacher dans l'hôtel. Le duc fut dans une colère terrible contre lui, mais cette idée lui passa bien vite, et fit place à une autre qui fut de se croire mort.

« Il s'imaginoit fort souvent devenir chauve-souris, et il avoit fait lambrisser et plafonner à Chantilly un cabinet de grosse toile, où il alloit se retirer quand il avoit cette idée, craignant que s'il restât dans sa chambre, il ne se donnât des coups de tête contre le plancher et les murailles. » (Voir les *Mémoires de Maurepas*, t. I, p. 266).

[1] [Le grand prince de Condé en descendant le Rhône avec le marquis de la Moussaye (*n. du t.*).]

[2] [Réponse du marquis de la Moussaye (*n. du t.*).]

[3] L'accusation qu'on pourrait conclure de ce couplet est formellement affirmée par un des plus zélés courtisans de Condé, par le comte de Coligny, qui se brouilla ensuite avec le prince et qui, devenu son ennemi acharné, exhala sa haine en traçant, sur les marges d'un livre de

1648.

J'ai ouï Goulas [1] jurer,
L'écritoire qu'il porte,
Qu'il vouloit avancer
Monsieur de La Motte [2].
Monsieur aime cet homme
Et en fait si grand cas,
Qu'il l'a fait gentilhomme,
Car il ne l'étoit pas.

Courtisans, vous brûlez
Près de Monsieur vos bottes,
Si vous ne courtisez
Monsieur de La Motte.
Monsieur aime cet homme
Et en fait si grand cas,
Qu'il l'a fait gentilhomme,
Car il ne l'étoit pas.

1648.

Vingt mille hommes de pied,
Cinq de cavalerie,

liturgie, des souvenirs qui renferment un portrait hideux du héros. Cette virulente diatribe, que M. Walckenaer regarde avec raison, ce nous semble, comme évidemment calomnieuse sur plusieurs points, a été insérée pour la première fois dans un recueil où on n'aurait pas été la chercher (*Mémoires de Jean de Coligny*, dans les *Contes historiques* de M. Musset-Pathay, 1826, in-8°). M. Monmerqué a donné, en 1844, de ces *Mémoires*, une bonne édition qui fait partie des publications de la *Société de l'histoire de France*.

[1] [Goulas, secrétaire des commandements de M. Gaston, duc d'Orléans (*n. du t.*).]

[2] [La Motte, parent de Goulas (*n. du t.*).]

Se sont venus camper
Devant Fontarabie;
Mais las! quand il fallut combattre,
Tout s'en alla.

Du Plessis-Bezançon [1],
Ce grand foudre de guerre,
Dans cette occasion,
Donna le nez à terre;
Hélas! quand il fallut combattre,
Tout s'en alla.

L'évêque de Bordeaux [2]
Dessus mer fit merveille,
Il avoit quatre vaisseaux
Tous chargés de bouteilles;
Mais las! quand il fallut combattre,
Tout s'enivra.

Le prince de Condé [3]
Eût prit Fontarabie
Si l'on eût secondé
Sa généreuse envie;

---

[1] [Père de M. Courtenay, lieutenant-général (n. du t.).]

[2] Il s'agit d'un prélat qui fut à la tête des forces navales de la France et qui fit preuve de courage et de talent dans ces fonctions peu ecclésiastiques; voir la *Correspondance d'Henry d'Escoubleau de Sourdis*, archevêque de Bordeaux, augmentée des lettres, instructions et ordres de Louis XIII et du cardinal de Richelieu à M. de Sourdis, concernant les opérations des flottes françaises de 1636 à 1642, accompagnée de notes et d'une introduction par M. Eugène Sue, 1839, 3 vol. in-4°.

[3] [Henri de Bourbon, père du grand Condé, assiégea Fontarabie; il fut défait et la place secourue par les Espagnols (n. du t.).]

Mais las! quand il fallut combattre,
  Tout s'en alla.

  Son lieutenant étoit
  Le duc de La Valette
  Qui du doigt lui montroit
  Que la brèche étoit faite ;
Mais las! quand il fallut combattre,
  Tout s'en alla.

  Monseigneur de Bordeaux,
  Pour montrer sa prudence,
  Fit sortir des vaisseaux
  En toute diligence ;
Mais las! quand il fallut combattre,
  Tout s'enivra.

  Madame de Carigné [1]
  A troussé son bagage
  Pour n'avoir pas mangé
  Avec le roi potage ;
Hélas! n'est-elle pas à plaindre,
  La femme à Thomas
    Dans ce repas ?

  Dame de Saint-Martin
  Est partie par avance
  Avec tout son train
  En grande diligence ;
Hélas! n'est-elle pas à plaindre,

---

[1] (Bourbon-Soissons, femme du prince Thomas de Savoie, père du comte de Soissons, grand-père du prince Eugène (*n. du t.*).]

Dans ce repas,
La femme à Thomas?

Madame d'Aiguillon [1],
L'original des saintes,
Va faire un bataillon
De pucelles enceintes;
Mais las! quand il faudra combattre,
Chacun *rira* [2].

1645.

Ribaudon suit à la piste
Monsieur, frère unique du roi;
Son époux en est si triste,
Qu'il ne mange et qu'il ne boit.
Ni tous ses gens, Guillemette,
Lonlenla,
Que ces gens vivent mal.

Au siége de Thionville
Nous avions un général
Qui croyoit prendre la ville,
Mais il n'y fit point de mal.
Ni tous ces gens, Guillemette,
Lonlenla,
Que ces gens vivent mal.

L'intendant de justice,
Monsieur Tarcey de Caen,
S'écria sans malice :

---

[1] (La duchesse d'Aiguillon, nièce du cardinal Richelieu (*n. du t.*).)

[2] Nous adoucissons l'expression du texte et pour cause.

Sauvons-nous promptement,
Et tous mes gens, Guillemette,
    Lonlenla,
Que ces gens vivent mal.

Saint-Paul, brave capitaine,
Fort vaillant et généreux,
S'écria de voix hautaine :
Point de quartier je ne veux,
Ni tous mes gens, Guillemette,
    Lonlenla,
Que ces gens vivent mal.

1648. — ALLELUIA.

Ce fut une étrange rumeur
Lorsque Paris tout en fureur
S'émut et se barricada[1],
    Alleluia.

Sur les deux heures après-dîné,
Dedans la rue Saint-Honoré,
Toutes les vitres l'on cassa,
    Alleluia.

Le maréchal de L'Hôpital
Fut sur le Pont-Neuf à cheval
Afin d'y mettre le holà,
    Alleluia.

---

[1] Voir sur la Journée des Barricades les *Mémoires* du cardinal de Retz, ceux de madame de Motteville; Petitot, *Notice sur la Fronde*, t. XXV de la collection des *Mémoires* qu'il a édités; Saint-Aulaire, *Histoire de la Fronde*, etc.

Un tas de faquins en émoi
Lui fit crier : Vive le roi,
Tant de fois, qu'il s'en enrhuma,
 Alleluia.

Aussitôt le grand maître y vint,
Suivi de braves plus de vingt,
Monté chacun sur un dada,
 Alleluia.

Mais pour faire trop l'arrogant,
Et n'être pas trop complaisant,
Bien lui prit qu'il s'en retourna,
 Alleluia.

Le coadjuteur de Paris,
Disoit humblement : Mes amis,
La reine a dit qu'elle viendra,
 Alleluia.

Le chancelier eut si grand peur,
Que pour échapper au malheur
Plus d'une chandelle il vota,
 Alleluia.

On vit passer le Parlement
Qui s'en alloit tout bellement
Au Louvre dire : Beniqua,
 Alleluia.

Mais le peuple, qui l'attendoit
Auprès de la Croix du tiroir,
Le mena tant, qu'il retourna,
 Alleluia.

Ils dirent à Sa Majesté
Que Paris étoit révolté;
Lors la reine s'humilia,
    Alleluia.

On vit monsieur le cardinal,
De rage que tout alloit mal,
Ronger les glands de son rabat,
    Alleluia.

On entendit toute la nuit,
Par la ville, un étrange bruit
De courtauts chantant : Qui va là?
    Alleluia.

Chatillon se trouva surpris
Lorsqu'en arrivant à Paris,
Un corps de garde l'arrêta,
    Alleluia.

Il leur dit : Chapeau bas, amis,
Vive le roi, Broussel aussi;
Et tel autre qu'il vous plaira,
    Alleluia.

Chacun veut avoir son portrait
Pour mettre dans son cabinet
Parmi les raretés qu'il a,
    Alleluia.

Si les bourgeois eussent voulu,
Le cardinal étoit pendu;
Mais son bonnet on respecta,
    Alleluia.

Le moindre petit artisan,
Parlant de ce soulèvement,
Dit qu'il fit Mirabilia,
  Alleluia.

Or, prions tous notre Seigneur
Pour cet illustre sénateur,
Dont à jamais on parlera,
  Alleluia.

1648.

Air : de Jean de Nivelle.

Le cardinal, ce bon prêtre,
De valet devenu maître,
Range tout sous son bâton ;
Il tient Louis en tutelle ;
Qu'en dis-tu, Jean de Nivelle ?
Il rendra compte à Gaston.

Il court un bruit par la ville
Que monsieur de Longueville,
Est petit et sans cheveux ;
Il veut caresser les belles ;
Qu'en dis-tu, Jean de Nivelle ?
N'est-il pas bien dangereux ?

1648. — TRIOLETS

Sur les Maltôtiers.

Le bien est chez les partisans[1],
Et chez le peuple l'indigence ;

---

[1] Les *partisans*, les *financiers*, les *traitants*, étaient alors, non sans motifs, en butte à la haine publique

Tous François en sont déplaisants,
Le bien est chez les partisans.
Est-ce donc là cet heureux temps
Qu'on espéroit sous la régence?
Le bien est chez les partisans,
Et chez le peuple l'indigence.

Par un équitable revers
Leur fortune sera changée,
Et nous le verrons à leurs airs,
Par un équitable revers.
La France, par eux mise aux fers,
De leurs larcins sera vengée;
Par un équitable revers,
Leur fortune sera changée.

Tous ces beaux palais enchantés,
Bâtis de vols et de rapines,

nombre d'écrits et de satires, qu'il serait inutile d'énumérer, furent lancés contre eux; le burin leur fit la guerre aussi bien que la plume. Une gravure du temps, *la Justice royale* reproduite dans le *Musée de la Caricature*, 1830, montre d'abord *le bois dont se font les maltôtiers*, « la plus vile et la plus abjecte matière qu'on se puisse imaginer, des laquais, des paysans chassés de leur village, des marmitons de cuisine, des praticiens sans pratique. Le monstre de la maltôte anime cette canaille à la fraude et au péculat; il a la tête hérissée d'une crinière de serpents comme une quatrième furie, et la gueule sanglante du carnage qu'il a fait des pauvres peuples dont on voit encore des têtes, des jambes et des bras sous ses horribles griffes. Son dos est couvert d'écailles, mises en forme de quadruples et d'écus, parce que c'est la force d'argent qui le met à couvert. » Plus loin, on voit les dilapidateurs de la fortune publique fustigés, traînés sur la claie, décapités, et au fond de l'estampe s'élève un charnier où plusieurs cadavres, pendus au croc, sont le jouet des vents.

Ils ne seront plus habités,
Tous ces beaux palais enchantés.
Ils sont de toutes nos cités
Élevés dessus les ruines,
Tous ces beaux palais enchantés
Bâtis de vols et de rapines.

Ces beaux ameublements exquis,
Qui faisoient honte à ceux des princes,
Ne pareront plus leurs logis,
Ces beaux ameublements exquis.
On sait bien qu'ils les ont acquis
Du sang de toutes nos provinces,
Ces beaux ameublements exquis
Qui faisoient honte à ceux des princes.

Ces gros messieurs, nés paysans,
Parmi les sabots et les guêtres,
Deviendront riches en deux ans,
Ces gros messieurs nés paysans.
Plus nobles que des courtisans,
Ces coquins vantent leurs ancêtres,
Ces gros messieurs nés paysans
Parmi les sabots et les guêtres.

Quand on les renverroit tout nus,
Ce n'est pas leur faire injustice;
Ils sont de la sorte venus.
Quand on les renverroit tout nus,
Leur ôter biens et revenus,
C'est pour eux le moindre supplice.
Quand on les renverroit tout nus,
Ce n'est pas leur faire injustice.

Grande reine, on l'attend de vous,
Cette réforme est nécessaire,
Ce supplice est encor trop doux.
Grande reine, on l'attend de vous,
De ces tigres délivrez-nous,
Quoiqu'on vous prêche le contraire ;
Grande reine, on l'attend de vous,
Cette réforme est nécessaire.

Leurs fortunes ils ont bâtis
De la fortune sur les ruines ;
Par la maltôte et les partis
Leurs fortunes ils ont bâtis.
Pour eux Paris est travesti
Pour vouloir punir leurs rapines,
Leurs fortunes ils ont bâtis
De la fortune sur les ruines.

Par un coup de votre équité
Daignez retourner la médaille ;
Changez leurs biens en pauvreté
Par un coup de votre équité ;
Et changez en prospérité
Tant de douleur qui nous assaille,
Par un coup de votre équité
Daignez retourner la médaille.

Le conseil n'est juste ni bon,
Qui veut que Mazarin s'en aille ;
Il fait grand tort à votre nom,
Le conseil n'est juste ni bon.
Vous vous en servez, ce dit-on,
Quoiqu'il ne vaille rien qui vaille.

Le conseil n'est juste ni bon,
Qui veut que Mazarin s'en aille.

1648.

J'ai vu Beaufort dans son ire,
Je m'en veux de dire, dire :
J'aime Mazarin,
Puisqu'à mon père
Et à mon frère
Il fait du bien.
Vieille Chevreuse[1],
Grande coureuse,
Et vous, Montbazon[2] la frondeuse,

[1] Il s'agit ici de Marie de Rohan-Montbazon, née en 1604, mariée en 1617 au connétable de Luynes, veuve en 1619, remariée en 1622 au duc de Chevreuse. On sait le rôle important qu'elle joua à la cour de Louis XIII et à l'époque de la régence d'Anne d'Autriche. « Sa taille étoit charmante, elle avoit les yeux bleus, les cheveux d'un blond châtain et le plus beau sein. C'est ainsi que la représentent plusieurs portraits du temps, que possède M. le duc de Luynes. » Ainsi s'exprime M. Cousin (*Madame de Longueville*, 1re partie, p. 342), et cet écrivain éminent a retracé dans la *Revue des Deux-Mondes* (décembre 1855) la biographie de cette femme célèbre.

[2] Marie de Bretagne, morte en 1657, à quarante-cinq ans ; elle avait été mariée en 1628, à Hercule de Rohan, duc de Montbazon, et elle se rendit fameuse par ses intrigues et par le rôle qu'elle joua dans les événements de l'époque. C'était, au dire de Tallemant des Réaux, « une des plus belles personnes qu'on put voir, quoiqu'elle eût le nez grand et la bouche un peu enfoncée. Dans sa jeunesse, elle disoit qu'on n'étoit bon à rien à trente ans et qu'elle vouloit qu'on la jetât dans la rivière quand elle les auroit. Je vous laisse à penser si elle manqua de galants. M. de Chevreuse, gendre de M. de

Gueuse,
Soyez rigoureuse;
Tenez conseil au pilori
Pour sauver dame Anne et son favori.
Et oui,
Par la mordienne,
Vertudienne,
Oui.

Les gens que monsieur de Turenne
Mène
Sont de grands capitaines,
Et fort vigoureux;
Le bois de Vincennes
Est taillé pour eux;
Porte cochère
Ne dure guère
Contre gens de telles manières,
Bien qu'il taille des croupières
Aux soldats de Mazarin.
Et oui,
Par la mordienne,

Montbazon, fut des premiers. On en fit un vaudeville dont la fin étoit :

> Mais il fait c..., son beau-père
> Et lui dépense tout son bien;
> Tout en disant ses patenôtres
> Il fait ce que lui font les autres.

Un couplet de Neufgermain fait dire que le duc de Saint-Simon en a tâté aussi bien que les autres (il ne ressemble pas mal à un ramoneur) :

> Un ramoneur nommé Simon,
> Lequel ramone haut et bas,
> A bien ramoné la maison
> De monseigneur de Montbazon.

Vertudienne,
Oui.

A notre abord la canaille émue
Hue
Beaufort dans la rue,
Et le Blondin,
S'écriant : Tue! tue!
C'est un Mazarin.
Le roi des halles
Trousse sa malle
Au premier son de nos timballes :
Pars, dit-il à la cabale,
Tout est perdu,
Les princes sont sortis,
Et oui,
Par la mordienne,
Vertudienne,
Oui.

Savez-vous pourquoi ces mornes
Cornes
(Mais je dis sans bornes)
Menacent son front?
Plus grandes licornes
Jamais n'en auront.
Le pauvre hère
Se verra père
D'enfants que maint blondin espère
Faire.
Une telle affaire
Affligeroit le plus réjoui,
Et oui,
Par la mordienne,

Vertudienne,
Oui.

TRIOLETS

EN DÉCEMBRE 1648 ET 1649.

Saint-Germain[1], depuis quelque temps,
Passe pour la seconde Rome ;
C'est la retraite des méchants,
Saint-Germain depuis quelque temps.
L'impie, le bourgeois, le traitant
Y passe pour très-galant homme :
Saint-Germain, depuis quelque temps,
Passe pour la seconde Rome.

Ils ne seront donc point pendus,
Ces boug... de parlementaires,
Ces gens qui font les entendus,
Ils ne seront donc point pendus.
Tous les princes seront tondus
Dans la suite de cette guerre ;
Ils ne seront donc point pendus,
Ces boug... de parlementaires.

Venez nous demander pardon,
Misérables parlementaires,
Car voici Louis de Bourbon ;
Venez nous demander pardon,
Qui vient vous faire tout de bon
Sentir l'effet de sa colère.

[1] [La nuit du 5 au 6 janvier 1649, la reine-mère, le roi, le cardinal et tous ceux de leur parti, sortirent de Paris et s'en furent à Saint-Germain-en-Laye (*n. du t.*).]

Venez nous demander pardon,
Misérables parlementaires.

Parlement, prenez garde à vous,
J'appréhende pour vous la corde;
Notre reine est très en courroux,
Parlement, prenez garde à vous;
Et si bientôt à deux genoux
Vous ne criez miséricorde,
Parlement, prenez garde à vous,
J'appréhende pour vous la corde.

Aux armes! ils sont aux faubourgs;
Laquais, mon pot et ma cuirasse;
Qu'on fasse battre le tambour.
Aux armes! ils sont aux faubourgs;
Allons avec un prompt secours
Contre cette maudite race.
Aux armes! ils sont aux faubourgs;
Laquais, mon pot et ma cuirasse.

Adieu, la foire Saint-Germain!
Consolez-vous, filles et femmes;
Point de bijoux, il faut du pain [1],
Adieu, la foire Saint-Germain;
Vraiment ce temps est inhumain,
On ne donne plus rien aux dames.

---

[1] Le prix des vivres s'éleva à des proportions effrayantes lors du blocus de Paris; d'après les *Mémoires* de Talon, il y avait alors dans la capitale cent mille personnes réduites à vivre d'aumônes; le pain blanc valait, le 6 juillet, onze et douze sous la livre; le pain bis, sept sous. Ces chiffres ne représentent que la moitié des prix actuels.

Adieu, la foire Saint-Germain !
Consolez-vous, filles et femmes.

On ne veut plus d'enfarinés,
Tandis qu'il faut mettre le casque ;
Mignons, vous serez condamnés,
On ne veut plus d'enfarinés ;
Mais n'en soyez point étonnés,
Laissez passer cette bourrasque ;
On ne veut plus d'enfarinés
Tandis qu'il faut mettre le casque.

L'Orviétan, retirez-vous,
Jetez le théâtre par terre ;
Vous n'attirerez plus de fous,
L'Orviétan, retirez-vous.
On ne sauroit donner vingt sous
D'un pot d'onguent en temps de guerre ;
L'Orviétan, retirez-vous,
Jetez le théâtre par terre.

Ne vous émancipez pas tant,
Chevaliers à porte cochère ;
Votre cheval est bien portant,
Ne vous émancipez pas tant ;
Gardez-vous d'un tel accident
Qui pourroit gâter votre affaire ;
Ne vous émancipez pas tant,
Cavaliers à porte cochère.

Allons ! puisque j'ai pris mon pot ;
Allons ! qu'on s'arme et que l'on tue,
Allons en bon ordre, au grand trot,
Allons ! puisque j'ai pris mon pot,

Allons frapper sans dire mot,
Allons, la visière abattue,
Allons ! puisque j'ai pris mon pot,
Allons ! qu'on s'arme et que l'on tue.

Hélas ! que de malheureux corps
Dont la rage a fait un parterre !
Que de blessés, et que de morts !
Hélas ! que de malheureux corps.
Le foible a souffert du plus fort :
Voilà les beaux fruits de la guerre.
Hélas ! que de malheureux corps
Dont la rage a fait un parterre !

François qui combattez dehors,
Pourquoi causer tant de misère ?
Songez qu'en faisant vos efforts,
François qui combattez dehors,
Que vous avez dans ce grand corps
Femmes, filles, frères et mères ;
François qui combattez dehors,
Pourquoi causer tant de misères ?

Plaideurs, mettez vos sacs au croc,
Et songez à prendre les armes ;
Il est temps de faire ce troc ;
Plaideurs, mettez vos sacs au croc ;
Point d'arrêt, cela vous est hoc,
Sinon pour calmer vos vacarmes,
Plaideurs, mettez vos sacs au croc,
Et songez à prendre les armes.

Huissiers, procureurs, avocats,
Laissez un peu moisir vos causes ;
Vous ne sauriez gagner grand cas ;

Huissiers, procureurs, avocats;
La guerre ne le permet pas;
Le désordre est en toutes choses;
Huissiers, procureurs, avocats,
Laissez un peu moisir vos causes.

Médecins, soyez très-contents,
Les maltôtiers ont tous la fièvre;
Ils ont volé depuis vingt ans;
Médecins, soyez très-contents;
On leur fait tout rendre en ce temps,
Chacun d'eux tremble comme un lièvre;
Médecins, soyez très-contents,
Les maltôtiers ont tous la fièvre.

1649.

Vous êtes des plus fanées,
Présidente Pommereuil,
Et vous avez trop d'années
Pour vous conduire au cercueil;
Je me sens trop de mérite
Pour suivre vos vieux appas,
Et le reste d'Hippolyte [1]
Ne m'accommoderoit pas.

La Pommereuil est discrète
Contre tout, je le maintiens,
Et charitable et secrète,
Témoin les Arméniens [2];

---

[1] [On appeloit ainsi le fils de Pommereuil du premier lit; on lui faisoit la guerre d'aimer sa belle-mère (n. du t.).]

[2] [On disoit qu'il y avoit un Arménien avec qui elle avoit des relations (n. du t.).]

Son humeur n'est plus coquette,
Saint Paul fait son entretien,
Et souvent elle répète
Son épître aux Corinthiens[1].

1649.

Dans la place Royale
Il est une cigale
Qui, chantant nuit et jour,
Dit que la Bassompierre
Est venue sur la terre
Pour faire l'amour.

Dis-nous, pauvre Flesselles,
Y a-t-il maison telle
Que la tienne à Paris?
Trois valets sont tes pères;
Ta femme ne vaut guères,
Ta fille a deux maris[2].

1650. — TRIOLET.

Mazarin, plie ton paquet[3],
Notre roi est devenu sage[4],

---

[1] [Ceci s'applique à Paul-François de Gondy, alors archevêque de Corinthe, depuis cardinal de Retz (*n. du t.*).]

[2] Quelques manuscrits ajoutent à ces vers d'autres couplets trop licencieux pour pouvoir trouver place ici; nous nous bornerons à citer le commencement de l'un d'eux relatif à la veuve de Charles Ier.

La reine d'Angleterre
Va par mer et par terre
Pour chercher son amant.

[3] [Après que les princes furent sortis de prison (*n. du t.*).]

[4] [Ce qui fut cause de la fuite de Mazarin (*n. du t.*).]

Ton adultère lui déplaît [1];
Mazarin, plie ton paquet.
Garantis ton rouge bonnet
Du risque d'un si grand orage;
Mazarin, plie ton paquet,
Notre roi est devenu sage.

[1] La nature et les limites de l'attachement de la mère de Louis XIV à l'égard du cardinal Mazarin sont au nombre des problèmes qu'offre l'histoire.
Si l'on en croyait les libelles du temps et surtout la *Custode de la royne qui dit tout*, pièce satirique qui fit condamner à la potence le poëte Marlet, l'amour de la reine ne serait pas chose douteuse. L'avocat général Talon, madame de Motteville et la duchesse de Nemours disculpent Anne d'Autriche; la duchesse d'Orléans, Élisabeth-Charlotte, affirme, dans sa correspondance, que la veuve de Louis XIII avait épousé secrètement le cardinal Mazarin qui n'était point prêtre. La duchesse ajoute qu'on connaissait tous les détails de ce mariage, et que l'on montrait de son temps, au Palais-Royal, le chemin dérobé par lequel Mazarin se rendait la nuit chez la reine. « On peut penser, observe M. Walckenaër (*Mémoires sur madame de Sévigné*, t. I, p. 214), que la duchesse n'a pu écrire que d'après la tradition, et que ses récits ne peuvent contre-balancer les assertions de personnages contemporains. Mais certains faits sont souvent mieux connus longtemps après la mort des personnes qu'ils concernent que de leur vivant, ou des temps voisins de leur décès; ils ne sont entièrement dévoilés que lorsqu'il n'existe plus aucun motif pour les tenir secrets. » On ne peut douter des sentiments de la reine pour Mazarin lorsqu'on songe à l'aveu qu'elle fit dans son oratoire à madame de Brienne (*Mémoires de Brienne*, 1828, t. II, p. 40-43 et 337), aux confidences de madame de Chevreuse au cardinal de Retz, que celui-ci a consignées dans ses *Mémoires*, et lorsqu'on lit la lettre suivante d'Anne d'Autriche à Mazarin, datée de Saintes, le 30 juin 1660, lettre dont l'original autographe existe à la Bibliothèque impériale et qui a été publiée

1650. — PETITE FRONDE.

La Moussaye[1], que tu es blâmable
Pour Charenton quitter la table,
Sans goûter les plaisirs du vin.
De crainte qu'on ne t'y rattrape,
Mon cher ami, fais pour Calvin
Ainsi que je fais pour le pape.

par M. Walckenaër à la fin du 3e volume de ses *Mémoires sur madame de Sévigné*.

« Vostre letre ma donnée une grand joye, je ne say si je seray assez heureuse pour que vous le croies et que si eusse cru qune de mes letres vous eust autant pleut, jen aurays escrit de bon cœur et il est vray que den voir tant et des transports avec lon les recent et je les voyes lire me fesoit fort souvenir d'un autre tant (*temps*) don je me souviens presque à tous moments, quoyque vous en puissiez croire et douter je vous asseure que tous ceux de ma vie seront emploies à vous tesmoigner que jamais il ni a euee damitie plus veritable que la mienne et si vous ne le croyes pas, jespere de la justice que jay que vous vous repantires quelque jour den avoir jamais douté, et si je vous pouves aussi bien faire voir mon cœur que ce que je vous dis sur ce papier, je suis asseurée que vous series contant ou que vous series le plus ingrat homme du monde, et je ne croie pas que cela soit... Mon fils vous remercie aussi, et 22 me prie de vous dire que jusques au dernier soupir (ici quatre traits perpendiculaires coupés par trois traits horizontaux) quoique vous en croies. »

(Le numéro 22 est, à ce qu'on croit, la reine elle-même; les traits remplacent les mots par lesquels elle était convenue d'exprimer ses sentiments d'affection pour Mazarin.) Voir la clef dans les *Lettres inédites de Mazarin* publiées par M. Ravenel, 1836, in-8°, p. 191.

[1] [La Moussaye, père du comte de Saint-Quintin (*n. du l.*).]

Que Gaston prétende à l'histoire [1],
Le Père Joseph à la gloire [2],
La Rivière au cardinalat ;
Que Condé n'aime que l'inceste [3],
Pour moi je n'aime que le plat
Et me moque de tout le reste.

L'histoire, avec la renommée,
N'est rien que vent et que fumée ;
Pour la gloire, je n'y crois pas ;
La pourpre n'est que bagatelle,
Et l'inceste ne me plaît pas,
Car ma sœur n'est pas assez belle.

Je vous le dis sans raillerie [4],
C'est la véritable effigie
De Jules, ce fourbe éternel.
La Fronde jamais ne se raille,

---

[1] [Blot sur M. Gaston (n. du t.).] — Blot, baron de Chavigny, se distingua dans les troubles de la Fronde par ses bons mots et sa verve moqueuse. Mazarin lui donna une pension et lui ferma la bouche. Madame de Sévigné a dit de quelques-uns des vers de Blot qu'ils *avaient le diable au corps*. Le fait est que les recueils manuscrits contiennent nombre de couplets de cet auteur où s'étale l'impiété la plus téméraire et où la licence des expressions rivalise avec les épigrammes les plus impures de Martial. Nous nous sommes borné à transcrire quelques-uns des traits politiques de ce rimeur, et nous ne donnons qu'un ou deux échantillons de ce qu'il a fait de moins vif dans un autre genre.

[2] [L'abbé de la Rivière, son confident (n. du t.).]

[3] [Le prince Condé, accusé d'aimer la duchesse de Longueville, sa sœur (n. du t.).]

[4] [Chanson de Marigny sur une figure de paille du cardinal Mazarin que le peuple de Paris brûla (n. du t.).]

C'est son portrait au naturel,
C'étoit un ministre de paille.

Cette cabale est fort habile,
D'avoir choisi l'Hôtel-de-Ville
Pour y consulter sûrement.
En Grève on n'a point à descendre
Pour y voir plus commodément
Le Mazarin qu'on y doit pendre.

Faites taire cette canaille
Qui veut que Mazarin s'en aille
Quand il n'en est plus de besoin.
C'est une inutile chicane,
Il ne peut pas aller bien loin,
N'étant monté que sur un âne.

Tandis que le premier nous bloque
Et prend bicoque sur bicoque
Et la rivière haut et bas,
Nous ne nous amusons qu'à faire,
Au lieu de siége et de combats,
Des chansons sur l'air de : Lenlaire.

Nos chefs et nos braves cohortes
N'ont pas plutôt passé les portes,
Qu'ils les repassent promptement.
Nous mettons nos gens en batailles;
Les Polonois et l'Allemand,
Cependant, croquent nos volailles.

Usons bien de la conférence,
Remettons la paix dans la France,
Où tout est, vous m'entendez bien.
Finissons la guerre civile,

Et que le pain quotidien
Revienne à Paris la grand' ville.

Frondeurs, si votre remontrance
Peut faire chasser l'Éminence,
Je serai de votre côté;
Mais si l'on n'en vouloit rien faire,
Où trouverez-vous sûreté?
Pensez-y bien, c'est votre affaire.

Je ne crains point qu'en cette guerre
On jette mes châteaux par terre,
Qu'on vende mes biens à l'encan.
Je marcherai comme un apôtre,
Et si je dîne dans un camp,
Je pourrai bien souper dans l'autre.

Les conseillers de notre reine,
Dans leurs fonctions souveraines
Se trouvent si bien désormais,
Qu'on leur frotte le cul d'ortie
Quand on leur parle de la paix
Ou bien d'une bonne amnistie.

Malgré ma maudite luette[1],
Qui rend ma muse un peu muette,
Puisque l'adorable Ninon[2]
Trouve bon qu'on chante en carême,

---

[1] [Vers de Blot sur Ninon de Lenclos qui lui avoit dit de lui faire un couplet (*n. du l.*).]

[2] Nous n'avons pas besoin de parler ici avec quelques détails d'une personne aussi connue que Ninon de Lenclos. Nous citerons seulement, parmi les écrits qui la concernent, les :
Mémoires sur la vie de Ninon de Lenclos, par A. Bret, Paris, 1750; Amsterdam, 1775 (il existe une traduction

Je ne lui dirai jamais non ;
Plût à Dieu qu'elle en fît de même.

Coulon est un fort galant homme,
En dépit du maître de Rome
Il nous donne de bons repas [1].
Bonne chère, point de contrainte ;
Ah ! que j'aime le mardi gras,
Quand il vient en semaine sainte.

allemande, Leipsick, 1754, in-8º, et une italienne, Bologne, 1818, in-18).

Mémoires et lettres pour servir à l'histoire de mademoiselle Ninon de Lenclos (par Douxménil), Rotterdam, 1751, in-12.

Histoire de Ninon de Lenclos, par Quatremère de Roissy. Paris, 1824, in-18.

Les *Lettres de Ninon de Lenclos au marquis de Sévigné, augmentées de sa vie.* (Amsterdam, 1752, 2 vol. in-12 ; Paris, 1800, 3 vol. in-18 ; 1806, 2 vol. in-12), sont apocryphes et composées par un avocat nommé Louis Dumours.

La *Correspondance secrète entre Ninon de Lenclos, le marquis de Villarceaux et madame de Maintenon*, Paris, 1780, 2 vol. in-12 ; 1791, 2 vol. in-18 ; an XIII, in-8º, est tout aussi peu authentique ; celle-ci a pour auteur le marquis de Ségur.

On peut consulter aussi le chapitre VII des *Mémoires* de M. Walckenaër *sur la vie et les écrits de madame de Sévigné* (1842, t. I, p. 233-202). Ce savant fait observer qu'il ne faut pas s'en rapporter à la plupart des portraits qu'on offre comme l'image des traits de la célèbre courtisane. La réduction du portrait peint par Ferdinand, qui est placée au devant des *Mémoires* de Bret, peut donner quelque idée de cette beauté si vantée, mais le portrait de profil que M. Renouard a inséré dans son édition de Voltaire est tout à fait faux et imaginaire.

[1] Blot, sur Coulon, conseiller au parlement, grand frondeur.

Dieu me fasse toujours la grâce
D'avoir de bon vin à la glace,
Des jeunes *cœurs* et des perdrix.
Je veux avoir les étrivières
Si jamais pour son paradis
Je l'importune de prières.

J'ai une tristesse profonde,
Je ne crois point en l'autre monde,
Et celui-ci ne m'est plus doux.
Pour te le faire mieux comprendre,
Si je ne buvois comme un fou,
Par la morbleu! je m'irois pendre.

Je dis fi de ces faces blêmes,
De tous ces prêcheurs de carêmes
Qui censurent nos actions ;
Si c'est pécher qu'*aimer* et boire,
Je veux, pour ces deux passions,
Brûler cent ans en purgatoire.

Gaston, à la fin je me lasse
De tant recommencer la chasse
Après m'avoir dit : je le tiens[1];
Puisque sans cesse il tourne et ruse,
Pour ne plus fatiguer nos chiens,
Je suis d'avis qu'on l'arquebuse.

1650.

Comtesse de Crussol,
Ut, ré, mi, fa, sol[2],

[1] (Blot, sur le cardinal Mazarin (*n. du t.*))
[2] Nous rencontrons dans le *Mercure de France*, septembre 1747, une pièce de vers latins qui présente une

Je veux dire en musique
   Que vous avez eu
La, sol, fa, mi, ré, ut,
Plus d'amants qu'Angélique[1].

Je jure par le bœuf,
Le cheval du Pont-Neuf
A la place Dauphine,
Que le gros Saint-Brisson
Dépense plus en son
Que Gaston en farine.

Aussi dans les discours
Que fait de vos amours
Cette pauvre abusée,
Elle ne manque en ce point
Que d'arriver au point
De vous avoir refusée.

Belle de Montbazon,
Vous avez eu raison
D'en vouloir à nos princes[2];

singularité analogue à celle qu'on trouve dans les vers ci-dessus. Il s'agit d'un cantique qu'on chantait à Besançon le jour de Pâques :

Si, si, la, sol, la, ut, ut, ut, ut, si, la, si,
Fidelium sonet vox sobria.
Si, si, la, sol, la, ut, ut, ut, ut, si, la, si,
Convertere Sion in gaudia.
Si, si, la, sol, la, ut, ut, ut, ut, si, la, si,
Sit omnium una lætitia.
Ut, re, re, sol, la, ut, ut, si, la, sol, fa, sol,
Puer unica redemit gratia.

[1] [L'héroïne du célèbre poëme de l'Arioste, *Orlando furioso* (*n. du t.*).]

[2] [Louis de Bourbon, comte de Soissons (*n. du t.*).]

De Lorraine et Bourbon [1]
Vous ont mise en renom [2]
Dans toutes nos provinces.

1650. — FEUILLANTINES [3].

On a vu venir Charot [4],
Le nez haut,
Monté sur de grands chevaux,

[1] [Le duc de Beaufort (*n. du l.*).]

[2] [Le duc de Chevreuse, qui avoit acheté ses bonnes grâces 100,000 fr., et lui en avoit fait une donation (*n. du l.*).]

[3] Ces couplets ont rapport à un scandale qui amusa et occupa tout Paris. On peut voir dans Tallemant des Réaux, t. VI, p. 174, édit. in-18, l'*historiette* de la présidente l'Escalopier. « C'étoit une demoiselle Germain, riche, blonde et de belle taille. Le mari ne songeoit qu'à lire Tacite. Celui des galants de la femme qui fit le plus de bruit fut Vassé, qu'on surnommoit à la cour *Son Impertinence*. Cela alla si avant que le mari fit enfermer la dame aux Feuillantines du faubourg Saint-Victor où il avoit une parente. On fit là-dessus des chansons qui coururent dans tout le royaume. » (Plusieurs de ces couplets se trouvent dans les *Vaudevilles de cour dédiés à Madame*. Paris, Charles de Sercy, 1666, t. II, p. 170; mais les noms ont été supprimés).

« La chose fit un bruit du diable et les enfants se montroient le pauvre l'Escalopier par les rues : « Tiens, tiens, disoient-ils, voilà le mari de la *Feuillantine*. » La mère de la dame, par un arrêt du parlement, fit casser celui du conseil et prit chez elle sa fille qui recommença à mener pareille vie. »

Louis de Béthune, comte de Charrost, capitaine des gardes et gouverneur de Calais, avoit épousé la sœur du président. Ce fut lui qui « mit le feu sous le ventre au mari, et en plein jour il prend sa belle-sœur et la mène au couvent. »

[4] [Le duc de Charot (*n. du l.*).]

Disant : Vous êtes mutine ;
Vous irez,
Vous irez aux Feuillantines.

N'aurez-vous point de douceur,
Monseigneur ?
Je suis votre belle-sœur,
Belle-sœur, tante et cousine ;
Vous irez aux Feuillantines.

Voyant venir son époux
En courroux,
Elle se jette à genoux :
Je ne serai plus mutine ;
Sauvez-moi des Feuillantines.

A ce moment a passé
Son valet,
Criant comme un insensé :
Au secours ! voisins, voisines,
Sauvez-la des Feuillantines.

Vrai Dieu ! pour le passe-temps
D'un moment,
Faut-il que je souffre tant ?
Pour avoir été coquette
Faut-il que je sois nonnette ?

Encor si je l'avois fait
Tout à fait,
J'en aurois moins de regret ;
Pour en avoir fait la mine,
On me met aux Feuillantines.

Si jamais dedans Paris
Les maris

Font de tels charivaris,
Galants, pleurez votre perte,
La ville sera déserte.

Aussitôt qu'en quelque endroit
On les voit,
On les montre au bout du doigt,
Et l'on chante leur fredaine
Devant la Samaritaine.

Monsieur, dès que vous montrez
Votre nez,
On entend de tous côtés
S'écrier la populace :
Voilà le cocu qui passe.

C'est monsieur l'Escalopier [1],
Conseiller,
Qui n'a point de cornes aux pieds;
Mais il les a à la tête [2],
Sa femme les fait paroître.

Ce fut entre deux ou trois
Qu'une voix
S'entendit de Sainte-Croix,
Disant : C'est notre voisine
Que l'on met aux Feuillantines.

Et vous, madame Ricouart [3],

[1] [M. l'Escalopier, conseiller au parlement de Paris, président à la troisième des enquêtes (*n. du t.*).]

[2] [Le même dont le duc de Charot avoit épousé une sœur ; ayant soupçonné sa femme de galanterie avec le marquis de Vassé, il la fit mettre aux Feuillantines (*n. du t.*).]

[3] [N. Hugues avoit épousé une Ricouart, qui étoit une coquette du Marais très-connue (*n. du t.*).]

Tôt ou tard,
Vous en aurez votre part;
Votre mari a la mine.
De vous mettre aux Feuillantines.

1652.

Châtillon, gardez vos appas
Pour une autre conquête;
Si vous êtes prête,
Le roi ne l'est pas[1].
Avec vous il cause;

[1] Les inclinations enfantines de Louis XIV, alors âgé de seize ans, pour mademoiselle d'Heudicourt et pour la duchesse de Châtillon, donnèrent lieu à quelques vers, mais n'eurent pas de suite; Loret y fait allusion dans sa *Muse historique*, livre V, p. 160. Le couplet dont il s'agit est de Benserade; Bussy-Rabutin, dans son *Histoire amoureuse des Gaules*, en cite le premier vers et nomme l'auteur Grospère; mais dans l'édition de 1710, le nom véritable est substitué à ce pseudonyme.

Quant à la duchesse de Châtillon, elle devint plus tard madame de Mecklembourg, et « elle mourut à Paris, le 24 janvier 1695, du même mal que M. de Luxembourg, son frère. Elle avoit près de soixante-dix ans. On croit qu'elle laissa près de quatre millions de biens (*Journal de Dangeau*, 1855, t. V, p. 142). »

Saint-Simon observe en note sur ce passage que madame de Mecklembourg, qui a fait tant de bruit par sa beauté, sa galanterie et ses intrigues, fut fort aimée de M. le Prince (*de Condé*). Après la mort de son premier mari, le duc de Châtillon, tué en 1649 au combat Saint-Antoine, elle se remaria en 1660 à Charles, duc de Mecklembourg-Schwerin, chevalier du Saint-Esprit, qui passa une partie de sa vie en France, de qui elle se sépara, n'eut point d'enfants, et qui est mort à La Haye en 1692. Elle ne put néanmoins s'accrocher beaucoup à la cour et se contenta de celle de Monsieur, qui avoit de

Mais en vérité
Il faut bien autre chose,
Pour votre beauté,
Qu'une minorité.

Belle Dupuis [1], je quitte Lens
Et toutes mes conquêtes,
Pour être à la tête
De tous vos galants ;
Rien ne me peut plaire
Comme votre peau,
Et j'aime la bergère
Autant que le troupeau,
Quoiqu'il soit bon et beau.

A voir Brégis [2] de bas en haut,
Le soir dans la tribune,

l'amitié pour elle. Elle avoit beaucoup eu et beaucoup dépensé. »

Il est également question de la mort de cette dame dans la lettre de madame de Sévigné à madame de Coulanges, du 3 février 1695. La duchesse d'Orléans (*Correspondance*, 1855, t. II, p. 266) parle des singularités du duc son mari.

[1] [Madame Dupuis, gouvernante des filles de la reine, dont M. le Prince étoit amoureux. Ce couplet ne parut qu'après sa mort (*n. du t.*).]

[2] [Mademoiselle de Chazan, femme de Brégis l'ambassadeur (*n. du t.*).]

Charlotte Saumaize de Chazan, comtesse de Brégy ou Brégis, née en 1619, morte le 13 avril 1693. La duchesse d'Orléans (*Correspondance*, édit. de 1855, t. I, p. 353) la cite comme fort belle, douée de beaucoup d'esprit et ayant inspiré de la passion au cardinal Mazarin. Elle se maria à quatorze ans, et son époux fut ambassadeur en Pologne et en Suède. Tallemant des Réaux s'est donné le plaisir de placer dans ses *Historiettes* quelques détails peu édifiants sur le compte des deux

Cette belle brune
Brille comme il faut ;
Elle prend séance
Près des favoris ;
Toujours près des puissances
Qui lui sont soumis,
Mais bien loin des maris.

Guerchy, deux cœurs¹ brûlent pour vous ;
L'amour qui les assemble
Les feroit plaindre ensemble
Sans être jaloux ;
Malte² et la Lorraine
Sont dessous vos lois ;
Mais tirez-nous de peine :
A laquelle des trois
Donnez-vous votre choix ?

Teinbrun baisse encor les yeux
Alors qu'on la contemple ;
Mais le bel exemple

époux, et il représente la comtesse comme « coquette en diable, la plus grande façonnière et la plus vaine créature qui soit au monde. » Il rapporte une lettre qu'elle écrivit à la reine Christine qui lui avait offert une province entière si elle voulait se rendre dans ses États, et la duchesse d'Orléans émet, au sujet de la reine et de la comtesse, une allégation fort étrange. On a imprimé à Leyde, en 1666, les *Lettres et poésies de la comtesse de B...*; c'est un recueil sans mérite ; M. Lamoureux a consacré un article étendu à cette dame dans la *Biographie universelle* publiée par MM. Firmin Didot, t. VII.

¹ [Le commandeur de Jars et M. de Joyeuse (*n. du t.*).]

² [Le commandeur, mort en 1054, âgé de cinquante-deux ans (*n. du t.*).]

La conduira à mieux;
Pour elle on soupire
Sans son aveu;
Mais l'air qu'elle respire,
Avant qu'il soit peu,
Mettra bientôt son cœur en feu.

Quelle injustice pour Ségur!
Elle est blanche, elle est blonde,
Et trouve à tout le monde
Le cœur un peu dur;
Elle est réduite
A un étrange point;
Les amants sont en fuite,
Et tout son embonpoint
Ne les ramène point.

1682. — NOEL.

Or, nous dites, la Baume,
Pourquoi venir loger
Près l'hôtel de Vendôme
Pour nous faire enrager?
J'étois par trop connue
Au faubourg Saint-Germain;
Les enfants dans la rue
Crioient: ah! la p....n [1].

---

[1] [Le comte du Plessis étant brouillé avec la comtesse de la Baume, mère du maréchal de Tallard, lui envoya ce couplet (n. du t.).]

La marquise de la Baume se fit connaître par ses charmes, ses caprices, son humeur quinteuse et le scandale de sa vie. Elle était nièce du premier maréchal de Villeroy et elle eut un fils qui devint le maréchal de

1652.

Quand la Baume fait un serment
De ne dire votre secret qu'à son amant,
Bien qu'elle vous garde fort le secret,
Comptez que tout le monde le sait.

1652.

Vertu, raison, soyez toujours mes armes,

Tallard. Elle demeurait à Lyon. La mort de son amant, le duc de Candale, l'avait plongée dans le désespoir. Le jour même qu'elle reçut cette nouvelle, son mari, qu'elle détestait, entra dans sa chambre au moment où elle se faisait peigner ; il se mit à prodiguer des éloges à ses cheveux, dont l'abondance, la longueur, la belle couleur blonde étaient admirables. Dépitée d'un panégyrique marital aussi intempestif, tourmentée par la douleur qu'il fallait dissimuler, voulant à tout prix se délivrer d'un importun, elle saisit d'une main sa belle chevelure et, de l'autre, prenant des ciseaux, elle la coupa tout entière (*Mémoires de mademoiselle de Montpensier;* Walckenaer, *Mémoires sur madame de Sévigné*, t. II, p. 346). Prodigue et adonnée au jeu, le besoin d'argent la rendait souvent peu difficile sur les moyens d'en obtenir. On lit dans les *Mémoires* de Conrart, que voulant obtenir dix mille écus du surintendant Fouquet, elle lui écrivit ce billet qui fut trouvé dans la cassette de ce ministre : « Je ne vous aime point, je hais le péché, mais je crains encore plus la nécessité ; c'est pourquoi venez tantôt me voir. » Ses galanteries finirent par lasser la patience de son mari qui la fit mettre dans un couvent. Bussy se lia avec elle et lui communiqua le manuscrit de son *Histoire amoureuse des Gaules ;* elle en prit une copie et fut ainsi cause de la publication de ce libelle qui valut à son auteur de vifs désagréments. Louvois, jeune encore, devint ensuite l'amant favorisé de la marquise qui, plus tard, à ce qu'affirme Bussy (*Supplément à ses Mémoires*, t. I, p. 65), descendit, à l'égard du puissant ministre, au rôle ignoble de confidente.

Je ne veux point sans vous trouver de charmes;
Entendre amour fait trop verser de larmes.

Vertu, raison sont de trop foibles armes
Pour se parer des soupirs et des larmes
D'un cavalier qu'on trouve plein de charmes.

L'amour constant fut jadis à la mode,
D'aimer longtemps ce n'est plus la méthode :
L'amour d'un an devient vieux comme Hérode.

1652.

Le péché n'est plus qu'une fable,
 Escobar en est caution,
Et l'on prend pour dupe le diable
 En dirigeant l'intention.

 Si quelquefois dans un bocage
  Je sentis de l'émotion,
 Je jure qu'avec vous, Bernage,
  Je dirige l'intention.

Vous qui du cerf portez la crête,
Venez à la chasse avec nous;
Si nous ne trouvons pas la bête,
Nous mettrons nos chiens après vous.

1652.

 Écoutez, belle princesse,
 Trois ou quatre mots d'avis;
 Celui qui vous les adresse
 N'est pas de vos ennemis;
 Qu'un parti vous intéresse,

Il n'est rien de plus permis,
Mais savez-vous la finesse?
Ayez partout des amis.

Vous prétendez par vos charmes
Et votre aimable entretien
Qu'un roi vous rende les armes;
Mais vous n'y gagnerez rien.
Châtillon, il vous admire,
Votre esprit lui semble doux;
Mais quand son grand cœur soupire,
Ma foi, ce n'est pas pour vous.

Vous n'êtes pas assez belle,
Madame de Bordanneau,
Et pour faire la cruelle
Vous avez le nez trop haut.
Ma foi, vous êtes gentille,
Et sans mépriser l'amour;
Hé quoi! n'êtes-vous pas fille
De madame de Saucourt?

Je ne suis point offensée,
Je le jure, Barillon,
Et ne me tiens point moquée
De n'avoir point le nez long;
Est-ce là tout le reproche
Que l'on fait à la Saucourt,
D'avoir fait un cœur de roche
Et mon nez un peu trop court?

Cette petite femmette
Qui répond à ma chanson
Est d'humeur assez coquette
Et d'esprit assez bouffon;

Il me prend envie de faire
Ma foi, son mari c..u ;
Aussi bien est-ce une affaire
Qui ne coûte qu'un écu.

Votre cœur n'est point de roche,
Il est sensible à l'amour :
Je ne fais point de reproche
A madame de Saucourt ;
Le mortier qui vous habille
Fait voir à tous sûrement,
Que la mère et que la fille
Sont du même sentiment.

1684.

Le cardinal et don Louis
Se trouvèrent fort ébahis
   Lors de la conférence[1] ;
Ils étoient sans vin sur les lieux,
Cependant ils avoient tous deux
   Plus soif qu'on ne pense ;
Faute de s'en faire apporter,
Ils ne purent jamais chanter :
Bon, bon, bon, que le vin est bon,
   A ma soif j'en veux boire.

Alors qu'on montra le traité
A l'une et l'autre majesté,
   Comme conte l'histoire,

---

[1] [Faite à la paix des Pyrénées et au mariage de Louis XIV avec l'infante d'Espagne, négocié par le cardinal Mazarin et Louis de Haro, ministre d'Espagne (*N. du t.*).]

Quoi ! dirent-ils, faire une paix,
Et qui doit durer à jamais,
   Sans y parler de boire !
Il fallut pour les contenter
Dessus l'heure ces mots ajouter :
Bon, bon, bon, que le vin est bon,
   A ma soif j'en veux boire.

Grammont[1] en partant de la cour,
Le roi lui dit : Prends le plus court
   Pour te rendre en Espagne :
Observe bien par les chemins
Les lieux où croissent les bons vins,
   Si c'est plaine ou montagne ;
Et puis, le tirant à l'écart :
Tu diras au roi de ma part :
Bon, bon, bon, que le vin est bon,
   A ma soif j'en veux boire.

Lorsque ce duc fut arrivé
Et qu'il eut le roi salué,
   Il alla chez l'infante :
Madame, dit-il en deux mots,
Mon maître est gaillard et dispos,
   Vous en serez contente.
Cette altesse, fort prudemment,
Répondit à son compliment :
Bon, bon, bon, que le vin est bon,
   A ma soif j'en veux boire.

On eut quelque appréhension ;
Mais la ratification

[1] [Le duc et maréchal de Grammont fut nommé ambassadeur pour aller demander l'infante (*n. du t.*).]

D'Espagne étant venue,
Le roi qui le sut le premier
Dit plus de cent fois au courrier :
 N'as-tu pas la brelue?
Le courrier, pour en faire foi,
Prit son paquet et dit au roi :
Bon, bon, bon, que le vin est bon,
 A ma soif j'en veux boire.

Sa Majesté pleine d'éclat
Dit au secrétaire d'État :
 Ajustez vos lunettes ;
Qu'on fasse cesser les caquets.
On vit, en ouvrant les paquets,
 Que la paix étoit faite ;
Mais ce qui davantage plut,
C'est que tout au bas on y lut :
Bon, bon, bon, que le vin est bon,
 A ma soif j'en veux boire.

Quand le secrétaire debout
Eut achevé jusques au bout,
 Il ôta ses besicles,
Et dit : Nous sommes à la fin,
Mais il faudroit un peu de vin ;
 Voilà bien des articles :
Ils sont enfin, n'en doutez pas,
Bien signés Philippe, et plus bas :
Bon, bon, bon, que le vin est bon,
 A ma soif j'en veux boire.

Monsieur le Prince de retour,
Avant que de faire sa cour,
 Fut voir Son Éminence ;

Le cardinal parut soudain,
Et dit, en lui prenant la main :
   Vous voilà donc en France ;
Avant que d'aller voir le roi,
Entrez et chantez avec moi :
Bon, bon, bon, que le vin est bon,
   A ma soif j'en veux boire.

Lorsqu'il eut le roi salué,
Il parut en Sa Majesté
   Des sentiments fort tendres ;
Puis il lui dit : Mon grand cousin,
Dites-nous, sans faire le fin,
   Que faisiez-vous en Flandre ?
Sire, pendant qu'on se battoit,
Mon armée avec moi chantoit :
Bon, bon, bon, que le vin est bon,
   A ma soif j'en veux boire.

1654. — FORMULAIRE.

Moi, Barillon [1], homme de grand mérite
   Et dont on parle tant,

[1] [Barillon de Maurangis ne hantoit que de bonnes compagnies. Il se fit voler par ses gens un soir comme il sortoit de l'hôtel d'Albret pour faire parler de lui (n. du t.).]

Les chansons du temps signalent Barillon comme ayant été l'amant de madame de Maintenon. Il fut ambassadeur en Angleterre, et peut-être, observe M. Walckenaër, parut-il propre à cet emploi, parce qu'il jouait bien la comédie et qu'il réussissait auprès des femmes. Il eut d'ailleurs très-peu de succès comme diplomate. Fort riche, il n'épargnait pas l'argent pour réussir en ses amours ; il est question de lui dans les *Historiettes* de Tallemant des Réaux.

Qui tous les jours les duchesses visite,
Et fais tant l'important ;
Sur le minuit, en finissant ma course,
J'ai perdu ma bourse,
Moi,
J'ai perdu ma bourse.

1654.

Approuvez un dessein
Que l'amour autorise,
Vous résistez en vain,
Madame la marquise ;
Car Bussy-Rabutin
Ne quitte jamais prise[1].

Ce n'est pas le chemin

---

[1] Ces vers furent composés par Bussy-Rabutin, au sujet de ses amours avec une de ses nombreuses maîtresses, Isabelle Hurault de Chiverny, femme de Paul Clermont, marquis de Montglat, dont on possède de bons *Mémoires*. C'était, dit M. Walckenaër (*Mémoires sur madame de Sévigné*, t. I, p. 507), une brune piquante, nez retroussé, yeux petits mais vifs, traits fins et délicats, teint animé, de beaux cheveux, taille moyenne, avec un cou, des bras, des mains qui auraient pu servir de modèle aux sculpteurs. Enjouée, folâtre, étourdie, d'un esprit pénétrant, fécond en saillies, elle aimait les vers, la musique, les artistes et les gens de lettres dont elle appréciait les productions avec goût, avec sagacité. Somaize lui a donné une place sous le nom de Delphiniane dans son *Dictionnaire des Précieuses*. L'*Histoire de madame de Montglat et de Bussy* se trouve dans l'*Histoire amoureuse de France*, 1710, in-12, p. 308 à 337, et dans l'*Histoire amoureuse des Gaules*, 1754, t. I, p. 205 à 290 ; elle se rencontre sous le titre d'*Histoire de Bussy et de Bélise* dans les éditions primitives de l'*Histoire amoureuse des Gaules*.

Par où l'on canonise;
Mais qui veut être saint
Qu'il se donne à l'Église;
Approuvez un dessein
Que l'amour autorise.

1656. — PETITE FRONDE.

Guerchy[1], tu ravis tout le monde,
Pons[2] est celle qui te seconde,

[1] [Fille d'honneur de la reine-mère (*n. du t.*).]
Mademoiselle de Guerchy fut la maîtresse de Jannin de Castille, financier, fort connu alors dans le monde de la galanterie (Sauval, *Galanteries des rois de France*, 1738, t. II, p. 73); elle entra ensuite en relations avec le duc de Vitry; étant devenue enceinte, elle voulut se faire avorter et elle s'adressa à une sage-femme nommée la Constantin, qui la piqua avec une épingle empoisonnée et la blessa au point de mettre la malade hors de toute espérance de pouvoir en revenir. Le duc, désespéré des maux que souffrait sa maîtresse, prit la résolution de les abréger en la tuant. Il lui envoya un confesseur, et lorsqu'elle eut reçu l'absolution il l'embrassa avec toutes les marques de la tendresse et de la douleur, et immédiatement après lui cassa la tête. Il se sauva ensuite en Hollande, et, vingt ans plus tard, ayant contribué à la négociation du mariage de la princesse de Bavière avec le Dauphin, il obtint la permission de rentrer en France. La Constantin avait été pendue. Le célèbre sonnet de l'*Avorton*, par le poëte Hénault, est trop connu pour que nous l'insérions ici. Observons en passant qu'on ne connaît au juste ni l'orthographe du nom, ni la date de la naissance, ni l'époque de la mort de cet écrivain qui se distingua par une hardiesse de principes devenue rare dans le cours du dix-septième siècle. Ses *Œuvres diverses* ont été publiées à Paris en 1670, in-12. (Voir la *Bibliothèque poétique* de M. Viollet Leduc, t. I, p. 537).

[2] [Mademoiselle de Pons, maîtresse du duc de Guise (*n. du t.*).]

Saint-Maingrin[1] passe les trente ans,
Ségur s'en va vieille et mourante;
Pour Neuillant[2], les moins médisants
Disent qu'elle est rousse et méchante..

Si ta mère le certifie,
Qu'elle en connut un dans sa vie
Qui fut l'honneur des braves gens[3],
Garde de te laisser surprendre,
Les Nogarets sont obligeants
Et les Mazarins sont à pendre.

Jean d'Estrées, votre humeur discrète,
Ainsi que votre amour parfaite,
Vous causeront bien du tourment.
La femme de monsieur Le Page
Trouve que c'est dans son amant
Un grand défaut que d'être sage.

Saint-Loup[4], votre esprit s'embarrasse
Entre l'amourette et la grâce,
Ce qui cause votre tourment.
Si vous aimez le blond Candale,
Vous craignez le Père gérant,
Le Port-Royal et sa cabale.

Quoi que Philis en puisse dire,

---

[1] [Mademoiselle de Saint-Maingrin (*n. du t.*).]
[2] [Mademoiselle de Neuillant, depuis duchesse de Noailles (*n. du t.*).]
[3] [Le cardinal de La Valette qui a été amoureux de la princesse de Montmorency, mère du grand Condé (*n. du t.*).]
[4] [Madame de la Rochepisoy, qui épousa un homme d'affaire, à qui on fit prendre le nom de Saint-Loup (*n. du t.*).]

Amour la tient sous son empire,
Il est son maître et son vainqueur.
Mais, Dieu ! voyez la fine mouche ;
L'amour est un Dieu dans son cœur
Et n'est qu'un faquin dans sa bouche.

J'aime une maîtresse nouvelle,
Barberobert elle s'appelle,
Son commerce est délicieux.
Mes chers amis, buvons à elle ;
Je n'en connois point sous les cieux
De plus piquante et moins cruelle.

1680. — CONFITEOR.

La Rochefoucault[1], ce guerrier
Dans la Fronde si redoutable,
Contre la race du Tellier
En catimini fait le diable,
Et si ce matois de ligueur[2]
Ne leur fait mal, il leur fait peur.

A la cour, il est soutenu[3]
De la mâchoire formidable
Du gros Marsillac devenu
Homme important et fort capable.
Las ! quand il tournoit son chapeau,
On le prenoit pour un nigaud.

L'un se croit déjà favori,

---

[1] (Le duc de la Rochefoucault, auteur du livre des *Maximes* (*n. du t.*).)
[2] (Le chancelier le Tellier (*n. du t.*).)
[3] (Le prince de Marsillac, depuis duc de la Rochefoucault, grand-maître de la garde-robe (*n. du t.*).)

L'autre prétend être ministre¹;
Mais de leur dessein je me ris,
Et crains quelque accident sinistre
Pour ces princes de Gorgevert,
Dont le complot est découvert.

Admirez le malheur des gens
Que le cocuage tourmente;
Un homme âgé de soixante ans²
A fait un c..u de quarante;
Cela nous prouve évidemment
Qu'un mari vaut moins qu'un amant.

. 1680.

Mazarin³ et Courcelles⁴
Sont dans le couvent,

¹ [Gorgevert, dans sa *Chronique scandaleuse*, dit que M. de la Rochefoucault descend d'une hotte de portier (n. du t.).]
² [On dit que M. le Tellier avoit une intrigue avec la marquise de la Rochefoucault (n. du t.).]
³ [La duchesse de Mazarin (n. du t.).]
Hortense Mancini, nièce de Mazarin; elle épousa le fils du duc de la Meilleraie, qui prit le nom de duc de Mazarin et qui hérita de la majeure partie de l'immense fortune du cardinal. Ce personnage bizarre et désagréable fut promptement abandonné de sa femme, et elle se lança dans une série d'aventures dont le récit se trouve en maint auteur.
⁴ [La marquise de Courcelles, fille de la marquise de Marolle (n. du t.).]
Marie Sidonia de Lenoncourt, mariée à seize ans à Charles de Champlein, marquis de Courcelles, lieutenant général d'artillerie, fut célèbre par sa beauté et ses aventures.
Unique héritière d'une grande fortune, douée des charmes les plus séduisants, elle fut unie à un époux

Mais elles sont trop belles
Pour y rester longtemps;
Si l'on ne les en tire,
On ne verra plus rire
Les femmes assurément.

rude, grossier, perdu de dettes et de débauches; c'était la suite d'une machination de Louvois qui avait jeté les yeux sur cette jeune femme. Elle fut aimée de Villeroi et se trouva plongée dans une complication d'événements imprévus et d'intrigues, telle que nul auteur dramatique ne s'est hasardé à en supposer de semblables. Louvois s'aperçut enfin qu'elle se jouait de lui, et il la fit enfermer dans le couvent des Filles-Sainte-Marie de la rue Saint-Antoine; la duchesse de Mazarin y était déjà détenue. « Jamais, dit M. Walckenaër, le sort ne réunit deux femmes dont l'âge, les penchants, les caractères, la destinée, fussent mieux assortis. Toutes deux jeunes, belles, spirituelles, coquettes et folâtres; elles avoient fait toutes deux la fortune de leurs maris; toutes deux les détestoient et vouloient s'en séparer; toutes deux bravoient l'autorité des lois. Elles désolèrent tellement les religieuses de Sainte-Marie par leurs folles extravagantes que celles-ci obtinrent enfin d'en être délivrées. » Après de nouvelles intrigues avec le marquis de Cavoye et le jeune de la Ferrière, elle soutint un procès contre son mari qui vouloit la faire condamner pour adultère. Renfermée à la Conciergerie, son procès occupa tout Paris en 1672. Elle disoit avec finesse : « Je ne crains rien, puisque ce sont des hommes qui sont mes juges, » et madame de Montmorency écrivoit à Bussy : « On croit que l'affaire de madame de Courcelles ira bien pour elle; je crains que ce ne soit son mari qui ne soit rasé et mis dans un couvent. Madame de Cornuel l'a averti d'y prendre garde et l'a assuré que le parlement de Paris ne croyoit non plus aux c...s qu'aux sorciers. » Toutefois madame de Courcelles, s'ennuyant de sa captivité, s'évada en prenant les habits d'une femme de chambre dévouée, se sauva en Angleterre, revint en France, s'enfuit à Genève, et multiplia de plus belle ses intrigues. En 1678, elle eut la

1658. — SAUCOURT[1].

Le comte de Guiche[2]
A dit à Manican :

satisfaction d'être délivrée de son mari, qui mourut, selon l'expression de madame de Sévigné, « d'une maladie dont sa femme se porte bien. » Elle finit par épouser un officier, nommé Tilleuf, qui ne la rendit pas heureuse, et elle mourut, en décembre 1685, à l'âge de trente-quatre ans. Sa *Vie*, écrite par elle-même et terminée sur les notes du président Bouhier, offre un récit curieux mais en partie confus et mêlé de réticences; elle a été imprimée en 1808 et reproduite en 1855 dans la *Bibliothèque elzévirienne* de M. Jannet.
Voir aussi les *Mémoires* de M. Walckenaër sur madame de Sévigné, t. IV, chap. vi, p. 146-187.

[1] Le marquis de Soyecourt (on prononçait Saucourt), grand-veneur et cordon bleu, célèbre dans les fastes de la galanterie au commencement du règne de Louis XIV. Benserade a dit de lui, au sujet d'un ballet où il représentait un diable :

Contre ce fier démon voyez-vous aujourd'hui
    Femme qui tienne?
Et toutes cependant sont contentes de lui
    Jusqu'à la sienne?
Non, ce n'est point ici le démon de Brutus
    Ni de Socrate ;
Par d'autres qualités et par d'autres vertus
    Sa gloire éclate.
Sous la forme d'un homme il prouve ce qu'il est :
    Doux, sociable ;
Sous la forme d'un homme aussi l'on reconnaît
    Que c'est le diable ;
Le bruit de ses exploits confond les plus hardis
    Et les plus mâles ;
Les mères sont au guet, les amants interdits,
    Les maris pâles.

(Voir le *Ballet royal des amours de Guise*, dans les *Œuvres* de Benserade, 1697, t. II, p. 307.)

[2] (Le comte de Guiche, fils du duc de Grammont, et l'abbé de Lauvigni de Manican, fort décriés pour leurs mœurs (*n. du l.*).]

Faisons une niche
Qui fasse du cancan.
Chantons sur nos timballes,
La nuit et le jour,
Qu'en amour
Notre cabale
Fait plus de bruit que celle de Saucourt.

Le comte de Guiche[1],
D'une tendre amitié,
Courant comme une biche,
Rencontra sa moitié :
Voici tous mes gens d'armes
Et toute ma cour,
Mon amour :
Je n'ai point d'armes
Pour vous servir comme le grand Saucourt[2].

Saucourt qu'on publie
Si vaillant aujourd'hui,
Est digne d'envie,
Puisqu'on ne peut sans lui
Faire une bonne rime ;
Mais enfin Saucourt,
A la cour

---

[1] [Le même comte de Guiche, fils du duc de Grammont, a épousé, en 1658, mademoiselle de Silly ; mais on dit qu'il la quitta la première nuit de ses noces sans consommer le mariage, quoiqu'elle fût très-belle. Il avoit d'autres amours (*n. du t.*).]

[2] [Il commandoit les troupes du roi à Metz et il y reçut sa femme en très-grande magnificence ; elle n'en a point eu d'enfants et s'est depuis mariée au duc de Ludre. Elle a été première dame d'honneur de madame la Dauphine (*n. du t.*).]

Tant en estime,
Ne sert pourtant que de rime à l'amour.

Le pastoureau de Vardes [1]
Et la nymphe Soissons [2],
Souvent se regardent
D'une tendre façon,
En chantant sur leurs fifres,
La nuit et le jour,
Qu'en amour
On est bien piffre,
Si l'on ne fait comme le grand Saucourt.

Beauvais [3], la borgnesse,
Embrassant Fromenteau,
Disoit avec tendresse :
Prends ton chalumeau,
Et chantons sur nos orgues,
La nuit et le jour,
Qu'en amour
Nous faisons la nargue
A tout Paris, et même au grand Saucourt.

Le berger Lorraine [4]
Et le berger Carlin [5],

---

[1] [Le marquis de Vardes, capitaine des Cent-Suisses (*n. du t.*).]
[2] [La comtesse de Soissons, nièce du cardinal Mazarin (*n. du t.*).]
[3] [Elle étoit première femme de chambre et favorite de la reine; elle étoit laide et borgnesse, mais elle payoit bien ses amants (*n. du t.*).]
[4] [Frère du comte d'Armagnac (*n. du t.*).]
[5] [Le chevalier Carlin, chevalier de Malte non profés (*n. du t.*).]

Tous deux hors d'haleine,
Avec leurs jeux de main,
Tenant leur cornemuse,
Disent tour à tour
Qu'en amour,
On est bien buse,
Si l'on n'agit comme le grand Saucourt.

Dans la prairie,
Le vieux berger Pierrot
Dessus sa chamaillie
Fait danser sa Margot,
D'une mine sévère
Lui disant : Mamour,
En amour
C'est bien peu faire,
Si l'on ne fait comme le grand Saucourt.

1658.

Air : *Ziste et Zeste.*

Beaufort[1] est dans le donjon
Du bois de Vincennes[2];

---

[1] [Lorsque le duc de Beaufort fut arrêté par ordre de la reine-mère et conduit au château de Vincennes, il étoit amoureux de mademoiselle des Vertus, duchesse de Montbazon (*n. du t.*).]

[2] Le duc de Beaufort fut mis à Vincennes le 3 septembre 1643, à la suite d'un complot hardi contre Mazarin et qui échoua. M. Cousin a tracé un récit fort intéressant de ces événements dans sa notice sur *la duchesse de Chevreuse*, 2ᵉ partie. *Revue des Deux-Mondes*, 15 décembre 1855.

« Beaufort portait publiquement les chaînes de la duchesse de Montbazon....., aussi décriée par ses mœurs et son caractère que célèbre par sa beauté. »

Pour supporter sa prison
Avec moins de peine,
Il aura la Montbazon,
Ziste, zeste,
Deux fois la semaine.

1658.

Les garnitures à la Candale [1]
Font paroître un visage pâle
Et rendent l'air triste et dolent;
Quiconque en inventa la mode,
Soit la coquette ou le galant,
Est personne bien incommode.

Amour voyant Iris si belle
Fit une injustice cruelle

---

[1] [M. le duc de Candale, fils du duc d'Épernon, étoit l'homme de la cour qui se mettoit le mieux et même il inventa des manières (*n. du t.*).]
Parmi les aventures du duc de Candale, il s'en rencontre d'une nature extraordinaire et romanesque. Il alla un jour à franc étrier de Paris à Bordeaux, pour aller rejoindre une maîtresse qui l'attendait. Il arrive chez elle, monte précipitamment les escaliers, trouve les portes ouvertes, se précipite dans sa chambre et s'arrête saisi d'horreur. Le cadavre de celle qu'il aimait était posé sur un drap mortuaire, entouré de six cierges; deux chirurgiens considéraient avec attention les entrailles séparées du corps; la tête sanglante et défigurée était d'un autre côté, deux religieux à genoux récitaient des prières (*Mémoires* de Chavagnac). Madame de Saint-Loup avait été l'objet des premiers vœux de ce don Juan qui termina sa carrière galante par une intrigue avec la marquise de Gange, célèbre par sa mort tragique. Saint-Évremont a tracé du duc de Candale un portrait qui est un des fragments les mieux écrits qui soient sortis de la plume de cet auteur ingénieux.

D'employer mal ses yeux vainqueurs ;
Dans une aventure pareille,
Ils feroient mieux de fondre en pleurs,
Ou de ne brûler que pour Nieille [1].

Monsieur de Metz, prélat insigne [2],
Que nous avons tous trouvé digne
De n'aller point en paradis,
A si fort changé de manière,
Qu'il fait maigre le vendredi
Et qu'il engraisse un bréviaire.

1659.

Belle comtesse [3], dites-nous,
Aimez-vous bien votre époux ?

---

[1] [Premier valet de chambre du roi (*n. du t.*).]
[2] [Un fils naturel d'Henri IV, mort duc de Verneuil. Il avoit été d'abord nommé à l'évêché de Metz, dont il jouit longtemps sans être évêque, et le quitta depuis pour épouser la fille du chancelier Séguier, déjà veuve du duc de Sully (*n. du t.*).]
[3] [Ces vers furent adressés, dit-on, à la comtesse d'Olonne, par le duc de Candale, Gascon d'origine. La comtesse répondit sur-le-champ, ou bien on répondit pour elle (*n. du t.*).]
On sait quelle fâcheuse célébrité fut le partage de Catherine-Henriette d'Angennes, fille du baron de la Loupe, qui épousa, en 1652, Louis de la Trémouille, comte d'Olonne. Les écrits du temps vantent sa gaieté et ses allures vives et gracieuses. « Sa taille un peu courte manquait d'élégance, mais ses bras, ses mains et toute sa personne étaient admirablement modelés ; ses cheveux étaient châtains, ses yeux brillants et vifs, son visage arrondi ; ses traits délicats et mignards, sa bouche petite et gracieuse » (Walckenaër, *Mémoires sur madame de Sévigné*, t. I, p. 353). Quelques mois après son mariage, la comtesse d'Olonne était séparée de son mari, et son

Ou si la blonde tresse,
  Mon Diou!
Émeut votre tendresse,
  Loua sa Diou.

Je ne dis point mon sentiment
D'un époux et d'un amant;
Quoi! les mettre en balance,
  Mon Diou!
La question m'offense,
  Loua sa Diou.

inconduite lui fit obtenir une déplorable renommée. Elle eut pour amants le marquis de Beuvron, le duc de Candale, l'abbé de Villarceaux, Saint-Evremont, le comte de Guiche, et une foule d'autres personnages.

Les *Mémoires* de Retz et l'*Histoire amoureuse des Gaules* ne donnent que trop de détails à cet égard. Elle est l'héroïne d'un opuscule ordurier intitulé : *Comédie galante de monsieur D. B.*, Cologne, Pierre Marteau (Hollande), petit in-12 de 34 pages. Cette édition est fort rare, et l'ouvrage est attribué à Bussy-Rabutin, probablement sans raison suffisante. Il existe une autre édition datée de 1667, et la pièce en question, qui est d'ailleurs aussi plate qu'ordurière, se retrouve dans un recueil intitulé : *Lettres philosophiques par M. de Voltaire, avec plusieurs pièces galantes et nouvelles de différents auteurs*, Londres, 1776, in-12 ; 1781, in-8°. Ajoutons que cette même comédie a été jointe, avec quelques changements et sous des noms travestis, à la suite d'un poëme très-libre publié en 1780, in-18, sous la rubrique de Londres (voir le *Catalogue de la bibliothèque dramatique de M. de Soleinne*, rédigé par le bibliophile Jacob (M. Paul Lacroix), 1844, t. III, p. 324, n° 3833). Observons d'ailleurs qu'il existe deux rédactions différentes de cette misérable production ; l'une est en un seul acte formé de scènes très-décousues ; l'autre est en quatre actes fort courts et dont les scènes sont toutes aussi peu liées.

1660.

La pauvre Brissac [1] meurt d'amour
Pour un amant qui, nuit et jour,
N'a pas de quoi la satisfaire,
   Lère, lalère, lenlère,
   Lère, lalère, lenla.

Il sait bien comme il faut aimer,
Languir, se plaindre et soupirer,
Mais c'est là tout ce qu'il sait faire,
   Lère, lalère, lenlère,
   Lère, lalère, lenla.

Ma belle Brissac, si l'amour
De Guiche [2] faisoit un Saucourt,
Ce seroit bien mieux votre affaire,
   Lère, lalère, lenlère,
   Lère, lalère, lenla.

[1] [Mademoiselle de Saint-Simon, première femme du duc de Brissac (*n. du t.*).]

Gabrielle-Louise de Saint-Simon, duchesse de Brissac. Madame de La Fayette écrivait le 26 mai 1673 à madame de Sévigné : « Elle est à l'hôtel de Conti, environnée de peu d'amants et d'amants peu propres à faire du bruit. Le premier président de Bordeaux est amoureux d'elle comme un fou. »

L'ambassadeur d'Angleterre, lord Montaigu, fut du nombre de ses amants; il la délaissa pour s'attacher à Élisabeth Wriothesley, comtesse de Northumberland, qu'il épousa après la mort du comte, survenue en 1670. Devenu veuf à son tour, Montaigu se maria en secondes noces à la folle duchesse d'Albermale, dont il ne put obtenir le consentement qu'en lui faisant croire qu'il était l'empereur de la Chine, et il lui fit rendre tous les honneurs réservés à la souveraine du céleste empire.

[2] [Le comte de Guiche, fils du duc de Grammont (*n. du t.*).]

Le miracle seroit parfait,
Mais jamais l'amour n'en a fait
Qui soit si difficile à faire,
    Lère, lalère, lenlère,
    Lère, lalère, lenla.

Heureux amants, chérissez-vous,
Faites-vous toujours les yeux doux,
Mais retranchez la grande affaire,
    Lère, lalère, lenlère,
    Lère, lalère, lenla,

Bois-Laurent[1] n'est qu'un pendart :
C'est un Mazarin de rempart :
Je vous en donne avis, saint-père,
    Lère, lalère, lenlère,
    Lère, lalère, lenla.

Il est prélat pour un soufflet,
Pour le bâton, qu'est-ce qu'il seroit ?
Que feroit-il pour la grande affaire ?
    Lère, lalère, lenla,
    Lère, lalère, lenla.

Pauvre marquis de la Ferté,
Vous voilà aussi bien coiffé
Que le maréchal votre père !
    Lère, lalère, lenlère,
    Lère, lalère, lenla.

1660.

Le pauvre comte de Guiche

---

[1] [Par Marigny sur Bois-Laurent à qui il donna un soufflet pour lequel le cardinal le fit évêque (*n. du t.*).]

Trousse ses quilles et son sac ;
Il faudra bien qu'il déniche
De chez la nymphe Brissac :
Il a gâté son affaire
Pour n'avoir jamais su faire
Ce que fait, ce que défend
L'archevêque de Rouen.

1660. — CONFITEOR.

La Guiche disoit à Marsan :
Mon pauvre enfant, que faut-il faire
Pour satisfaire Monicamp ?
Il a découvert le mystère.
Hélas ! que sera Louvigni ?
Il sera mari, très-mari.

Écoutez de la Vitry [1]
Une histoire fort pitoyable ;
Elle avoit cinq ou six amis,
Et c'étoit chose délectable ;
Mais la voici à l'abandon,
Elle n'a plus que le Noyon.

Tous les soirs chez la Monaco [2]
Bon feu pour la Grancey [3] s'allume ;
Le chevalier est à gogo,

[1] [La duchesse de Vitry, une Rode, à qui on avoit disputé sa naissance par un procès qu'elle gagna avec l'évêque de Noyon, de la maison de Clermont-Tonnerre (*n. du t.*).]

[2] [Mademoiselle de Grammont, fille du maréchal de ce nom, femme du prince de Monaco (*n. du t.*).]

[3] [Mademoiselle de Grancey, fille de la maréchale de ce nom (*n. du t.*).]

Lorsque le courtisan s'enrhume¹ ;
La mère² joue à de l'argent,
Et la fille à des jeux d'enfant.

Ce n'est plus la mode à la cour
De se marier chez la reine ;
On prend un chemin bien plus court,
Et qui coûte bien moins de peine,
Car pour une pistole l'on rend
La Motte souple comme un gant.

La Noye³, avec son air prudent,
Voudroit attraper la Rieuville⁴ ;
C'est à peu près avec les dents,
D'assaut vouloir prendre une ville ;
Car il ne se sent pas de fond
Pour un mérite aussi profond.

Dampierre⁵ a fait un très-beau choix ;
Mais le Praslin⁶ n'est pas de même :
J'entends dire tout d'une voix :
Dieu, comment se peut-il qu'on l'aime ?
Il n'y a que la Maugiron⁷
Qui peut dire qu'il a raison.

---

¹ [Le chevalier de Lorraine (*n. du t.*).]
² [La maréchale de Grancey, sœur du vieux comte de Villarceaux (*n. du t.*).]
³ [Depuis madame de Surville (*n. du t.*).]
⁴ [Mademoiselle de la Noye, fille de la Reine (*n. du t.*).]
⁵ [Mademoiselle de Dampierre, depuis madame de Mareuil (*n. du t.*).]
⁶ [Le comte du Plessis-Praslin, tué en faisant faire un pont (*n. du t.*).]
⁷ [Mademoiselle de Maugiron, sœur du vieux comte du Plessis-Praslin (*n. du t.*).]

La Motte[1] n'a point de dessein,
Elle vit au jour la journée;
Son amour lui perce le sein,
Sans qu'elle pense à l'hyménée :
Ses roses et son teint de lis
Lui fournissent bien des amis.

Si la Ludre[2] avoit moins d'appas,
Elle auroit été mariée;
Mais un époux n'aimeroit pas
A la voir d'amis entourée;
Son cœur, quoiqu'il pense des mieux,
Ne peut s'assurer de ses yeux.

La jeune infante de Rouvoy[3]
Tient le Saint-Vallier[4] en haleine;
Mais, sans faire parler le roi,
A l'épouser il aura peine :
Courant risque d'être cocu,
Il voudra au moins des écus.

Maréchale de Clérembault[5],
Vous tranchez bien de la divine;

---

[1] [Mademoiselle de la Motte-Houdancourt, première femme de M. la Rieuville (*n. du t.*).]
[2] [Mademoiselle de Ludre, fille d'honneur de Madame et chanoinesse d'Épinay (*n. du t.*).]
[3] [Mademoiselle de Rouvoy (*n. du t.*).]
[4] [M. de Saint-Vallier, capitaine des gardes de la Porte (*n. du t.*).]
[5] [Mademoiselle de Chavigny, fille du secrétaire d'État, femme du maréchal de Clérembault (*n. du t.*).]
Cette gouvernante des enfants de Monsieur était une personne fort singulière; dans le tête-à-tête elle causait avec beaucoup d'esprit et de la façon la plus agréable; en société, elle gardait un silence opiniâtre, par dédain

Mais vous avez le cœur plus chaud
Que froide vous avez la mine ;
Vous coquettez à tous venants,
Malgré la laideur et les ans.

Boulay[1], ce terrible menteur,
N'ayant personne en concurrence,
Se croyoit, sans compétiteur,
Le plus ennuyeux de la France ;
Mais D'O prétend dès aujourd'hui
Être plus ennuyeux que lui.

Or, écoutez, petits et grands,
De Brissac[2] l'étrange aventure ;
Elle avoit choisi quatre amants
Pour fournir à sa nourriture ;
Mais par un malheur peu commun,
Les quatre n'en valent pas un.

Pour contenter cette beauté,
L'ambassadeur[3] a l'air trop fade,
L'archevêque peu de santé[4]
Et le visage trop malade ;

du monde et par ménagement pour sa poitrine ; riche et avare, elle était toujours en grand habit ; ce fut la dernière femme qui conserva à la cour le masque de velours noir, afin de préserver son teint qui était fort beau. (Lettre de madame de Sévigné, 30 décembre 1672.)

[1] [Frère de la marquise de Vitry (*n. du t.*).]
[2] [Mademoiselle de Saint-Simon, première femme du duc de Brissac (*n. du t.*).]
[3] [Milord de Montaigu, ambassadeur d'Angleterre (*n. du t.*).]
[4] [Harlay de Chauvalon, archevêque de Paris (*n. du t.*).]

Guiche[1] ne fait que patrouiller,
Longueville[2] que farfouiller.

Les deux aimables rejetons
Du noble sang de Charlemagne[3],
Plus braves que des Scipions,
Veulent conquérir l'Allemagne;
Et la raison, la savez-vous?
C'est pour la mettre à vos genoux.

Jugeant que ce n'est pas assez
Que le Vandale vous admire,
Ils vont à vos climats glacés
Ajouter un nouvel empire;
Vous n'avez qu'à leur témoigner
L'endroit où vous voulez régner.

Comme on ressemble à ses parents
Et qu'on tient de son origine,
Ils ont déjà des conquérants
L'esprit, le courage et la mine;
Par ses neveux, le grand Condé
Se verra bientôt secondé.

1662.

Air: *Réveillez-vous, belle, etc.*

Que la nature est impuissante

[1] [Le comte de Guiche, fils du duc de Grammont (*n. du t.*).]
[2] [Le duc de Longueville, tué au passage du Rhin. (*n. du t.*).]
[3] [Sur les deux princes de Conti, tous deux amoureux de madame de Mecklembourg, sœur du duc de Luxembourg (*n. du t.*).]

1662.

Le pasteur qui nous gouverne [1]
Fait l'amour toute la nuit,
Et traite de baliverne
Tout le blâme du déduit;
Jamais il ne s'en confesse,
Il n'en dit pas moins la messe;
Il fait tout ce qu'il défend,
A Paris comme à Rouen.

Sire, par toute la ville
On parle d'un grand malheur;
Cette impudique Gouville [2]
A poivré notre pasteur :
Cette drôlesse est malsaine,
Le prélat en a dans l'aine;
Nous le verrons sous l'archet
En camail et en rochet.

Nonobstant la réprimande
Que le roi lui fit un jour,
Ne croyez pas qu'il s'amende,
Il n'obéit qu'à l'amour;

rigine, était une des filles d'honneur d'Henriette d'Angleterre, première femme de Monsieur. La seconde épouse de ce prince, Élisabeth-Charlotte, fait mention dans ses lettres de la *méchante* Gourdon. Quelques couplets du temps contiennent, contre ses mœurs, des accusations exprimées en un style trop cynique pour que nous puissions les répéter.

[1] [Harlay de Chauvalon, archevêque de Paris. Il l'avoit été de Rouen auparavant (*n. du t.*).]

[2] [La marquise de Gouville, sœur du maréchal de Tourville (*n. du t.*).]

Pagination incorrecte — date incorrecte
NF Z 43-120-12

Il vous enverra tous paître,
Et dira qu'il est le maître ;
Il fait tout ce qu'il défend,
A Paris comme à Rouen.

Prenez bien garde, mesdames,
A ce beau prédicateur ;
Il en veut moins à vos âmes
Qu'il n'en veut à votre cœur ;
Car votre air rude et sévère
Ne lui permet pas de faire,
Ce qu'il fait, ce qu'il défend
A Paris comme à Rouen.

Quand il vous prêche en apôtre,
Si vous croyez ce qu'il dit,
Vous le prenez pour un autre,
Et vous damnez à crédit ;
Quoi qu'il fasse ou bien qu'il gronde,
Vit-on jamais dans le monde
De directeur plus humain
Et d'apôtre plus blondin ?

Pour mieux vendre ses coquilles,
Quand il est dans le saint lieu,
Il exhorte femmes et filles
A n'aimer que le bon Dieu ;
Mais au sortir de l'Église,
Il rit et il galantise,
Et fait tout ce qu'il défend,
A Paris comme à Rouen.

Bretonvillier[1], ma cousine,

---

[1] [La présidente de Bretonvillier (n. du t.).]

Pour toi, mon pauvre Longeois¹!
Le petit bonhomme qu'on chante
Seroit mieux sorti du congrès.

Dans un combat si désirable,
Il faut toujours s'abandonner,
Et la brèche étant raisonnable,
Il ne falloit pas demeurer.

¹ [Le marquis de Langeois, de la maison de Cordouan, accusé d'impuissance; n'ayant pu, au congrès, soutenir l'action, il fut séparé d'avec sa femme, et il a épousé depuis Diane de Mormant dont il a eu sept enfants; ce qu'ayant su le parlement, il défendit, en 1677, de faire dorénavant le congrès. Il s'était marié en 1659, et il s'est retiré en Hollande pour la religion (*n. du t.*).]

On trouve quelques détails sur cette cause des plus singulières, même dans son genre, dans l'ouvrage de M. J. Barrière, *la Cour et la Ville*, p. 53. Tallemant des Réaux en parle avec détail (*Historiettes*, t. X, édit. in-18). Il dit que pendant longtemps on ne causa pas d'autre chose dans Paris et qu'on fit à ce sujet beaucoup de mauvais vers remplis de saletés.

Le *plaidoyer* de Lamoignon sur cette affaire fut imprimé à Paris, en 1680, in-12. C'est un livret devenu rare et qui est recherché des curieux. Un exemplaire s'est payé 35 fr. en 1853 à la vente Walckenaër.

Les procès de l'espèce de celui dont il s'agit ici étaient fréquents au seizième et au dix-septième siècle. Au commencement du dix-huitième, il en surgit un qui fit grand bruit : celui du marquis de Gesvres. Nous aurons l'occasion d'en reparler. Entre autres ouvrages relatifs à cette matière délicate, nous indiquerons ceux d'Antoine Hotman, *Traité de la dissolution du mariage par l'impuissance de l'homme ou de la femme*, Paris, 1581, 1595, 1610; de Vincent Tagereau, *Discours sur l'impuissance de l'homme et de la femme*, 1611, 1612 et 1655; du président Bouhier, *Traité de la dissolution du mariage pour cause d'impuissance*, Luxembourg, 1755; de Boucher d'Argis, *Les principes de la nullité du mariage pour cause d'impuissance*, Paris, 1756.

Langeois, il faut faire retraite,
Tu passes pour mauvais soldat ;
Vingt témoins ont vu ta défaite,
Et pas un n'a vu ton combat.

Ne raille plus cette inhumaine,
Et n'accuse que ton défaut :
Cent mille écus valent la peine
D'aller une fois à l'assaut.

L'assaut n'étoit que trop facile,
Il falloit un peu de vigueur,
Et tu pouvois dans cet asile
Sauver ton bien et ton honneur.

1662.

Nommer un ange
Votre Philis
Est chose étrange,
Je vous le dis ;
Gardez votre louange
Pour d'autres appas ;
Je me connois en ange,
Gourdon ne l'est pas.

De bonne mine
Je le crois bien,
Mais pour divine
Il n'en est rien ;
Gardez votre louange
Pour d'autres appas ;
Je me connois en ange,
Gourdon ne l'est pas [1].

[1] Mademoiselle de Gourdon ou Gordon, Écossaise d'o-

Est-il vrai, ce que l'on dit,
Qu'un prélat de bonne mine
Est pour vous en appétit?
Quoiqu'il ait la face blême,
C'est pourtant toujours le même;
Il fait tout ce qu'il défend,
A Paris comme à Rouen.

Le prélat d'un diocèse
Ne peut pas vaquer à tout;
Il est fort mal à son aise
Et ne peut venir à bout;
Le nôtre dont on se raille
Dans le sien toujours travaille,
Et tant il travaillera,
Que l'on croit qu'il en suera.

Que je plains la destinée
De ce pauvre de Langeois,
Qui s'est trouvé sans armée
Le jour qu'il fut au congrès;
Il a gâté son affaire
Pour n'avoir jamais su faire
Ce que fait, ce que défend
L'archevêque de Rouen.

D'Andreville et Pavilleuse,
Parmi les verres, les pots,
Tous les deux d'humeur joyeuse,
Se disoient à tout propos:
A ta santé, camarade;
A ta femme prends bien garde!
Trinque et tope, et grand merci,
Prends garde à la tienne aussi.

1662. — CONFITEOR.

Notre archevêque de Paris[1],
Quoiqu'il soit jeune, a des faiblesses ;
Voyant qu'il en avoit trop pris,
Il a retranché ses maîtresses :
Les quatre qu'il eut autrefois
Sont à présent réduites à trois.

Un chacun trouve de bon sens
Le retour qu'a fait la Gouville[2] ;
Elle seroit restée aux champs,
Mais son amant étoit en ville :
L'amour l'en avoit fait partir,
Et l'amour la fait revenir.

Le jeune prélat, enflammé
De quelque reste pour la belle,
Lui voyant le cœur alarmé,
Jura qu'il lui seroit fidèle,
Et qu'il reprendroit sur les trois
Ce qu'il leur donnoit autrefois.

A quoi bon cette austérité
Que vous affectez, Maréchale[3] ?
Malgré les soins que vous prenez
De passer pour une vestale,

[1] [Harlay de Chauvalon, archevêque de Paris (n. du t.).]
[2] [La marquise de Gouville, sœur du maréchal de Tourville (n. du t.).]
[3] La maréchale d'Aumont. Nous aurons occasion d'en reparler.

On sait que mieux que vos amis
Vous traitez monsieur de Paris.

Enfin, Iris n'est plus Iris[1],
Cette beauté n'est plus légère ;
Ce n'est plus comme au temps jadis,
Qu'elle alloit d'affaire en affaire :
Personne n'en voulant tâter,
Elle n'a personne à quitter.

1664.

Sept jours de la semaine,
On voit la Tourandours
Dans le Cours de la Reine
Faire deux mille tours,
  Poudrée,
  Frisée,
  Ajustée.
Et faisant son mic mac
A toute l'assemblée,
A Pons et Martinac,
Et au beau Canillac.

Sept jours de la semaine
On te voit, la Grimaud,
Dans le Cours de la Reine,
Chacun criant tout haut :
  Puante,
  Suante,
  Gluante,

---

[1] Chanson de Bussy-Rabutin sur madame de Montglas (n. du l.).

Vrai remède d'amour;
Ah! que tu es insolente
De venir chaque jour
Nous infecter au Cours.

1664. — JUGEMENT DE M. FOUQUET[1].

Laissez paître vos bêtes.

Monsieur Hérault
Leur dit tout haut,
D'un air essoufflé, ayant chaud,
Qu'il méritoit bien l'échafaud,
Ayant eu l'insolence
De faire des fontaines à Veaux
Qui jettent en abondance
Incessamment de l'eau.

Lors un rieur,
Mais plein d'honneur,
Répondit à ce gros buveur
D'un ton moqueur :
Si Fouquet eût su faire
A Veaux des fontaines de vin,
Je crois que mon confrère
Ne s'en fût jamais plaint.

---

[1] [On peut consulter sur Fouquet, ses malversations et son procès, les *Mémoires* de M. Walckenaër *sur madame de Sévigné*, t. II, ch. xvii et xviii, p. 200-200.

Le *Recueil des défenses*, de M. Fouquet, 1665-1668, 15 vol. in-12 imprimés en Hollande, renferme une multitude de renseignements qu'il ne faut pas admettre sans quelque méfiance, puisqu'ils émanent de l'accusé lui-même.

1664. — ROCHELOIS.

Ici dessous gît Mazarin [1],
Qui, plus adroit qu'un Tabarin,
Par ses ruses dupa la France;
Il eût éternisé son sort,
Si, par finesse ou par finance,
Il avoit pu duper la mort.

Du cardinal mis au cercueil,
On dit qu'on va prendre le deuil :
S'il te prend une telle envie,
Tu aurois, ah! François, grand tort;
Tu portois le deuil de sa vie,
Le porterois-tu de sa mort?

Enfin, s'il est vrai ce qu'on dit,
L'avarice eut tant de crédit
Dessus ce cœur insatiable,
Qu'afin d'acquérir plus de bien,
S'il n'eût donné son âme au diable,
Il n'auroit jamais donné rien.

Vous qui passez près de ce lieu,
Venez jeter, au nom de Dieu,
A Mazarin de l'eau bénite;
Il en donna tant à la cour,
Que c'est bien le moins qu'il mérite
Que l'on lui en donne à son tour.

Que La Ferté ne m'aime pas,
Qu'il soit traître comme Judas,

---

[1] [Mort du cardinal Mazarin (*n. du t.*).]

Qu'il soit c..u, battu, content,
Qu'il soit fils d'un grand capitaine,
Tout cela m'est indifférent.

1666.

Votre époux est de glace [1]
Entre vos bras;
Si j'étois à sa place,
Madame, hélas!
Je mourrois d'un plaisir qu'il ne sent pas.

[1] [Chanson du comte de Guiche à madame Henriette d'Angleterre (n. du t.).]

Nous croyons que ces couplets, et surtout quelques autres qu'il faut supprimer, n'ont point été adressés par le fils du duc de Grammont à la belle-sœur du roi. Il est bien plus difficile de dire jusqu'où allèrent les relations de Madame avec le comte de Guiche. D'après la correspondance de la seconde duchesse d'Orléans, Élisabeth-Charlotte, les amants avaient des rendez-vous, et le stratagème hardi d'un valet les préserva un jour d'être surpris par Monsieur (t. II, p. 7, édit. de 1855). Il y a sans doute un fond de vérité dans l'*Histoire galante de M.* (Madame) *et du comte de G.* (Guiche), petit écrit qui se trouve dans le recueil intitulé *Histoires galantes*, Cologne, Jean Leblanc (Hollande), sans date, p. 424-464, dans les *Dames illustres de notre siècle*, Cologne, 1682, p. 135-176; dans diverses éditions de l'*Histoire amoureuse des Gaules*.

Nous sommes d'ailleurs fort porté à nous associer à l'opinion de M. Cousin au sujet de l'aimable et infortunée Henriette...

« Une personne accomplie et digne de toutes les louanges que Bossuet lui a prodiguées; ses qualités de tout genre étaient admirables; ses fautes ont été légères, car nous doutons qu'elle soit jamais allée avec le comte de Guiche au-delà d'une coquetterie espagnole, tendre et exaltée. » *Bibliothèque de l'École des Chartes*, troisième série, t. V (1854), p. 502.

Le procureur
Plein de fureur,
Plus que de tendresse et d'honneur,
Contre ce bon seigneur,
Conclut à la potence,
Pour sacrifier à ses dieux,
Un homme d'importance
Qui vaut beaucoup mieux qu'eux.

Le rapporteur,
Décollateur,
S'intéressant à sa faveur,
Et foulant aux pieds tout honneur,
Crut sa fortune faite,
Et qu'il feroit assurément,
Abattant cette tête,
Celle du Parlement.

Un forgeron,
Dur et félon,
Changeant comme un caméléon,
Et pire cent fois qu'un démon,
Par sa fureur extrême,
Vouloit perdre les innocents ;
Mais il perdit lui-même
La raison et le sens.

Monsieur Pussort [1]
Harangua fort,
Mais il prit un peu trop l'essor
Monsieur Pussort,
Et sa sotte harangue
Fit voir à Messieurs de nouveau

[1] [Oncle de M. Colbert (*n. du t.*).]

Qu'il a beaucoup de langue
Et fort peu de cerveau.

Ne finissons pas la chanson
Sans entonner quelque beau son
Pour exalter le d'Ormesson ;
   Le bon Dieu le bénisse,
   Et avec lui les gens de bien
   Qui rendent la justice
   Et qui ne craignent rien.

Grammont qui n'en est pas marri
En parlant de ce favori ;
Voyez un peu le charivari,
   Diable, quel bénéfice
Lorge lui laisse après sa mort !
   Le bon Dieu le bénisse,
   Il le mérite fort.

Quand la Saint-Chaumont le saura,
Assurément elle dira :
   Voyez ce grand extra
   Qui cause ma disgrâce,
Et que la fortune a mis bas ;
   Il a vendu sa place,
   Il n'en est pas plus gras.

On dit que Beuvron a gâté
Le grand chemin de La Ferté,
Qui fut jadis si fréquenté ;
   La pauvrette en enrage
Qu'il faille, attendant guérison,
   Qu'elle soit sans ouvrage
   Seule dans sa maison.

Belle et charmante brune
    Pour qui je meurs,
Si je vous importune
    Par mes langueurs,
La faute en est commune
    A tous les cœurs.

Qu'il brûle ou soit de glace
    Entre mes bras,
Il occupe une place,
    Cher comte, hélas!
Que si l'amour donnoit, il n'auroit pas.

Que si, pour l'assurance,
    De vos attraits
Il vous faut l'insistance
    D'amants discrets,
Ils sont tout prêts, madame, ils sont tout prêts.

Non! je ne puis m'en taire;
    L'amour est doux;
Qui vous dit le contraire?
    C'est votre époux;
Il est jaloux, madame, il est jaloux.

Si, pensant à la peine
    Qu'on sent pour vous,
Il vous prend quelque haine
    Pour votre époux,
Appelez-nous, madame, appelez-nous.

Pour la belle comtesse
    Meurent tous les jours
Mille amants qu'elle laisse

Sans nul secours,
Et cependant la presse y est toujours.

Les amours qui s'enfuient
Vous suivent tous ;
Hélas ! puisqu'ils s'ennuient
Avecque nous,
N'oubliez pas celui que j'ai pour vous.

Comtesse, en votre absence,
Que deviendront
Les jeux, les ris, la danse ?
Ils languiront,
Hélas ! je crois qu'ils en mourront.

Jamais ne me verrai-je
Seul avec vous ?
Jamais ne trouverai-je,
Loin du jaloux,
Un moment pour mourir à vos genoux ?

Si c'est la destinée,
Étant chez vous,
De passer une année
Près d'un époux,
Ah ! chassez-nous, madame, ah ! chassez-nous.

1666. — CONFITEOR.

Le vicomte dit de Louvois[1],
Ce que toute la terre en pense
Quand il a osé dire au roi
Que de tous les maux de la France,

[1] [Le vicomte de Turenne (n. du t.).]

Ce petit-fils de procureur
Étoit et la cause et l'auteur.

A ce connétable insolent
Qui fait le petit Dieu sur terre,
Il lui dit qu'effectivement
Il n'étoit pas homme de guerre,
Et qu'il feroit mieux le métier
De commissaire de quartier[1].

Dangeau[2] se voyant trop frondé
Sur les bruits venus d'Angleterre,
Assembla Turenne et Condé
Pour faire son conseil de guerre;
Le roi surpris a dit pourquoi
Il ne consultoit point Louvois.

Longueville, consolez-vous,
Gilot[3], Langlade[4] et l'Angleterre;
Brissac[5] revient, vous l'aurez tous,
Ainsi le veut monsieur son père,
Qu'elle revienne dans Paris
Pour minauder grands et petits.

Le prélat[6] fait-il bien ou mal

---

[1] [M. Louvois, le grand-père du chancelier Le Tellier avoit été commissaire de quartier (*n. du t.*).]

[2] [Milord Peterborough, ayant perdu beaucoup d'argent contre Dangeau, dit qu'il ne le payeroit pas et qu'il avoit été trompé, ce qu'ayant su Dangeau, il passa en Angleterre pour se battre contre lui (*n. du t.*).]

[3] [Gilot, conseiller au parlement (*n. du t.*).]

[4] [Langlade, gentilhomme attaché à M. le Prince (*n. du t.*).]

[5] [Mademoiselle de Saint-Simon, femme du duc de Brissac (*n. du t.*).]

[6] [L'évêque de Laon, de la maison de Clermont-Ton-

En déshonorant sa famille?
S'il en peut être cardinal,
Il sera scélérat habile;
Mais s'il revient de noir vêtu,
Il n'aura rien fait qu'un cocu.

Le Saint-Père s'est déclaré
Pour l'archevêque de Toulouse [1].
Monsieur de Laon est reculé
Et quasi poussé dans la blouse.
Hé! pourquoi s'est-il fait fourrier
En voulant passer le premier?

Grignan [2], vous avez de l'esprit
D'avoir choisi votre beau-frère;
Il vous fera l'amour sans bruit
Et saura cacher le mystère;
Matou, n'en soyez point jaloux,
Il est Grignan, tout comme vous [3].

nerre, négocia le mariage de mademoiselle de Cœuvres et de mademoiselle de Lionne (n. du t.).] Ceci fait allusion à une anecdote fort scandaleuse racontée dans un pamphlet intitulé : *les Vieilles amoureuses;* il est compris dans les recueils connus sous le titre : *d'Histoire amoureuse des Gaules* ou de la *France galante.*

[1] [M. le cardinal de Bouzy, archevêque de Toulouse, depuis de Narbonne (n. du t.).]

[2] [Mademoiselle de Sévigné, femme du comte de Grignan, lieutenant général de Provence, que l'on disoit aimer son beau-frère (n. du t.).]

[3] La froideur bien connue de madame de Grignan ne la préserva pas de la calomnie, et les attentions qu'avait pour elle le chevalier de Grignan, son beau-frère, lorsqu'elle demeurait à Aix, donnèrent lieu à la malignité de s'exercer sur son compte. Au sujet de l'aventure d'une demoiselle Cigale, Sicilienne qu'abandonna M. de Langeron, capitaine de vaisseau, on fit circuler une parodie de

Gloire au brave marquis d'Alluy [1]
Et au triste Montluc son frère [2];
Ce sont deux grands donneurs d'ennui,
Sicut erat monsieur leur père [3];
Ils l'ont été et le seront
In secula seculorum.

Puisqu'à son tour chacun chez vous [4]
Pousse la dernière aventure,

la première fable de La Fontaine. On supposait que la Cigale

> Se trouva bien désolée
> Quand Langeron l'eut quittée.
> Pas le moindre pauvre amant
> Pour soulager son tourment.
> Elle alla crier famine
> Chez la Grignan sa voisine,
> La priant de lui prêter
> Un Grignan pour subsister
> Jusqu'à la saison nouvelle ;
> Je vous le rendrai, dit-elle,
> Avant qu'il soit quatre mois
> Sans l'avoir mis aux abois.
> La Grignan n'est pas prêteuse ;
> C'est là son moindre défaut.
> Lequel est-ce qu'il vous faut ?
> Dit-elle à cette emprunteuse.
> — Le chevalier seulement,
> Dit la triste tourterelle.
> — Le chevalier, lui dit-elle,
> J'en ai besoin maintenant.

Voir le *Recueil des pièces curieuses et nouvelles, tant en prose qu'en vers*, La Haye, 1694, in-12, t. II, seconde partie, p. 230, et Walckenaer, *Histoire de la vie et des ouvrages de La Fontaine*, livre II, notes.

[1] [Le marquis d'Alluy, mari de mademoiselle Fouilloux (*n. du t.*).]

[2] [Montluc, son frère (*n. du t.*).]

[3] [Le vieux marquis de Sourdis, leur père (*n. du t.*).]

[4] [Chanson de Bussy sur mademoiselle de Rohan, sœur du duc de Noirmoutier, femme de M. d'Olonne (*n. du t.*).]

Marquise, soit dit entre nous,
Je veux commencer par conclure,
Et puis mon tour, après cela,
Reviendra quand il vous plaira.

Le parti n'est-il pas bien doux ?
Vous serez libre en vos affaires,
Je laisserai passer l'époux,
Les galants et votre beau-frère,
Trop heureux de rentrer en rang
A tout le moins une fois l'an.

Mon cher Fieubert[1], vous avez tort,
Vous vous trompez à votre compte,
Ce ne sont point des matadors,
Ce seroit bien plutôt des pontes ;
Ma foi, l'amour est un menteur,
Vous vous trompez à la couleur.

Jamais à l'âge de quinze ans
A-t-on fait voir tant de sagesse
Que nous en a montré Mormant[2]
Se retirant chez une abbesse ?
Pouvoit-elle avecque sa sœur
Croire en sûreté son honneur ?

Autant d'esprit, autant d'appas,
Autant de jeunesse et de charmes,

---

[1] [Réponse de M. de Fieubert à M. de Bartillac, qui avoit dit que les yeux de madame de Grignan étoient des matadors (*n. du t.*).]

[2] [Mademoiselle de Mormant s'étant brouillée avec la marquise de Francière, sa sœur, se retira dans une abbaye, où elle demeura jusqu'à la mort de cette sœur (*n. du t.*).]

Avec sa sœur ne pouvoit pas
Demeurer sans beaucoup d'alarmes,
Car souvent l'exemple d'autrui
Nous induit à pécher aussi.

Bordeaux[1] disputa à Cornu[2]
Le glorieux et bel avantage
De faire les maris c...us,
De toute espèce, de tout âge,
Et tout d'une voix dans Paris,
On décerne à Bordeaux le prix.

1069.

Vous n'avez, pendant votre jeune âge[3],
Que des crochets et des nœuds;

---

[1] [Madame de Bordeaux, mère de madame Fontaine Martel (*n. du t.*).]

[2] Boileau a immortalisé cette femme en la nommant dans sa dixième satire :

Tu la verras hanter les plus honteux brelans,
Donner chez la Cornu rendez-vous aux galants.

Gacon a dit de son côté (satire II, vers 29) :

Veux-tu qu'on se récrie à cette jeune fille
Qui dès sa tendre enfance à l'abri d'une grille,
Oubliant tout à coup sa première vertu,
Ne fait de Port-Royal qu'un saut chez la Cornu.

Les recueils manuscrits en parlent quelquefois ; qu'il nous suffise d'en citer un seul exemple :

L'Amour disait en colère,
Mais vraiment je suis tout nu ;
C'est que ma p...,n de mère
Mangeoit tout chez la Cornu.

[3] [Dans le temps que le roi quitta mademoiselle de La Vallière pour madame de Montespan ; et, ne voulant pas reconnoître les enfants qu'il avoit eus d'elle, il lui avoit donné, un peu de temps auparavant, un crochet et une boucle de diamants estimés 100,000 livres (*n. du t.*).]

Vos enfants n'auront pour apanage,
Après ce temps malheureux,
Vos enfants n'auront pour apanage
Que l'hôpital des Enfants bleus.

1669. — PETITE FRONDE.

Croyez-moi, belle Roquelaure[1],
Si cet enfant, qui doit éclore
De votre heureux accouplement,
A le nez fait comme son père,
Un si terrible changement
Découvrira tout le mystère[2].

C'en est fait, la mort l'a ravie ;
Nous ne verrons plus l'effigie

---

[1] Saintraille, de chez M. le Prince, amoureux de mademoiselle de Laval, femme du duc de Roquelaure, avoit le nez fort long (*n. du t.*).]

[2] « On a soupçonné la duchesse de Roquelaure d'avoir fait la conquête du roi ; la médisance a beaucoup parlé de cette intrigue, mais je n'y ai pas mis le nez. » Ainsi s'exprime la duchesse d'Orléans (*Correspondance*, 1855, t. I, p. 236). Madame de Caylus dit de son côté dans ses *Souvenirs* : « Mademoiselle de Laval avoit un grand air, une belle taille, un visage agréable et dansoit parfaitement bien. On prétend qu'elle plut au roi. Il la maria à M. de Roquelaure. »

Parmi les nombreuses pièces de vers qui furent composées au sujet de cette duchesse, nous citerons celle-ci :

> Fais-nous savoir encore
> Pour quel fâcheux discours
> La belle Roquelaure
> A chassé ses amours.
> Un amant téméraire,
> Grand seigneur indiscret,
> A dit, en sa colère,
> Ce qu'il n'avoit point fait.

De la funeste Montchevreuil :
De triste augure étoit sa mine,
Et même jusques au cercueil,
Elle est horreur à la vermine.

Oh! vous qui déplorez sa perte,
Pendant que la route est ouverte,
Jusqu'au delà des sombres bords,
Allez lui tenir compagnie,
Et quand vous serez chez les morts,
Nous en aimerons mieux la vie.

1671.

Qui la croira, cette étrange nouvelle :
On dit que Lauzun[1],
Qui n'est qu'un homme du commun,
Épouse dans deux jours Mademoiselle;
Plutôt que de conclure un tel mariage,
Qui fait à la cour un murmure si grand,
Il valoit mieux garder son intendant,
Et prendre au moins deux nouveaux pages.

1672. — CONFITEOR.

Hollandois[2], votre cas va mal,
Si Louis est inexorable;
Le grand Colbert est amiral,
Et le gros Louvois connétable;
Ils savent très-bien leur métier,
Et ne font jamais de quartier.

[1] [Lorsque Mademoiselle épousa M. de Lauzun, lors favori du roi, il étoit laid et petit, mais vigoureux et spirituel (n. du t.).]
[2] [Dans les premières guerres de Hollande (n. du t.).]

Le connétable[1] et l'amiral[2]
Sont faits tous deux comme de cire ;
Le premier est un gros brutal,
Et le second est encor pire :
Tous deux sont fléaux des humains ;
Pauvres François ! que je vous plains.

Hollandois, votre cas va bien[3],
Louis n'est plus inexorable ;
S'il abandonne votre bien,
Rendez-en grâce au connétable :
Un compliment à l'amiral,
Tous deux ne vous servent pas mal.

L'un[4] fait sortir tout notre argent,
L'autre[5] empêche qu'il ne revienne ;
Sont-ce deux marchands d'Amsterdam ?
Sont-ce deux ministres de Vienne ?
Non, Messieurs, vous serez surpris,
Ce sont deux bourgeois de Paris.

Serois-tu bien seul, gros Chenet,
Ignorant le bruit de la ville ?
On dit que dessous ton bonnet,
Ton épouse a mis chose utile,
Se fiant à la bonne foi
De Rabantel et de Mauroi.

Demande-lui lequel des deux

[1] [M. de Colbert (n. du t.).]
[2] [M. de Louvois (n. du t.).]
[3] [Dans le cours de la même année que le roi abandonna ses conquêtes en Hollande (n. du t.).]
[4] [M. Colbert (n. du t.).]
[5] [M. Louvois (n. du t.).]

Fit venir un dauphin si vite,
Lequel fut le plus amoureux,
Du cavalier ou du casuiste;
Par cet aveu l'on apprendra
De qui cet enfant-là tiendra.

Les m.......... sont en deuil;
Elle perdent toute espérance,
Le chancelier est au cercueil¹,
Le plus grand ribaud de la France;
Les p...... en pleurent bien fort :
Tout est perdu, Pierrot est mort.

Mesdames, quittez votre deuil
Et reprenez votre espérance;
Si Pierrot est dans le cercueil,
Carouge et Saucourt² sont en France :
Et chacun d'eux dans ce métier
Vaut bien au moins un chancelier.

Après les glorieux exploits
Du trop malheureux Caderousse³,
Si l'on vouloit rendre à Louvois
Justice sur son humeur douce,
Sa femme le feroit, ma foi,
C..u comme la Dufresnoy⁴.

¹ [Le chancelier Séguier, mort en 1672, se faisoit nommer Pierrot par ses maîtresses (*n. du t.*).]
² [Maximilien de Bellefourière, marquis de Saucourt, fameux auprès des femmes pour ses exploits amoureux (*n. du t.*).]
³ [M. de Caderousse, amoureux de madame Dufrenoy, maîtresse de M. Louvois, à la sollicitation du duc de la Rochefoucauld, ennemi de M. de Louvois (*n. du t.*).]
⁴ Elise Dufrenoy, femme d'un premier commis de la guerre, fort belle et de peu d'esprit; maîtresse de Louvois,

Qui douteroit de ta valeur,
Dangeau, te feroit grand outrage;
Tu nous as montré tant de cœur,
En faisant ton apprentissage;
Grand vice-amiral, taisez-vous,
Il revient vainqueur comme vous.

Est-ce un conte ou bien vérité,
Que de Seignelay¹ les prouesses?
Périgny² est sans vanité
Dans le nombre de ses maîtresses;
Théobon³ le charme à son tour,
Malgré la princesse d'Harcourt⁴.

Turenne et Condé, sous le roi
Généraux de quelque espérance,
Sans l'assistance de Louvois
Pourroient bien défendre la France;
Mais s'ils lui savent obéir,
Que ne pourront-ils envahir?

Si j'étois parent de Louvois,
Ou du moins parent de Saint-Pouange⁵,
Je ne manquerois point d'emplois;

qui fit créer pour elle une charge nouvelle, celle de dame du lit de la reine (voir les *Mémoires* de La Fare, t. LXV, p. 224, collection Petitot). Madame de Sévigné l'appelle une nymphe, une divinité (lettre du 20 janvier 1672.)

¹ [M. de Seignelay, fils de M. Colbert (*n. du t.*).]
² [Mademoiselle de Périgny, sœur de M. de Cayavel (*n. du t.*).]
³ [Theobon, comtesse de Beuvron (*n. du t.*).]
⁴ [Mademoiselle de Brancas, femme du comte d'Harcourt (*n. du t.*).]
⁵ Saint-Pouange, frère de M. de Villarcerf. Il étoit premier commis de M. de Louvois (*n. du t.*).

Je serois heureux comme un ange :
Hélas! que je suis malheureux
De n'être rien à l'un des deux.

Or, écoutez, petits et grands,
Le malheur de notre royaume :
Dangeau, la perle des vaillants,
Devoit s'en aller à Stockholm[1];
Mais il reste dedans Paris
Pour ennuyer grands et petits.

Mais pour comble de tous nos maux,
Dans le dessein de cette affaire,
Il avoit fait choix de d'Avaux
Pour en faire son secrétaire ;
Mais il reste dedans Paris
Pour ennuyer grands et petits.

Chaumont[2] étoit son aumônier,
Son intendant étoit Saint-Gilles,
Salnis étoit son écuyer
Et ils devoient tous faire gille ;
Mais il reste dedans Paris
Pour ennuyer grands et petits.

Ç'auroit été grande douleur
De voir partir monsieur son frère[3] ;
C'est bien le plus fâcheux lecteur

[1] Sur le marquis de Dangeau, nommé à l'ambassade de Suède où il ne fut pas (n. du t.).]

[2] L'abbé de Chaumont, aumônier du roi, évêque de Dax, en Béarn (n. du t.).]

[3] L'abbé de Dangeau, mort en 1723 ; il remplaça en 1682 Colin à l'Acdaémie française ; « les bagatelles de l'orthographe furent l'occupation et le travail sérieux de toute sa vie. » (Saint-Simon.)

Qui jamais eut brevet d'affaire;
Mais il reste dedans Paris
Pour ennuyer grands et petits.

1072.

Vit-on de nymphe plus gentille
Que fut Béjart¹ l'autre jour?

¹ Il s'agit d'un rôle de néréide sortant d'une coquille marine que remplissait la célèbre Armande Béjart, née en 1645. Molière l'épousa le 20 février 1662. On sait qu'elle était pleine de grâces et d'attraits, mais on n'ignore point de quels chagrins elle remplit la vie de son époux. Elle s'éprit du comte de Guiche qui ne répondit pas à ses avances, et elle écouta Lauzun qui préludait par les actrices avant de s'élever aux princesses du sang. Après la mort de Molière, elle s'empressa de se remarier et elle continua de briller sur la scène jusqu'en 1694; elle mourut le 30 novembre 1700. On peut consulter à son égard les diverses biographies de Molière (notamment celle qu'a écrite M. J. Taschereau), et un pamphlet curieux intitulé *la Fameuse comédienne, ou Histoire de la Guérin, auparavant femme et veuve de Molière*, Francfort, 1682, ouvrage réimprimé plusieurs fois, et qui reparut avec divers changements sous le titre suivant: *les Intrigues amoureuses de M*** et Mad.*** son épouse*; un autre libraire mit hardiment: *les Intrigues de Molière et celles de sa femme*. Cette édition sans lieu ni date, celle de 1697, et celle de la *Fameuse comédienne*, Francfort, 1688, sont les seules où l'on trouve un passage très-hasardé, sans doute, sur la liaison par trop intime de Molière avec le jeune comédien Baron. Les éditions sous la rubrique d'Allemagne, mais imprimées en Hollande, sont remplies de fautes; les noms propres sont estropiés; l'éditeur dit que l'auteur lui est inconnu et que le manuscrit lui fut remis par un courrier qui, passant par Francfort, acheta quelques livres dans sa boutique. Ce pamphlet a été attribué, sans nulle preuve, à La Fontaine; on le donne, avec plus de vraisemblance, à une actrice nommée madame Boudin

Dès qu'on vit ouvrir sa coquille,
Un chacun cria à l'entour,
Dès qu'on vit ouvrir sa coquille :
    Voilà la mère d'amour.

J'entendis un pitaud de la bande
Chanter d'une autre façon :
Coquille si belle et si grande
N'accommode pas mon limaçon ;
Coquille si belle et si grande
    Demande un plus gros poisson.

A-t-on vu galant plus incommode
Que monsieur l'abbé d'Aumont ?
Quoique toujours vêtu à la mode,
Grand collet et grands canons ;
Quoique toujours vêtu à la mode,
    On aime à voir ses talons.

Quoi ! fait-on des chansons à votre âge,
Seigneur chevalier de Grammont ?
En amour vous montrez vieux visage
Sous perruque à cheveux blonds ;
En amour vous montrez vieux visage,
    Et au combat les talons.

1677. — CHARIVARI.

On dit que de la couronne
    Des Polonois

(voir le *Dictionnaire des Anonymes* de Barbier, n° 6625). M. Bazin, auquel on doit d'intéressantes recherches sur la vie de l'auteur de *Tartufe*, qualifie le petit volume en question de « verbiage plat et vulgaire dicté par une haine de mauvais aloi contre l'indigne veuve de Molière. »

Le grand Conti abandonne
Tous ses bons droits,
Pour retourner à son pays :
Vive Conti !

Malgré tout l'argent de France
Et le primat,
Le parti saxon s'avance
En cet État :
Rome, Vienne sont ses amis,
Charivari.

Aussi-pourquoi la Pologne
Auroit voulu
Ce que Liége et Cologne
N'ont pas reçu,
Non plus que l'Angleterre aussi,
Charivari.

Amis, savez-vous l'affaire
De Rabutin
Contre le sieur de La Rivière,
Qui pour certain
De sa fille est le vrai mari ?
Charivari.

1678.

J'entends déjà le bruit des armes[1]
Et le tambour qui bat aux champs ;
Je sens renaître les alarmes
Que vous me causez tous les ans ;

---

[1] (Lorsque le roi alla faire le siége d'Ypres, madame de Montespan lui adressa ces vers (*n. du t.*).)

Verserai-je toujours des larmes
A chaque retour du printemps?

RÉPONSE DU ROI.

Faut-il que j'aime tant la gloire,
Lorsque j'ai pour vous tant d'amour?
Qu'il est doux d'être dans l'histoire!
Plus doux de vous faire la cour.
Si je suis dans votre mémoire,
Ne craignez rien pour mon retour.

1680. — PETITE FRONDE.

Quand on rosse Varengeville[1],
Châtillon, vous êtes immobile;
Ma foi, c'est être trop prudent,
Ce procédé vous déshonore;
Vous l'avez porté si souvent,
Que ne le portez-vous encore?

Quoi que le Lorrain dise ou fasse,
Il ne passe point la menace;
La vengeance est hors de saison,
Chez lui ce n'est pas un outrage;
Sans en avoir tiré raison,
Il en a souffert davantage.

[1] [Le chevalier de Lorraine avoit menacé de coups de bâton Varengeville, secrétaire des commandements de Monsieur, ami du chevalier de Rohan, celui qui a eu la tête tranchée et qui se vantoit d'avoir donné des coups de bâton au chevalier de Lorraine et l'avoir été attendre hors du royaume pour se battre sans qu'il y allât (n. du t.).)

Ce n'est pas la beauté charmante
De la Vaubecourt[1] qui m'enchante,
Son rouge ni son mauvais blanc ;
Mais c'est son industrie extrême
Qui joint la mine d'un enfant
A la taille de Polyphème.

1681.

Or, nous dites duchesse,
Lorsque La Mark[2] fut mort,
Vit-on votre tendresse
Faire un dernier effort? —
Je n'étois entêtée
Que du petit Coigneux ;
Je m'en croyois aimée,
Lenclos m'ôtoit ses vœux.

1682.

Air : *Lère, lalère, lenlère.*

On n'a jamais vu dans Paris
Tant de galants à manteaux gris
Que dans l'hôtel de Senneterre,
   Lère, lalère, lenlère.
   Lenla, lère, lenlère.

La grande duchesse de Sault
Avoit déjà fait le grand saut
Avec l'écuyer de sa mère,

---

[1] [Mademoiselle Amelot de Gournay, marquise de Vaubecourt (*n. du t.*).]

[2] [La maréchale de la Ferté et le comte de La Mark, tué en Flandre (*n. du t.*).]

Lère, lalère, lenlère,
Lenla, lère, lenlère.

Si le bon duc savoit le fait,
Il seroit très-mal satisfait
D'être c..u comme son père,
Lère, lalère, lenlère,
Lenla, lère, lenlère.

Le jour que naquit Châtillon¹
On sonna double carillon
A tous les clochers de Cythère,
Lère, lalère, lenlère,
Lenla, lère, lenlère.

Le chien de monsieur de Sully
Est bien plus aimable que lui ;
Disant cela on ne dit guère,
Lère, lalère, lenlère,
Lenla, lère, lenlère.

Le chevalier de Châtillon
Est un fort aimable garçon,
Jusqu'à sa mère il a su plaire,
Lère, lalère, lenlère,
Lenla, lère, lenlère.

¹ Châtillon, qui fut d'abord cadet dans les gardes du corps; le duc d'Orléans lui fit obtenir le cordon bleu, le nomma capitaine de ses gardes, lui donna une pension et un logement au Palais-Royal; il se mêla aux cabales contre le Régent (voir les *Lettres* de la duchesse d'Orléans, 1855, t. I, p. 231).

Saint-Simon en parle à plusieurs reprises : « C'était l'homme de France le mieux fait ; sa figure fit sa fortune chez Monsieur » (t. IX, p. 880 ; voir aussi t. XIX, p. 42); « il n'avoit ni pain, ni sens, ni esprit » (t. V, p. 231).

Ce n'est plus la mode à la cour
D'avoir une intrigue d'amour;
Le roi ne songe plus à plaire,
Lère, lalère, lenlère,
Lenla, lère, lenlère.

1684. — NOEL.
Or, nous dites, Marie.

D'où vient, chers caballstes,
Messieurs du Parlement,
Que vous êtes si tristes?
N'avez-vous point d'argent? —
Nos charges sont taxées,
Nos procès abolis,
Nos survivances ôtées,
Hélas! tout est détruit.

Ce qui nous désespère
C'est de voir nos enfants
S'en aller à la guerre,
Jusques à vingt-sept ans,
Couchés dessus la dure
Et souffrir bien du mal;
Pour dernière aventure,
Mourir à l'hôpital.

Quoi! la vigueur ancienne
Qui résistoit aux rois,
Est-elle donc en peine
De mourir sous les lois? —
Si nous faisions cabale,
Le roi nous chasseroit,

Nous traitant de canaille
Et nous rembourseroit.

Mourant dedans nos charges,
Nos enfants sont exclus
D'espérer en partage
Des biens qu'ils n'auront plus;
Notre roi se réserve
De les tous agréer,
Afin que l'on le serve
Pour le mieux mériter.

Ces ordonnances faites,
On nous dit en deux mots :
Qu'on ôte la Paulette
Qui nous met en repos;
Et que par préférence
L'on voie Sa Majesté
De tous les biens de France
Le premier créancier.

Que feront donc vos femmes
Dans ce lieu de malheur?
Resteront-elles dames?
Perdront-elles le cœur?
Iront-elles en carrosse
Vous mener au palais
Traînés par une rosse
Ou bien par deux mulets? —

Nos femmes et les coquettes
S'en iront tour à tour
Écouter les fleurettes
Des messieurs de la cour;

Pour surcroît de misère,
Après nos biens perdus,
Elles nous feront pères
D'un millier d'inconnus.

1687.

Seras-tu toujours éprise
De toutes sortes de gens?
A ton âge est-ce de mise?
D'Aumont, quitte les galants¹. —
Je ne saurois. —
Quitte au moins les gens d'église. —
J'en mourrois.

¹ La duchesse d'Aumont était sœur aînée de la duchesse de La Ferté et de la duchesse de Ventadour ; c'est elle que la clef des *Caractères* de La Bruyère désigne à l'endroit où le grand moraliste parle des « femmes galantes et bienfaitrices qui donnent aux couvents et à leurs amants. » Saint-Simon la représente comme une grande et grosse personne impérieuse, méchante, difficile à vivre, grande joueuse, grande dévote à directeur ; mais il n'inculpe point ses mœurs. Elle n'eut qu'un fils unique, le duc d'Humières, et sa mort, survenue en 1711, lorsqu'elle avait soixante et un ans, ne causa point de bien vifs regrets dans sa famille.
Elle est désignée dans les lettres de madame de Coulanges et de madame de Sévigné sous le nom d'Alcine. Elle était la plus belle des trois filles de la maréchale de la Mothe, toutes trois mariées fort jeunes à des hommes d'une haute naissance qu'elles n'aimaient pas. Le duc d'Aumont, beaucoup plus âgé qu'elle, avait, lorsqu'il l'épousa, deux fils et deux filles de sa première femme. Parmi les nombreux amants de la duchesse, tous les témoignages du temps citent le duc de Caderousse et l'archevêque de Reims, Le Tellier. Walckenaër, qui en parle avec détail (*Mémoires de madame de Sévigné*, t. V, p. 216), observe que « dans un âge avancé, elle compta

Suis ce que je te conseille
Sans t'en vouloir prendre au roi ;
Souffre que le grand Corneille
Sois mis au-dessus de toi. —
    Je ne saurois. —
Qu'il soit en place pareille. —
    J'en mourrois.

Ta vanité me chagrine ;
Loin d'être friand d'honneur,
La dévotion, Racine,
Veut qu'on soit humble de cœur. —
    Je ne saurois. —
Fais-en du moins quelque mine. —
    J'en mourrois.

Si tu ne me veux pas croire,
Quitte le dévot sentier ;
Dupé par la vaine gloire,
Reprends ton premier métier. —
    Je ne saurois. —
Imprime donc une histoire. —
    J'en mourrois.

1687.

Taisez-vous, Boileau le critique ;
On fait pour votre hiver grand amas de fagots ;

parmi les femmes qui, après avoir été célèbres par leurs aventures galantes, se faisaient remarquer par leur grande dévotion ; mais c'était de cette dévotion fastueuse qui s'annonçait à tous par l'absence du rouge, par de grandes manches et une mise particulière, par une affectation de pratiques rigoureuses, par un grand renfort de directeurs et de confesseurs. »

Craignez qu'on ne vous applique
Cent coups de bâton sur le dos¹ :
Fuyez, fuyez ce bois même dans la froidure,
Toute l'Académie en corps vous en conjure.

1688. — ROCHELOIS.

Saint-Ruth, Calais, Larry, Boufflers²,
Ce ne sont point des ducs et pairs
Et ne prétendent point de l'être,
Par plus d'une bonne raison ;
Car ils servent si bien leur maître,
Qu'ils mériteroient le bâton.

Tessé, d'Uxelles³ et de Sourdis⁴
Le mériteroient bien aussi,
Sans compter le Maure Fouquières ;
Mais pour nos deux grands généraux,
Les prudents Duras⁵ et d'Humières,
Ils en méritent de nouveaux.

¹ A l'occasion d'une cabale que dirigèrent quelques salons de Paris contre la *Phèdre* de Racine, le duc de Nevers, qui intervint dans l'affaire, déclara qu'il ferait appliquer des coups de bâton à Racine et à Boileau, qui avait pris fait et cause pour son ami. Le grand Condé intervint en faveur des poètes, et le duc de Nevers se contenta de rimer un sonnet des plus médiocres :

> Dans un coin de Paris, Boileau piteux et blême,
> Fut hier bien frotté, quoiqu'il n'en dise rien ;
> Voilà ce qu'a produit son style peu chrétien....

² [Sur Saint-Ruth, Calais, Larry, lieutenants généraux, Boufflers, depuis maréchal de France (*n. du t.*).]
³ [D'Uxelles (*n. du t.*).]
⁴ [Le chevalier de Sourdis (*n. du t.*).]
⁵ [Le maréchal de Duras (*n. du t.*).]

Vous pouvez conserver, grand roi[1],
La loi de Jésus et sa foi,
Sans employer sa compagnie;
On ne la connoît point aux cieux :
Si de la terre on l'eût bannie,
Le monde et vous en seriez mieux.

Voulez-vous, brave Luxembourg,
Savoir ce qu'on dit à la cour
De votre dernière bataille?
Chacun y publie hautement
Que vous n'avez fait rien qui vaille,
Non du cœur, mais du jugement.

Quoi qu'en disent les médisants,
Votre lettre a des partisans;
Elle est écrite par merveille,
Mais il en falloit, sans façon,
N'en déplaise à monsieur Abeille,
Retrancher le joli garçon.

Riches abbés[2] préparez-vous
D'être bientôt si gueux que nous;
Vos députés donnent à la France
Tant d'argent, que tout votre éclat
Va tomber dans la décadence
Comme le reste de l'État.

Jadis le plus fort de vos dons
N'excédoit pas trois millions,
Encore étoient-ils volontaires;
Mais vous n'êtes plus dans ce temps,

[1] [Jacques, roi d'Angleterre (n. du t.).]
[2] [Sur le clergé de France (n. du t.).]

Et trois illustres commissaires
Viennent dire : Le roi veut tant.

Les gens de robe sont à bout,
Les gentilshommes ont vendu tout
Pendant cette guerre si rude;
Il est juste que le clergé
Perde un peu de sa plénitude,
A ce coup il est bien purgé.

1688.

Ah! que monseigneur est charmant,
Disoit La Force[1] en soupirant;
Que n'est-il un peu plus pressant?
    J'en ferois la folie;
Ah! que monseigneur est charmant;
    Faut-il que je l'en prie?

Biron[2] disoit à deux genoux :
N'aurai-je jamais un époux?
Saint Joseph, m'abandonnez-vous?
    Serai-je toujours fille?
N'aurai-je jamais un époux,
    Moi qui suis si gentille?

Grammont répond d'un air soumis :
Saint Joseph, *ora pro nobis*,
Quel péché puis-je avoir commis

---

[1] [Mademoiselle de La Force, fille d'honneur de madame la Dauphine, amoureuse de M. le Dauphin (*n. du l.*).]

[2] Autre fille d'honneur de la Dauphine, ainsi que mademoiselle de Grammont.

Pour rester toujours fille?
Saint Joseph, *ora pro nobis*,
Ah! donnez-moi famille.

1688.

Quoi, sans cesse en ces lieux[1]
Verrons-nous toujours paroître
Les Monsereaux et leur prêtre?
Que de visages ennuyeux!
Châtrons-les pour que leur race
N'attriste point nos neveux,
Et que leurs tragiques faces
S'évanouissent avec eux.

Messieurs, voici des couteaux,
Pour châtrer les Monsereaux,
Et les empêcher de faire,
Tique, tique, tac, lon, lenla,
Et les empêcher de faire
Ce que l'on appelle cela.

Poulinière Monsereaux,
Quand vous fîtes ces ragots,
Preniez-vous plaisir à faire,
Tique, tique, tac, lon, lenla,
Preniez-vous plaisir à faire
Ce qu'on appelle cela?

Pour l'aîné des Monsereaux,
Il nous faut de grands couteaux,
Pour qu'il ne puisse plus faire,

---

[1] [Du marquis d'Endicourt, fils du grand louvetier, sur le prévôt de Souches et sa famille (*n. du l.*).]

O.

Tique, tique, tac, lon, lenla,
　Pour qu'il ne puisse plus faire
　Ce qu'on appelle cela.

　Pour les deux frères petits,
　Il suffit d'un bistouri,
　Pour les empêcher de faire,
Tique, tique, tac, lon, lenla,
　Pour les empêcher de faire
　Ce qu'on appelle cela.

　Nous pouvons laisser entier
　Le séminariste abbé ;
　Avec lui qui voudroit faire,
Tique, tique, tac, lon, lenla,
　Avec lui qui voudroit faire
　Ce qu'on appelle cela ?

　Pour la sœur n'oubliez pas
　De Venise un cadenas,
　Et qui l'empêche de faire,
Tique, tique, tac, lon, lenla,
　Et qui l'empêche de faire
　Ce qu'on appelle cela.

　Or, écoutez, petits et grands,
　L'histoire de nos trois enfants,
　Châtrés à la fleur de leurs ans
　Par des envieux courtisans.

　J'ai grand regret à mon aîné ;
　Il étoit si bien marié :
　Mon Dieu ! le voilà donc châtré
　Avant qu'il ait un héritier.

Je n'ai plus que mon fils l'abbé
Seul en état de proligner;
Las! j'en ai fait un aumônier,
Je ne puis plus le marier.

1688.

A la cour, quel malheur!
Grand Dieu, quelle infortune!
De six filles d'honneur¹
Il n'en reste pas une²;
Zon, zon, zon, Lisette, ma Lisette,
Zon, zon, zon, Lisette, ma Lison³.

¹ [Sur les filles d'honneur de madame la Dauphine, auxquelles M. le Dauphin faisoit la cour (*n. du t.*).]
² [Le roi les chassa toutes (*n. du t.*).]
³ Nous avons déjà dit combien la malignité des courtisans aimait à s'exercer sur les filles d'honneur; voici, entre beaucoup d'autres, une pièce de vers qui les concerne :

> Je me suis laissé dire
> Que les filles d'honneur
> Ont pris plaisir à lire
> Certain joyeux auteur;
> Arétin on le nomme,
> Selon le bruit commun;
> La moindre bagatelle
> Et cela est tout un.
>
> Que dit la gouvernante
> De ce plaisir nouveau?
> En est-elle contente?
> L'a-t-elle trouvé beau? —
> L'âme d'horreur atteinte,
> Prenant la chose en mal,
> Elle a porté sa plainte
> Jusques au tribunal.
>
> Sur ce fait d'importance
> Et les témoins ouïs,

D'Alègre, il n'est plus temps
De partir pour les îles ;
A Rome on vous attend
Pour prêcher l'Évangile ;
Zon, zon, zon, Lisette, ma Lisette,
Zon, zon, zon, Lisette, ma Lison.

1688.

Pourquoi, chagrine Sainteté,
   Troubler notre monarque¹ ?
Vous recevez de sa bonté
   Tous les jours quelque marque ;
Vous avez tort de tourmenter
   Le vainqueur de la terre,
Car si le coq vient à chanter,
   Il fera pleurer Pierre.

Fasse le roi ce qu'il voudra
   Pour avoir la régale ;
Jamais elle n'appartiendra

      Dis-nous quelle sentence
      A prononcé Louis. —
      Ce prince bon et sage,
      Grand en tout ce qu'il fait,
      Condamne au mariage
      Pour punir ce forfait.

      Pour marier ces belles,
      Trouve-t-on à la cour
      Des époux dignes d'elles
      Introduits par l'amour ? —
      On en trouve à revendre,
      Quand Louis prend le soin
      De doter et de rendre
      Le service au besoin.

¹ [Affaire de la régale (n. du t.).]

Qu'à la chambre papale ;
Le coq dût-il chanter demain,
L'on verra rire Pierre :
Quoi, n'a-t-il pas les clefs en main
Du ciel et de la terre ?

Pour avoir fait avec Brissard
Un assaut de tendresse,
Il ne faut point prendre un poignard
Pour imiter Lucrèce ;
Mais, s'il est vrai, comme l'on dit,
Qu'avec la Chétardie
Vous ayez tâté du déduit,
Poignardez-vous, Sylvie.

1688.

Siége de Mayence que défendit le marquis d'Uxelles, depuis maréchal de France.

Pour un ministre des plus grands
La belle prévoyance,
D'avoir laissé tant de gens
Sans poudre dans Mayence ;
Qu'est devenu votre bon sens ?
Cela se faisoit-il du temps
De Jean de Vert [1] ?

On n'y voyoit d'imposteurs,

---

[1] Jean de Vert ou Verth, général célèbre dans la guerre de Trente Ans ; il ravagea la Lorraine et la Picardie, et, ayant été fait prisonnier, il resta quatre ans à Paris (1638-1642). Son nom demeura longtemps populaire en France, et on le retrouve durant un demi siècle dans les refrains des chansons.

Qu'on croit si nécessaires,
Ni de tous les autres voleurs,
Qu'on nomme commissaires :
Mais, avec des passe-volants,
On faisoit mal passer le temps
De Jean de Vert.

On ne faisoit point nos mousquets
Tout d'un même calibre ;
Mais on en ressentoit les effets
Du Rhin jusques au Tibre :
Ils faisoient trembler les Flamands,
Les Espagnols, les Allemands
Du temps de Jean de Vert.

On n'étoit point si curieux
De ces belles moustaches,
Qui ne menacent que les cieux
Et ne font peur qu'aux vaches ;
Cela se faisoit-il du temps
De Jean de Vert ?

Nul de ces colifichets
Dont on pare nos drilles,
Ni de ces autres affiquets,
Si propres à des filles ;
En deviennent-ils plus méchants ?
Cela se faisoit-il du temps
De Jean de Vert ?

Tous nos soldats étoient nu-pieds
Et souvent sans rapière ;
Leurs pourpoints étoient déchirés
Et devant et derrière ;

Cependant on ne laissoit pas
De livrer de sanglants combats
    Du temps de Jean de Vert.

On n'y voyoit point au bureau
    Un faquin d'Alexandre
Qui vend tout jusqu'au drapeau
    Et qui n'est bon qu'à pendre;
On n'y voyoit qu'honnêtes gens :
Ne reverrons-nous plus ce temps
    De Jean de Vert?

Du plus long service passé
    Oublier l'importance,
Et lorsqu'un homme est trépassé,
    Mettre dans l'oubliance
La veuve avecque les enfants,
Cela se faisoit-il du temps
    De Jean de Vert?

Sur la bonne foi des traités
    Ne garder paix ni trêve,
Ne dire que des duretés
    Qu'on craint plus que la Grève,
N'élever que de sottes gens,
Cela se faisoit-il du temps
    De Jean de Vert [1]?

1688.

Ils sont à bas, les pauvres molinistes [2],
Et à leur tour dans la confusion;

---

[1] C'est de Louvois qu'il s'agit dans ces vers.
[2] [Paix de l'Église, faite à l'insu des Jésuites et contre leur gré (n. du t.).]

Car à présent tout rit aux jansénistes,
Gaillardement ils chantent sur ce ton :
Ton relontonton, tontaine, la tontaine,
Ton relontonton, tontaine, la tonton.

Quand on leur veut parler de formulaire,
Ils disent tous : il n'est plus de saison,
Un bon arrêt a réglé cette affaire
Et nous permet de faire une chanson :
Ton relontonton, tontaine, la tontaine,
Ton relontonton, tontaine, la tonton.

Si un jésuite fièrement les menace
D'un long exil ou bien de la prison,
Sans lui répondre, ils lui font la grimace,
Et malgré lui ils chantent la chanson :
Ton relontonton, tontaine, la tontaine,
Ton relontonton, tontaine, la tonton.

Le père Aimat, accablé de souffrances,
Fait ses efforts pour rompre l'union ;
Pour cet effet, il presse les puissances,
Mais c'est en vain, car chacun lui répond :
Ton relontonton, tontaine, la tontaine,
Ton relontonton, tontaine, la tonton.

Faisant un jour au roi sa remontrance,
Il s'échauffa et parla sans raison ;
Sa Majesté lui imposa silence
En lui disant : vous ignorez ce ton ;
Ton relontonton, tontaine, la tontaine,
Ton relontonton, tontaine la tonton.

Il fut trouver le nonce du Saint-Père
Et l'appela janséniste, dit-on,

Mais ce prélat, sans se mettre en colère,
Le mit dehors en chantant la chanson :
Ton relontonton, tontaine, la tontaine,
Ton relontonton, tontaine, la tonton.

Le bon Moline, avec sa bande noire,
Est pour jamais dans la confusion ;
Leurs noms seront écrits dedans l'histoire,
Et l'on fera sur eux une chanson :
Ton relontonton, tontaine, la tontaine,
Ton relontonton, tontaine, la tonton.

1688. — PETITE FRONDE.

Quand je veux rimer à Guillaume [1],
Je trouve d'abord trois royaumes
Qu'il a rangés dessous sa loi ;
Mais quand je veux rimer à Jacques,
Je ne trouve rien, sur ma foi,
Sinon qu'il a bien fait ses pâques.

Le Saint-Père du jansénisme [2]
A passé droit au calvinisme,
J'ai pour lui des respects profonds ;
Il mérite de la louange
D'avoir choisi pour ses seconds
Schomberg et le prince d'Orange.

Chez l'Anglois [3] se trouve la fable

---

[1] [Guillaume, prince d'Orange, gendre de Jacques II, roi d'Angleterre, qu'il détrôna en 1688 (*n. du t.*).]
[2] [Le pape Innocent XI, qui se nommoit Benoît Odescalchi (*n. du t.*).]
[3] [Par le comte de Fiesque, sur l'affaire d'Angleterre (*n. du t.*).]

Du peuple qui fut misérable
Pour s'être fait un roi nouveau ;
Charles étoit un fort bon ivrogne,
Jacques étoit un vrai soliveau,
Guillaume sera la cigogne.

1688.

Le roi Jacques [1] est dépossédé,
Le cagotisme est son péché,
    Landerirette ;
Profitez du malheur d'autrui,
    Landeriry.

1688.

Montgon, Lamotte et Souternon,
Trois généraux de grand renom,
Ont écrit sur leurs coutelas :
Homicide point ne seras.

1688.

Bourru janséniste,
Va pâlir d'effroi,
Notre moliniste
L'entend mieux que toi ;
Gaillard [2] et le saint-père,
Disent de toute vertu :
Lanturlu, lanturlu, lanturlu.

[1] (Lorsque le prince d'Orange détrôna Jacques II, roi d'Angleterre, son beau-père (*n. du t.*).]
[2] Jésuite et prédicateur alors en renom.

Qu'Arnaud se repose
Avec son latin
Sans donner de glose
Sur saint Augustin;
Gaillard pour morale
Nous prêche comme un perdu :
Lanturlu, lanturlu, lanturlu.

Cet homme commode
Mène droit au ciel,
Et dans sa méthode
Tout est sucre et miel;
Il rit des scrupules
Et contre eux il a conclu :
Lanturlu, lanturlu, lanturlu.

Il n'est point sévère
A ses chers enfants;
Sans tant de mystère
Il sauve les gens;
Il mène à la gloire,
Tout chaussé et tout vêtu :
Lanturlu, lanturlu, lanturlu.

Certaine poulette
Qu'il couve des yeux,
La tenant seulette
Se croit dans les cieux,
Et de tout le monde
Fait cas comme d'un fétu :
Lanturlu, lanturlu, lanturlu.

Cette favorite
Le suit pas à pas,

Bataille et dépite
Où Gaillard n'est pas ;
Si quelqu'un en gronde,
Il dit faisant l'entendu :
Lanturlu, lanturlu, lanturlu.

La belle en colère
L'autre jour lui dit :
Mon révérend Père
De vous on médit,
Et de mes oreilles
Je l'ai moi-même entendu :
Lonturlu, lanturlu, lanturlu.

Du ton d'un apôtre
Il lui dit : Ma sœur,
Quel soin est le vôtre !
Ayant directeur,
Telle couverture
Sait cacher tout le qu'as-tu :
Lanturlu, lanturlu, lanturlu.

Pleine d'espérance,
D'amour et de foi,
Sauvez l'apparence
Et n'aimez que moi ;
Quoi que l'on en dise,
Voilà toute la vertu :
Lanturlu, lanturlu, lanturlu.

Sennecy [1] la sainte
Est femme d'esprit ;

---

[1] [La marquise de Sennecy, de la maison de La Fayette (n. du t.).]

Si elle est enceinte,
C'est de l'antechrist;
On a vu chez elle
Entrer le moine bourru :
Lanturlu, lanturlu, lanturlu.

Son oncle l'imite
Et, dans son métier,
En bon jésuite,
Laisse tout passer;
Sans le népotisme,
Souternon¹ étoit perdu :
Lanturlu, lanturlu, lanturlu.

Montgon² prend la goutte
Dans de certains temps,
Dans une déroute
Va comme le vent;
A perte d'haleine
Jusqu'à Gap il a couru :
Lanturlu, lanturlu, lanturlu.

1688.

Luxembourg³ croit que sa gloire
Doit effacer la mémoire
Des héros que la victoire
En mille lieux couronna;
Je sais ce qu'il en faut croire;

¹ [Le marquis de Souternon, neveu du père La Chaise (n. du t.).]
² [Montgon, lieutenant-général, directeur de la cavalerie (n. du t.).]
³ [Le maréchal de Luxembourg (n. du t.).]

Son mérite m'est notoire,
Et sans faire son histoire
Je ne dirai que cela :
La, la, la, la, la, la, la ;
Il est bossu, fourbe et méchant,
Et qui dit autrement,
Il ment, ment, ment.

Le brave prince d'Orange,
Deux mois avant la vendange,
Sur Charleroi se rua
Sans consulter son bon ange ;
Chacun, disoit-il, se venge ;
Il est digne de louange,
Mais, par un malheur étrange,
Il prit Binche et s'en tint là,
La, la, la, la, la, la, la ;
Événement rare et charmant,
Si quelqu'un dit qu'il est gourmand,
Il ment, ment, ment.

1689. — BRANLE DE METZ.

Waldeck [1] se bat à merveille,
Il a battu Luxembourg ;
Et beaucoup mieux qu'à Valcourt
Les François ont sur l'oreille ;
On dit que ce général,
Pour en porter la nouvelle,

---

[1] [Bataille de Fleurus que le maréchal de Luxembourg gagna sur M. de Waldeck, qui commandoit l'armée des alliés (*n. du t.*).]

On dit que ce général
Pensa crever son cheval.

Il a passé par Nivelle
Sans s'y vouloir arrêter ;
Il arriva tout crotté
A la porte de Bruxelles ;
Ne me connoissez-vous pas ?
Dit-il à la sentinelle,
Ne reconnoissez-vous pas
Le général de l'État ?

J'ai remporté la victoire,
J'ai battu les ennemis ;
Avec vous, mes chers amis,
J'en veux partager la gloire.
Ah ! que votre gouverneur,
Pour peu qu'on me veuille croire,
Ah ! que votre gouverneur
Me recevra de bon cœur.

Du détail de la bataille
Je ne vous en dirai rien.
Suffit, je me porte bien :
Je défendrai vos murailles ;
J'ai laissé là tout mon train
Pour chasser cette canaille ;
J'ai laissé là tout mon train,
Mes amis, ne craignez rien.

J'ai séparé mon armée,
Un tiers est sous Charleroi
Et l'autre, à ce que je crois,
Revient à grandes journées ;

Les plus braves de mes gens
Sont encor dans la mêlée ;
Les plus braves de mes gens,
Aux François montrent les dents.

Pour achever la défaite,
J'ai laissé tout mon canon,
Toute ma munition,
Mes timbales, mes trompettes,
Mes étendards, mes drapeaux,
Tant la victoire est complète ;
Mes étendards, mes drapeaux,
Et bon nombre de chevaux.

1689. — CONFITEOR.

D'Alluy [1] s'en va dans Orléans
Au moindre petit bruit de guerre,
C'est un fort bon gouvernement,
Il n'est point dessus la frontière ;
Si par hasard il y étoit,
Au diable si l'on l'y voyoit.

Où trouver assez de lauriers
Pour ce grand maréchal d'Humières [2] ?

[1] [Le marquis d'Alluy, mari de mademoiselle Fouilloux (*n. du t.*).]

[2] [Sur le combat de Walcourt, que perdit M. le maréchal d'Humières, amoureux de la Barbareau, fille de l'Opéra (*n. du t.*).]

Ce maréchal mourut le 31 août 1694. Voici ce qu'à cette occasion Saint-Simon dit de ce personnage, dans ses notes sur Dangeau (édition de ce *Journal*, 1865, t. V, p. 70) :

« C'étoit un homme aimable au dernier point, jusque

Il efface tous nos guerriers,
Car dans un vaste cimetière
Qu'il a fait semer de héros,
Il ne songeoit qu'à Barbareau.

Sans échelle et sans canonniers,
Voulant que Walcourt on surprenne,
Il fait partir six cents courriers
Pour savoir l'avis de Turenne;
Son ombre a répondu tout haut:
Qu'il s'en retourne à Barbareau.

Adieu Marsan, adieu Poissy [1],
Adieu petit peuple infidèle;

dans ses colères, qui avoit toujours été du plus grand monde et du plus choisi et qui, avec beaucoup de valeur et d'aisance dans les manières, mais avec un esprit médiocre et des talents bornés pour la guerre, en avoit un infini pour la cour, dont il rassembloit chez lui tout l'illustre et l'agréable avec une grande magnificence. C'étoit un homme de toutes sortes de plaisirs et de fêtes qui naissoient moins chez lui partout où il étoit qu'elles ne s'y trouvoient comme dans leur centre et qui y étoient rendus plus vifs par la beauté extraordinaire de sa troisième fille, qui s'est conservée encore jusque dans la vieillesse. Un courtisan de ce caractère ne pensa guère à sa fin; c'est ce qu'il déplora comme le feu duc de Créqui, qui lui étoit en cela fort semblable et qui s'écrioit amèrement qu'il n'avoit point d'échelle pour monter au ciel. Le maréchal d'Humières avoua humblement qu'il n'y avoit jamais pensé et mourut à Versailles entre les bras de l'abbé de Fénelon, qui fut bientôt après archevêque de Cambrai. Il avoit épousé la tante paternelle de Lechastre, qui fut dame du palais de la reine, belle, sage et fort du grand monde et sans esprit, qui le survécut longtemps. »

[1] [Sur madame de Breteuil, femme de Breteuil, intendant des finances. Elle se nommoit Courtebonne,

Nul n'est prophète en son pays;
Je quitte la rue des Tournelles
Ainsi que le petit mortier,
Pour suivre mon cher Tonnelier.

1689. — PETITE FRONDE.

Très-pieux monarque de France,
Regarde Heidelberg ¹ et Mayence,
Mal attaqués, mal défendus ;
De ces héros en concurrence,
L'un ne songe qu'à faire écus,
L'autre à faire peu de dépense.

Pour opposer au grand Lorraine ²,
Il faudrait Condé où Turenne;
Plaignons à jamais leur trépas,
Et plaignons le sort de la France
De n'avoir d'espoir qu'en Duras ³,
Qui mettra tout en décadence.

Que Bazin ⁴ s'en aille en Suède,
Qu'en Portugal demeure Opède ⁵,

sœur du lieutenant-général et du commandant des galères (n. du t.).]

¹ [Le maréchal de Duras, qui commandoit cette année en Allemagne, asiégea Heidelberg dont il fut obligé de lever le siége (n. du t.).]

² [Le maréchal d'Uxelles avoit défendu Mayence, que le duc de Lorraine prit (n. du t.).]

³ [Le maréchal de Duras qui commandoit cette année-là en Allemagne (n. du t.).]

⁴ Ambassadeur en Suède envoyé en 1682.

⁵ [Forbin d'Opède, président d'Aix et ambassadeur en Portugal de 1681 à 1683 (n. du t.).]

C'est un effet de la faveur;
C'en est un de la Providence,
Que je sois d'assez bonne humeur
Pour vivre dedans l'indigence.

1690.

Trois fripons tout à l'aise
Ont désolé l'univers;
L'un est le père La Chaise [1],

[1] [Le père de La Chaise, jésuite, confesseur du roi (*n. du t.*).]

François d'Aix de La Chaise, né le 25 août 1624, mort le 20 janvier 1709. Plusieurs ouvrages satiriques furent dirigés contre lui; nous citerons le recueil en 5 volumes portant le titre assez bizarre de *Jean danse mieux que Pierre, Pierre danse mieux que Jean, ils dansent bien tous deux*, Tetonville, Cologne, 1710; les deux premiers volumes sont consacrés au père La Chaise; les trois autres contiennent des *Dialogues entre le père Bouhours et le père Ménestrier*. Une portion de cet écrit avait déjà vu le jour sous la forme d'un volume que la malignité publique accueillit avidement: l'*Histoire particulière du père La Chaise, jésuite et confesseur de Louis XIV*, Cologne, 1693, in-8°; ibid, 1694-95, 2 vol. in-12; 1696, 2 vol. in-12; 1710, 2 vol. in-12. Il en existe une traduction allemande, Cologne, 1694, in-8°, et une autre sous ce titre : *Jesuitenliebe und Jesuiten ränke, oder scandalöse anecdoten aus dem leben...* (Amours et intrigues d'un jésuite), Schweinfurt, 1702, 2 vol. in-8°. (La seconde partie est fort rare).

Indiquons aussi la *Confession réciproque, ou dialogues du temps entre Louis XIV et le père de La Chaise*, Cologne (Hollande), 160.. (sic), 98 pages, et 1694, 166 pages; et l'*Histoire secrète des amours du père La Chaise*, Cologne, P. Marteau, 1702.

L'autre est le père Peters [1];
Le troisième est Innocent [2].
Grand ami de Guillaume [3],
Jacques en est pour son royaume,
Et Louis [4] pour son argent.

1690.

Air : de Jean de Vert.

Voulez-vous éviter, grand roi,
  Mille accidents sinistres?
A la réserve de Louvois,
  Chassez tous vos ministres;
Vous ne pouviez en avoir pis
Quand ils auroient été choisis
    Par Jean de Vert.

Seignelay fait bien du fracas,
  Il a l'air magnifique;
Pour ordonner un grand repas,
  Il est grand politique;
Mais pour ses conseils j'en fais cas,
Tout comme celui des goujats
    De Jean de Vert.

[1] [Le père Peters, confesseur du roi d'Angleterre Jacques (*n. du t.*).]
Il est souvent attaqué dans les écrits du temps; nous citerons la *Lettre du père de La Chaise au père Peters sur le bon succès qu'on a eu à faire et à inventer le prince de Galles, 1688.*
[2] [Le pape Innocent XI, ennemi déclaré de la France (*n. du t.*).]
[3] [Le prince d'Orange, Guillaume de Nassau, qui détrôna son beau-père Jacques II (*n. du t.*).]
[4] [Louis XIV (*n. du t.*).]

On sait de ses dévotions
 Le très-pieux manége;
C'est par là que la Maintenon
 Près de vous le protége;
Qu'est donc devenu son bon sens
Et l'esprit qu'elle avoit du temps
 De Jean de Vert?

1690. — RAMONEURS.

Nous allons [1], femmes et filles,
Vous revendre des coquilles;
N'en accepterez-vous pàs?
Ramonez-ci, ramonez-là,
 La, la, la, la,
La cheminée du haut en bas.

Nous avons repris les gaules,
L'ornement de nos épaules;
Les mousquets ne nous siéent pas;
Ramonez-ci, ramonez-là,
 La, la, la, la,
La cheminée du haut en bas.

Notre duc, tout à son aise,
A senti plus chaud que braise
 Les boulets de Catinat;
Ramonez-ci, ramonez-là,
 La, la, la, la,
La cheminée du haut en bas.

---

[1] [Sur la bataille de Staffarde, que le maréchal de Catinat gagna sur le duc de Savoie (n. du l.).]

S'il n'avoit eu bonne haleine
Pour fuir par monts et par plaines,
  On l'eût pris dans les combats;
Ramonez-ci, ramonez-là,
    La, la, la, la,
La cheminée du haut en bas.

Bien lui prit d'aller si vite,
Il n'auroit pas fait son gîte,
  Dans Turin entre deux draps;
Ramonez-ci, ramonez-là,
    La, la, la, la,
La cheminée du haut en bas.

Quand il fut dans cette ville,
Qui n'est pas un sûr asile,
  Il dit : ne me suit-on pas?
Ramonez-ci, ramonez-là,
    La, la, la, la,
La cheminée du haut en bas.

Pourquoi faisoit-il la guerre?
Il étoit loin du tonnerre,
  Tranquille dans ses États;
Ramonez-ci, ramonez-là,
    La, la, la, la,
La cheminée du haut en bas.

Il vouloit grossir la ligue
Qui contre Louis se brigue,
  Mais il se repent déjà;
Ramonez-ci, ramonez-là,
    La, la, la, la,
La cheminée du haut en bas.

Ne devoit-il pas connoître
Que Louis seroit seul maître,
 Malgré mille potentats?
Ramonez-ci, ramonez-là,
  La, la, la, la,
La cheminée du haut en bas.

Croyoit-il par son escorte
Rendre la ligue plus forte?
 Il a de trop petits bras;
Ramonez-ci, ramonez-là,
  La, la, la, la,
La cheminée du haut en bas.

N'a-t-il plus de souvenance
Que ce n'est que par la France
 Qu'il possède ses États?
Ramonez-ci, ramonez-là,
  La, la, la, la,
La cheminée du haut en bas.

Hélas! il est à la veille,
Dans une guerre pareille,
 De perdre tout ce qu'il a;
Ramonez-ci, ramonez-là,
  La, la, la, la,
La cheminée du haut en bas.

Grand Louis débonnaire,
Excusez un téméraire
Qui mal à propos s'arma;
Ramonez-ci, ramonez-là,
  La, la, la, la,
La cheminée du haut en bas.

Songez que vos cheminées
No seront point ramonées
Si vous donnez des combats;
Ramonez-ci, ramonez-là,
La, la, la, la,
La cheminée du haut en bas.

1690.

Maurice [1] disoit à Louvois :
Mon frère, vous n'êtes pas sage;
De quatre enfants que je vous vois,
Vous négligez bien l'avantage;
Louvois répond avec soupirs :
Je sais modérer mes désirs.

Barbezieux [2] réglera l'État,
Souvré [3] remplacera Turenne,

---

[1] Charles-Maurice le Tellier, archevêque de Reims et frère de Louvois. Il mena une vie fort mondaine et passablement scandaleuse. Madame de Sévigné raconte à son égard plusieurs anecdotes piquantes, Saint-Simon en trace un portrait peu flatté. Cousin de madame de Coulanges, en correspondance suivie avec madame de Grignan, ces femmes spirituelles ne pouvaient se résoudre à le prendre au sérieux, quoiqu'il fût l'un des princes de l'Eglise de France; spirituel, instruit, administrateur habile, il cachait sous des dehors brusques l'adresse d'un courtisan délié, mais il était présomptueux, arrogant, fort ami du luxe et de la bonne chère, et, comme observe M. Walckenaër, « très-décrié du côté de la continence. »

[2] [Barbezieux, fils de Louvois, et son successeur (n. du t.).]

[3] [Souvré, le deuxième fils, maître de camp de cavalerie (n. du t.).]

L'abbé[1] vise au cardinalat;
Pour Courtenvaux[2], j'en suis en peine;
Il est sot et de mauvais air,
Nous n'en ferons qu'un duc et pair[3].

Louvois, garde-toi de mourir,
Quoique ton dessein soit modeste,
Car je crains pour leur avenir
Quelque catastrophe funeste,
Et sans être un fort grand devin,
Voici à peu près leur destin.

Ton fils, secrétaire d'État,
Sera traité comme Blainville;
Souvré ne sera qu'un soldat,
Ton abbé curé de Chaville,
Et l'on fera de Courtenvaux
Ce qu'on a fait de Philippeaux.

Vouloir, sans rime et sans raison,
Contre Noyon toujours écrire,
Contre les saints de sa maison

---

[1] [L'abbé de Louvois (n. du t.).]

[2] [Courtenvaux reçut la survivance de la charge de son frère de Barbezieux, qui eut celle de capitaine des Cent-Suisses (n. du t.).]

[3] Courtenvaux, fils de Louvois, est désigné dans les *Caractères* de La Bruyère, d'après les clefs du temps, sous le nom de Xantus. « C'étoit, selon Saint-Simon, un fort petit homme obscurément débauché, avec une voix ridicule, qui avoit peu ou mal servi, méprisé et compté pour rien dans sa famille et à la cour où il ne fréquenta personne. » Louvois lui avait donné la survivance de sa charge; il la lui ôta ensuite le trouvant trop incapable, et il le fit commandant des Cent-Suisses, ne pouvant en faire quelque chose de mieux.

Composer sanglante satire,
De l'évêché c'est le chemin,
Que tient l'abbé de Caumartin [1],

Être lourd et mauvais plaisant,
Être dur dans la raillerie,
Être d'un esprit malfaisant,
Faire grand' chère aux bergeries,
De l'évêché c'est le chemin,
Que tient l'abbé de Caumartin.

Faire le savant, l'être peu,
Être fier jusqu'à l'insolence,
Aimer les femmes, aimer le jeu,
Être un vrai sac de médisance;
De l'évêché c'est le chemin,
Que tient l'abbé de Caumartin.

Moi qui suis ministre d'État,
Si renommé par ma prudence
Et qui possède avec éclat
Du roi l'entière confiance,

---

[1] [L'abbé de Caumartin, frère de l'intendant des finances, ennemi déclaré de la maison de Clermont-Tonnerre (*n. du t.*).] Admis fort jeune à l'Académie française, il fut chargé de recevoir l'évêque de Noyon (Clermont-Tonnerre), connu presque uniquement par la haute opinion qu'il avait de sa naissance et de son mérite; le discours que prononça l'abbé fut regardé, à bon droit, comme une ironie continuelle; il se moquait du récipiendaire en l'accablant de louanges outrées; la chose déplut à Louis XIV, et l'abbé de Caumartin ne fut point évêque tant que vécut ce monarque. En 1717, il fut mis à la tête du diocèse de Vannes, et plus tard à la tête de celui de Blois. Il mourut le 17 août 1733.

En vain je veux être cocu ;
Je le dis et n'en suis point cru [1].

Cependant on a toujours vu,
Et c'est le droit de cocuage,
Que qui se déclare cocu
Est cru dessus son témoignage ;
C'est donc à moi seul aujourd'hui
Qu'un droit si juste est interdit.

C'est ce qu'à Maurice disoit
Barbezieux écumant de rage ;
Le bon prélat le consoloit
Lui disant : Vous n'êtes pas sage ;

[1] [Le marquis de Barbezieux, qui se vantoit d'avoir trouvé le duc d'Elbeuf en tête à tête avec sa femme (*n. du t.*).]

On peut consulter, au sujet du petit scandale auquel ces couplets font allusion, une note de Saint-Simon sur le journal de Dangeau (t. VI, p. 109, édit. Firmin Didot). Madame de Barbezieux était fille du marquis d'Alègre, qui fut, depuis, maréchal de France. « M. d'Elbeuf, mal content de Barbezieux qui tournait trop à son gré autour de mademoiselle d'Armagnac, tourna autour de sa femme sans se soucier d'elle ; elle s'en requinqua, sans se soucier de lui, par la belle politique de piquer son mari de jalousie et de l'obliger de revenir à elle. Flattée de M. d'Elbeuf, elle crut, en ne faisant rien de véritablement mal avec lui, que le reste lui serait permis et lui serait même utile ; mais elle trouva un galant qui ne voulait que des aventures, du bruit, de l'éclat, qui, loin de rapprocher Barbezieux de sa femme comme elle y avait compté, le mirent en fureur contre lui. Ces scènes amusèrent longtemps la cour, tant qu'à la fin madame de Barbezieux, séparée de son mari et fort malheureuse, en mourut. Le rare fut que M. de Barbezieux n'épargna rien pour se déclarer cocu et qu'il ne le put jamais persuader à personne. »

Et puisque le roi vous a cru,
C'est assez pour être cocu.

1091. — FLONS, FLONS [1].

Pourvu que ma Sylvie [2]
Soit sensible à mes vœux,
Ceux de l'artillerie
M'épouvantent fort peu ;
   Flon, flon,
  La rira dondaine,
Flon, flon, la rira dondon.

Persée de trois gorgones
Point n'osa s'approcher ;
Le comte de Brionne [3]
Affronte le danger,
   Flon, flon,
  La rira dondaine,
Flon, flon, la rira dondon.

Point de couvent, ma mère,
S'écrioit La Ferté ;
Comme vous je veux faire,
En toute liberté,
   Flon, flon,
  La rira dondaine,
Flon, flon, la rira dondon.

[1] Ces flons flons sont bien plus nombreux dans les manuscrits, mais la plupart ne sauraient se transcrire.
[2] [La Barbareau, maîtresse du maréchal d'Humières, grand-maître de l'artillerie (*n. du t.*).]
[3] [Le comte de Brionne, fils du comte d'Armagnac, et les trois filles d'honneur de Madame la princesse de Conti, fille du roi (*n. du t.*).]

1692.

Entrevue du prince d'Orange et de sa femme après la prise de Namur par Louis XIV.

Vous paroissez chagrin,
Ah! qu'avez-vous, Guillaume?
Ma femme, je n'ai rien.
Comment vont nos royaumes?
Fort bien, Guillaume.
Et vous, comment vous va?
Passablement bien, ma femme,
Mais j'ai mal à l'estomac.

Vous vous fatiguez trop;
Conservez-vous, de grâce;
Mais dites-moi un mot
De l'importante place. —
Le roi de France
Nous a pris Namur;
Mais qu'il fera de dépense
Pour en relever les murs! [1]

Comment avez-vous pu
Voir prendre cette ville

---

[1] Ces vers, dont l'auteur ne daigne pas toujours observer les règles de la versification et de l'orthographe française, sont l'œuvre d'un de ces Hollandais qui dirigeaient leur lourde malice contre Louis XIV. Entre autres poëtes du même genre, on pourrait nommer celui auquel on doit le *Marquis de Louvois sur la sellette*, petite comédie où le mot *incendie* est employé au féminin et qui obtint deux éditions en 1695. La *Bibliothèque du Théâtre français*, 1750, 3 vol. in-12, en a donné des citations (t. III, p. 303-305).

Sans avoir combattu?
Le trait n'est pas habile. —
Le grand Bavière
Différoit de jour en jour
De passer la rivière
Pour aller à Luxembourg.

N'étoit-ce pas à vous,
Comme roi d'importance,
De commander à tous,
De faire diligence
Pour aller battre
Ce Luxembourg si méchant,
Ou de le faire combattre
Sans y être présent?

C'étoit bien mon dessein;
Mais je n'ai pu le faire,
Car rien n'est plus malsain
Pour moi qu'une rivière;
J'avois mon asthme
Qui m'incommodoit fort;
Avec cela, ma femme,
Je n'étois pas le plus fort.

Que faire maintenant
Pour votre renommée?
Allez prendre Dinan
Avec votre armée;
Le roi de France
A Versailles est de retour;
Faites grande diligence
Pour surprendre Luxembourg.

Ma femme, croyez-vous
Qu'il nous soit si facile?
Nous avons contre nous
Un général habile.
   Luxembourg veille;
Rien n'échappe à son esprit,
   Et quand tout sommeille,
Il observe l'ennemi.

Vous qui passez partout
Pour un grand politique,
Faites-lui quelque coup
Qui lui fasse la nique. —
   Que faut-il faire,
Ma femme, dites-moi?
Je ferai tout pour vous plaire :
C'est vous qui m'avez fait roi.

Il faut absolument
Que vous chassiez de Flandre
Ce Luxembourg si méchant,
Et les villes reprendre
   Que son grand maître
A pris sur les Flamands,
Et vous faire connoître
Pour Guillaume le Grand.

Vous ne répondez rien,
Cher ami de mon âme :
Ne parlai-je pas bien
Comme une habile dame? —
   Oui-dà! ma femme,
Vous faites de beaux projets;

Mais qui sera l'habile homme
Qui les mettra en effet?

J'ai vu prendre Namur,
J'en ai l'âme saisie;
Mais dans peu, à coup sûr,
Elle sera reprie.
   Dans mon royaume,
Je retourne tout exprès
Pour chercher les moyens comme
J'en chasserai les François.

Avant que s'engager
En si grande entreprise,
Il faudroit vous purger.
Couchez-vous sans remise;
   Dormez, Guillaume;
Prenez bien votre repos;
J'aurai soin de votre royaume,
Ayez soin de votre peau.

1692.

Air du temps.

Sur le siége de Namur.

Flamands, à votre secours:
Voyez comme je cours.
S'agit-il pour votre défense
De dépenser vos patagons?
De cela je vous en réponds;
Mais d'un combat, non! non![1]

[1] [Chanson faite par le prince d'Orange aux alliés (*n. du t.*).]

Faut-il battre le tambour
  Pour braver Luxembourg,
Faire marcher à sa personne
En bon ordre mes escadrons?
De cela je vous en réponds;
  Mais d'un combat, non! non!

Si Namur est aux abois,
  Croyez, bons Hollandois,
Sur la Méhaigne en diligence
Je ferai construire des ponts;
De cela je vous en réponds;
  Mais d'un combat, non! non!

Mais bien que Namur soit pris,
  Rassurez vos esprits,
Je ferai pour garder Bruxelles
Ce que je fis quand on prit Mons.
De cela je vous en réponds;
  Mais d'un combat, non! non!

1692. — CONFITEOR.
Siége de Namur.

Louis, disoit-on, étoit vieux;
Ce héros n'aimoit plus la guerre;
Nous ne devions plus en ces lieux
Entendre gronder son tonnerre :
Mons en fut le premier témoin;
Ma foi, Louis ne vieillit point!

Nous le voyons de nos remparts
A la tête de son armée.
De la présence de ce Mars,

Toutes nos troupes alarmées,
Diront partout, s'il est besoin :
Ma foi, Louis ne vieillit point !

Mes chers amis, c'est fait de nous
Et du reste de notre Flandre,
Guillaume se moque de nous ;
Barbançon, songeons à nous rendre ;
Sauvons le moule du pourpoint.
Ma foi, Louis ne vieillit point !

Grand Davière, si tu m'en crois,
Après ta honteuse campagne,
Retourne pour jamais chez toi ;
Va dire à toute l'Allemagne :
Pleurons ma honte dans un coin.
Ma foi, Louis ne vieillit point !

Si tu ne prétends en ces lieux
Que voir Louis prendre des villes,
Guillaume tout seul en vaut deux :
Il y passe les plus habiles.
Ma foi, Louis ne vieillit point !

Chers alliés, que je vous plains,
Nassau vous en fait bien accroire ;
Louis n'avoit jambes ni mains,
Vous étiez sûrs de la victoire ;
Nassau, vous l'avez vu de loin.
Ma foi, Louis ne vieillit point !

Nassau sait fort bien estimer
Toutes les places qu'il voit prendre :
Peu de gens devant Saint-Omer,
Un peu plus verront Mons se rendre ;

Mais pour Namur il faut au moins
Quatre-vingt-dix mille témoins.

1692.

Si tu n'as pas, quoique vainqueur,
    Rétabli Jacques [1] en place,
    Compte, grand roi, cette disgrâce
Pour un effet de ton bonheur.
C'est un profit bien clair d'épargner ce transport,
    Il n'en vaut pas le port.

1692. — PETITE FRONDE.

Quand on voit cette rouge trogne [2],
On diroit que c'est un ivrogne
Qui déserte de chez Rousseau;
Mais moi, qui souvent le fais suivre,
Sais qu'elle ne boit que de l'eau,
Et que c'est Baron qui l'enivre [3].

Gendre d'une Samaritaine [4],

---

[1] [Après le combat de la Hogue, le roi Jacques devoit passer en Angleterre, prétendant y avoir des intelligences ainsi que sur la flotte; ce qui étoit faux et ce qui causa que le maréchal de Tourville fut battu, ayant reçu l'ordre d'attaquer les ennemis avec beaucoup plus de foiblesse (*n. du t.*).]

[2] [Mademoiselle de Fouilloux, femme de M. d'Alluy, amoureuse de Baron, fameux comédien (*n. du t.*).]

[3] Michel Boyron, dit Baron, né le 8 octobre 1653, mort en 1720. On trouve des détails sur son compte dans un écrit peu commun : *Lettre à milord *** sur Baron et demoiselle Lecouvreur*, Paris, 1730 (par G. d'Allainval.)

[4] [M. le Duc, gendre du roi (*n. du t.*).]

Cocu par un grand capitaine,
Prince grâce à la Faculté,
Petit-fils d'une Messaline,
Où diable prends-tu ta fierté?
Seroit-ce dans ta bonne mine[1]?

C'est à bon droit qu'on te renomme;
Tu passes les héros de Rome,
Ton dernier combat en fait foi.
Si tu n'as vaincu Curiace,
Sainte-Maure[2], l'on dit de toi
Que tu recules mieux qu'Horace.

[1] Ce couplet est de la duchesse de Bourbon, fille de Louis XIV.
Le prince de Conti était ce grand capitaine; et madame de Montespan, la Samaritaine.
Quant à la *Faculté*, dont il est question ici, il faut se souvenir que la trisaïeule, qui était de la famille de la Trémouille, accoucha treize mois après la mort de son mari. La Faculté décida que le chagrin et la douleur avaient pu retarder la naissance de l'enfant.
Saint-Simon a tracé un portrait peu séduisant de Monsieur le Duc, petit-fils du grand Condé. « C'étoit un homme très-considérablement plus petit que le plus petit des hommes, qui, sans être gros, étoit gros partout, la tête grosse à surprendre, et d'un visage qui faisoit peur. Il étoit d'un jaune livide, l'air presque furieux, mais en tout temps si fier et si audacieux, qu'on avoit peine à s'accoutumer à lui. Il avoit de l'esprit, de la lecture, des restes d'une excellente éducation, de la politesse et des grâces même quand il le vouloit, mais il ne le vouloit que très-rarement; ses mœurs perverses lui parurent une vertu. » (Voir aussi les *Mémoires de Maurepas*, t. I, p. 272.)
[2] [Le comte de Saint-Maure, écuyer de Monsieur le Duc qui se battit pour la duchesse de Choiseul contre le marquis de Charmentier, valet de chambre du roi, depuis lieutenant général (*n. du t.*).]

Ce n'est point ta mine charmante,
Aimable milord, qui m'enchante,
Mais ton esprit vif et brillant,
Puisé dans le sein de ta mère,
Qui fera que dans cinquante ans,
Comme aujourd'hui, tu pourras plaire [1].

Aussi rouge qu'une écrevisse,
Après avoir rendu service
Pendant vingt ans à la Soissons,
La d'Alluy relève boutique :
Portsmouth et la Grancey, dit-on,
Sont à présent ses deux pratiques.

1692. — JOCONDE

Sur ce que quantité de Huguenots s'étoient faits catholiques pour entrer aux fermes générales.

Pour être des fermes du roi,
   On se fait catholique ;
Chaque fermier change de foi,
   Ou l'on leur fait la nique.
La perte que l'enfer y fait
   N'est pas telle qu'on pense ;
Car tout maltôtier, tel qu'il soit,
   Est au diable d'avance.

1692. — PETITE FRONDE.

Messieurs, vous aurez la Loubère [2] :
L'intérêt veut qu'on le préfère

---

[1] [Sur le duc de Richmond, fils de la duchesse de Portsmouth, maîtresse du roi d'Angleterre (*n. du t.*).]
[2] [La Loubère, précepteur du fils de M. de Ponchar-

Au mérite le plus profond,
Il entrera, quoi qu'on en die;
C'est un impôt que Pontchartrain
Veut mettre sur l'Académie.

Comme César après Pharsale
Revint en pompe triomphale ¹,
Luxembourg croit venir ici;
Mais on nous écrit de l'armée
Que, sans Vendôme et sans Conti,
Il reviendroit comme Pompée.

Bouchez, naïades, vos fontaines ²,
Et cessez d'embellir nos plaines
Par le cristal de vos ruisseaux;
On vous a déclaré la guerre,
Faites donc retourner vos eaux
Tout jusqu'au centre de la terre.

Les nymphes, vous voyant si pures,
Ont dit, dans de nobles figures,
Que vos flots étoient argentés.
Sur cette expression divine,
Les partisans se sont flattés
Que chaque source est une mine.

Que si celui qui fait tout vivre,
Nymphes, vous ordonne de suivre
L'ordre qu'il ne veut point troubler,

---

train, qui le fit recevoir à l'Académie, en 1693 (*n. du t.*)].
Ce couplet a été attribué à La Fontaine; malgré son peu
de mérite littéraire. La Loubère fit également partie de
l'Académie des Inscriptions.

¹ [Bataille de Neerwinde, en 1693 (*n. du t.*).]
² [Mise d'impôt sur les fontaines (*n. du t.*).]

Obéissez à la nature
Qui vous ordonne de couler;
Mais on vous défend le murmure.

Qu'on prépare sur les musettes
Pour Vendôme des chansonnettes [1] :
Il veut tâter du sacrement.
L'épouse sera bien choyée,
S'il est près d'elle aussi longtemps
Qu'il est sur la chaise percée [2].

1693.

Que Fromenteau dans la cervelle
D'un pistolet se soit donné,
Il étoit fou; cette nouvelle
Ne m'a point du tout étonné.
Mais ce qui fait que chacun pleure
Comme d'un malheur sans pareil :
Cette tête étoit la meilleure
De toutes celles du conseil [3].

1693.

N'as-tu pas vu ce héros
    Chez Rigaud [4] ?

---

[1] [Sur le mariage du duc de Vendôme (n. du l.).]

[2] [On disoit qu'il demeuroit tous les matins une heure sur la chaise percée (n. du l.).] Les Mémoires de Saint-Simon renferment d'étranges détails sur les habitudes de Vendôme et sur sa malpropreté cynique.

[3] [Il était chevalier de l'ordre et conseiller d'État. Il avait été ambassadeur en Espagne et amant de madame de Beauvais. Il se tua le 29 novembre 1693 (n. du l.).]

[4] [Sur le duc de Noailles, qui, en 1694, s'étoit fait

Oh ! la fière contenance !
On diroit qu'il va parler
  Et crier :
Je suis maréchal de France !

Voilà tout ce que j'ai fait
  En portrait ;
Voilà Campredon et Roses.
Mais si je suis secondé
  Cet été,
Je ferai bien autre chose.

Que le roi chez les Flamands
  Allemands
Laisse reposer la foudre ;
Qu'il me donne des guerriers
  A milliers ;
Je mettrai Madrid en poudre.

Luxembourg à batailler,
  Ferrailler,
Passe la campagne entière ;
Catinat[1] en fait souvent
  Tout autant :
Ce n'est pas là ma manière.

Que l'on chante à haute voix
  Leurs exploits ;
Que l'on chante leur vaillance ;

---

tirer en grand chez Rigaud, fameux peintre (*n. du t.*).]
On voyait dans le lointain Campredon et Roses, deux places fortes qu'il avait prises en Catalogne.

[1] M. L. de Charencey vient de publier, sur ce sage capitaine, une étude intéressante (*le Correspondant*, 25 mars 1856).

Que m'importe si le roi
　　　Prend en moi
Plus qu'en eux de confiance ?

Je laisse le courtisan
　　　Ignorant
Louer Condé ou Turenne,
Et je m'en rapporte au roi
　　　Qui me croit
Un bien plus grand capitaine.

Si vous voulez un conseil
　　　Sans pareil,
Sire, la première chose,
En renvoyant Pontchartrain,
　　　Dès demain,
Prenez le vainqueur de Roses.

Avec un esprit égal
　　　Et loyal,
Vos affaires gouvernées
Vous conduiront dans un an
　　　Fièrement
A la paix des Pyrénées.

Vous avez vu ce héros
Entrant dedans Palamos[1];
Avec sa mine commune,
On crioit en le voyant
　　　Triomphant :
C'est l'empereur dans la lune !

---

[1] Ville forte en Catalogne, assiégée et prise par le duc de Noailles.

Son Dauphin alloit devant
    Sûrement
Sur un cheval d'importance,
Qui ne lui avoit coûté,
    Quel marché !
Qu'un moment de complaisance.

Luxembourg à ravauder,
    Tracasser,
Passe l'hiver à Versailles,
Secondé d'Albergoty
    Qui le suit
Beaucoup mieux qu'aux batailles.

Ce fut un lundi matin
    Que Coeslin,
Suivi du brave Courcelles,
Entrèrent dedans Angers,
    Sans dangers,
A la faveur d'une échelle.

Ce fut dans le même jour
    Que Vaujour
Signala sa renommée ;
Il étrangla de sa main
    Un crabin
De la potence échappé.

O Dieu ! le vaillant garçon
    Que Roussillon !
Il tient cela de son père.
Bien heureux qui n'éprouva
    Son coutelas,
Car il étoit en colère.

L'armée qui n'étoit point loin,
   En grand soin
Faisoit de belles grimaces;
Le marquis de Villeroi,
   Comme un roi,
Leur a voulu faire grâce.

Que tout cède en ces bas lieux
   Aux aïeux
De notre illustre comtesse[1],
Qui dans le Vexin françois
   Furent rois
De bien moins fières altesses.

Blâmons la rigueur du sort
   Qui a tort
De réduire cette altesse
A n'épouser qu'un gredin,
   Guillemin,
Dont l'argent fait la noblesse.

Tous ces grands rois vos aïeux
   Sont si vieux,
Si enterrés dans l'histoire,
Que je ne puis m'empêcher
   D'avouer
Que je ne saurois le croire.

Votre bon papa Givry,
   Qui vous mit
Autrefois femme de chambre,
N'en sauroit pas plus que nous,

---

[1] [Sur mademoiselle de Givry, fille d'un exempt des gardes du corps (*n. du t.*).]

Croyez-nous,
Et ne fut jamais Sicambre.

Il revient donc ce héros
De Rigaud[1],
Qu'à jamais Dieu le bénisse ;
Il ne pouvoit, sur ma foi,
Rendre au roi
Un plus important service.

Tel quand de l'usurpateur
Le bonheur
Semble menacer la France,
Le Pelletier finement,
Promptement,
Abandonne la finance.

Messieurs, je réponds du fruit
Que produit
Une conduite semblable ;
Nous verrons Le Pelletier
Chancelier,
Et Noailles connétable.

Avec son triste maintien[2]
Que soutient
Sa digne barbe de chèvre,
Il croit avoir le renom
De Lamoignon
Et de son oncle Belièvre.

---

[1] Ces vers regardent le maréchal de Noailles dont il a déjà été question.

[2] [Le premier président de Lamoignon et son oncle, Pomponne de Belièvre, mort en 1650 après avoir rempli les mêmes fonctions (*n. du t.*).]

Mais c'est par des actions
      Que leurs noms
Sont célèbres dans l'histoire ;
L'équité régnoit en eux,
      Et tous deux
Savoient bien placer la gloire.

Celui-ci fait autrement
      Sagement,
Ne songe jamais à plaire ;
Il vend aujourd'hui la cour
      A Luxembourg[1]
Pour avancer ses affaires.

Il en sera chancelier
      Le premier,
Cette intrigue se démêle ;
On croit qu'il y parviendra ;
      Mais il faudra
Que le diable s'en mêle.

Voilà tout ce que je sais
      Du projet
De ces deux âmes intimes ;
Craignons tous leur ambition,
      Leur passion,
Leur vengeance et leurs maximes.

---

[1] [Dans le temps que le maréchal de Luxembourg vouloit faire revivre le duché de Luxembourg dans sa première institution.] Le maréchal, fort de ses victoires, attaquait seize pairs en préséance. De là un long procès qui fit grand bruit à l'époque. Saint-Simon, qui montra une ardeur extrême pour résister aux prétentions de Luxembourg, raconte très en détail toute cette affaire, l'une des plus importantes à ses yeux dont il pouvait être question en France.

1695.

Lorsque M. le maréchal de Villeroi laissa échapper le prince de Vaudemont.

Écoutez, grands et petits,
    Les beaux dits,
Ils contiennent les merveilles
Qu'a fait notre Villeroi ;
    C'est pourquoi
Il faut ouvrir les oreilles.

Dès le douze de ce mois,
    Les François
Quittèrent toutes leurs lignes,
Croyant sur leurs ennemis
    Endormis
Prendre une victoire insigne.

Ils passèrent le Mandal
    Bien ou mal
Avec grande diligence ;
Mais après être passés,
    Harassés,
Leur chef usa de prudence.

Car étant par un parti
    Averti
Que l'ennemi se retire,
Il dit : Messieurs, à demain
    Au matin ;
Cependant je vais écrire.

Il mande à notre grand roi
    Sur sa foi

Qu'il va marcher à la gloire,
Qu'il veut assurer la cour
    Dans ce jour
D'une complète victoire.

L'on passa toute la nuit
    Sans grand bruit,
Tous en ordre de bataille;
Mais au jour ce général
    A cheval
Visita bois et broussailles.

Mais après avoir tout vu
    Et revu
Notre aile droite et la gauche
De celle des ennemis
    Ébahis,
La nuit se trouva tout proche.

Mais l'ennemi décampa
    Et marcha;
A qui faut-il nous en prendre?
Le prince de Vaudemont
    Eut raison;
Pouvoit-il plus nous attendre?

Dessous Oudenarde et Gand
    Sagement
Il fut chercher son refuge;
Au trot il les traversa,
    Et passa
Même le canal de Bruge.

Voilà de notre guerrier
    Le laurier

Sec comme de la poussière;
Si c'eût été le bossu [1],
    Il eût su
Mieux terminer sa carrière.

Lorsqu'on sut qu'en Villeroi
    Notre roi
Prenoit tant de confiance,
Chacun crut voir à coup sûr
    Dans Namur
Le défenseur de Mayence.

Si tu ne viens, Villeroi,
    Près du roi,
Tu ne feras rien qui vaille,
Ayant si mal débuté
    Cet été,
Fais du moins comme Noailles.

Quitte là ton baudrier
    Sans laurier,
Sans oublier ton épée.
Nous voyons ici fort clair :
    Ton grand air
N'est qu'une pure fumée.

Il faut contre les Anglois
    Des François
Qui suivent de meilleures traces;
Ils sont tous dans leurs pays
    De l'avis
Qu'un chien chasse de race.

---

[1] Le maréchal de Luxembourg.

1695.

Non, ce n'étoit que par l'épée
Qu'on étoit jadis maréchal [1] ;
Mais à présent que tout va mal,
On fait par brigue et par menée ;
Mais à présent que tout va mal
D'un courtisan un maréchal.

De ton aïeul le secrétaire
Tu remplirois bien mieux l'emploi :
Reprends la plume, Villeroi,
Le bâton n'est point ton affaire ;
Reprends la plume, Villeroi,
Tu serviras bien mieux le roi.

De crainte d'un revers sinistre,
Sire, traitez incessamment :
Qu'espérez-vous donc à présent
Sans général et sans ministre?
Qu'espérez-vous donc à présent?
Guillaume a le dessus du vent.

1695. — JOCONDE.

Quand Charles-Sept contre l'Anglois
   N'avoit plus d'espérance,
De Jeanne d'Arc Dieu fit le choix
   Pour délivrer la France.

[1] Ces vers, comme les précédents, furent faits au sujet d'une fausse manœuvre fort reprochée à Villeroi, qui, trouvant l'armée ennemie dans une position très-désavantageuse, différa un jour entier de l'attaquer, et lui donna ainsi tout le temps d'opérer sa retraite.

Ne t'embarrasse point, grand roi :
   Cent fois plus sûre qu'elle,
Dans le fourreau de Villeroi
   Il est une pucelle.

1695.

La prudence de Villeroi
   A sauvé le royaume ;
Il a fort bien servi le roi,
   Mais c'est le roi Guillaume.

Il eût par un combat fatal
   Bien fait voir qui nous sommes ;
Mais, par malheur, ce général
   N'avoit que cent mille hommes.

Oui, Namur est pris, mais du moins
   On peut le faire rendre ;
On ne l'a pas pris sans témoins,
   On peut les faire entendre [1].

1695. — PETITE FRONDE.

Grand roi, par un revers sinistre [2],
Tu vois combien sert un ministre.

---

[1] La perte de Namur, repris par les alliés après un siége long et sanglant, donna lieu à la publication de deux écrits devenus rares : *La France en décadence par la réducti. des deux importantes places de Casal et Namur*, Cologne (Hollande), 1695 ; *les Lamentations des dames de Saint-Cyr, depuis la prise de Namur*, Cologne, 1696. Ils ne présentent d'ailleurs rien de piquant, rien qui offre de l'intérêt pour l'histoire.

[2] [Après la prise de Namur par les ennemis (*n. du t.*).]

Laisse à Saint-Cyr la Maintenon,
Mets Pell.ier à la cuisine [1] ;
Que Barbezieux reste à Meudon [2],
Que Beauvilliers aille à Maline [3].

Après un illustre hyménée,
Lassé se voyoit destinée
A mettre au jour des Coligny [4].
Sa fécondité se ravale,
Et ne sert qu'à peupler Paris
De décroteurs à la royale.

1695. — ROCHELOIS.

Quand sur Landau les Allemands
Virent passer si fièrement
Des François le nombre effroyable,
Ils s'écrièrent à l'instant :
L'affaire n'est pas soutenable ;
Amis, sauvons-nous promptement !

Eugène, instruit de ce discours,
Vint pour en arrêter le cours,
Et dit à la troupe allemande :
Des François que redoutez-vous ?
C'est Villeroi qui les commande. —
Ce nom seul les rassura tous.

Le grand Luxembourg en mourant [5]

---

[1] [Pelletier, contrôleur général (*n. du t.*).]
[2] [Barbezieux, secrétaire d'État de la marine (*n. du t.*).]
[3] [Le gouverneur des princes, fort dévot (*n. du t.*).]
[4] [M. de Lassé, frère de M. de Coligny, colonel du régiment de Condé, infanterie, dont le père étoit attaché à M. le Prince (*n. du t.*).]
[5] Le décès du maréchal provoqua un écrit satirique

A fait un fort beau testament
Et digne d'un grand capitaine :
Il a laissé son âme à Dieu,
Mais on doute fort qu'il la prenne;
C'est de quoi il m'importe peu.

Il rend tout le monde content
Sur le fait le plus important.
Que la chose est bien dirigée!
Ce héros, plein de bonne foi,
Laisse au grand Conti son épée,
Son baudrier à Villeroi.

1695. — LANDERIRETTE.

Si les places que nous perdons [1]
Font ducs tous ceux qui les rendront,
    Landerirette,
Nous en verrons beaucoup ici,
    Landeriri.

Tant que vous fûtes libertin,
Vous étiez maître du destin,
    Landerirette,

intitulé : *Le maréchal de Luxembourg au lit de la mort*, tragi-comédie (en prose); quatre éditions réelles, et toutes datées de 1695, montrent que la malignité publique accueillit avec avidité cette pièce mal écrite, mais qui offre pour l'histoire du temps quelques particularités curieuses, qu'il ne faut toutefois pas admettre sans précaution. Nous renverrons d'ailleurs à l'analyse étendue que les rédacteurs de la *Bibliothèque du Théâtre français* (1756), t. III, p. 293-302, ont donnée de cette *tragi-comédie*.
[1] [Lorsque les ennemis prirent Namur (*n. du t.*).]

Ah! pourquoi changer de parti?
　　Landeriri[1].
Guisard, maréchal tu seras[2],
Quand une place tu rendras,
　　Landerirette,
Reims à ta femme l'a promis[3],
　　Landeriri.

1696.

Je me ressouviens
De mon vieux Turenne,
Dans un pareil train,
Il n'étoit point en peine[4].
Morguienne de vous,
　　Quel âne!
　　Quel âne!
Morguienne de vous,
Quel âne êtes-vous?

1696.

Air : *de la Médisance.*

Sur la paix de Hollande.

On dit partout que la paix
Ne se conclura jamais;
Ce n'est qu'une médisance.

---

[1] Ces couplets sont de la duchesse de Bourbon. Cette fille du roi avait peu de respect pour son père.
[2] [Le comte de Guisard fait cordon bleu (*n. du t.*).]
[3] Maurice Le Tellier, archevêque de Reims.
[4] [Le maréchal de Catinat, qui fatigua fort les troupes du roi au camp de Maintenon et a pris les hauteurs de Fenestrelle (*n. du t.*).]

On dit que, par complaisance,
Guillaume, dans le traité,
Prétend au tiers de France;
C'est la pure vérité.

Il a quitté le parquet[1],
Le public est satisfait;
Ce n'est qu'une médisance.
Pour le bonheur de la France,
Au conseil il est monté
Pour vivre avec indolence;
C'est la pure vérité.

1696. — NOEL.

Or, nous dites, Marie.

O messager fidèle!
Qui revient de la cour,
Apprends-nous pour nouvelle
Ce qu'on fait chaque jour...
Plusieurs à l'ordinaire
Passent là mal leur temps;
Les gens du ministère
Y sont les plus contents.

Que fait le grand Alcandre[2]
Maintenant qu'il a paix?

---

[1] [M. Talon (*n. du t.*).]

[2] Ce nom fut d'abord attribué à Henri IV, et l'*Histoire des amours du grand Alcandre* parut en 1652, in-4°. Dans deux éditions hollandaises de 1663 et 1664, les noms réels furent substitués aux noms supposés. Cette *histoire* a d'ailleurs été réimprimée dans le tome E (ou 5ᵐᵉ) du recueil A B C publié par Querlon, Mer-

N'a-t-il pas le cœur tendre?
N'aimera-t-il jamais?—
On ne sait plus qu'en dire
Ou l'on n'ose parler;
Si son grand cœur soupire,
Il sait dissimuler.

Est-il vrai qu'il s'occupe
Au moins le tiers du jour,
Ou son cœur est il dupe
Aussi bien que l'amour?—
En homme d'habitude,
Il va chez Maintenon;
Elle est humble, elle est prude,
Il trouve cela bon.

La princesse de Nantes
Fait-elle du fracas?
Est-elle bien contente
De ses tendres appas?
Si le duc de Bourbon,
Qui commence à paroître,
Lui fait changer de nom,
Trouvera-t-elle un maître?

cier, etc., en 24 vol. in-12 (1750-56); la *Bibliothèque des romans*, octobre 1787, t. II, p. 80, en a donné une analyse. C'est à tort qu'on a attribué cet écrit à Louise-Marguerite de Lorraine, d'abord mademoiselle de Guise, ensuite princesse de Conti. M. Paulin Paris a débrouillé toute cette question dans une notice ingénieuse placée dans le *Bulletin du Bibliophile* de Techener. Paris, 1852, 10⁰ série, p. 812 et suiv.

Il existe un livre intitulé : *Conquêtes amoureuses du grand Alcandre dans les Pays-Bas*, Cologne, 1685, in-12 de 144 pages, par Sandraz de Courtils.

Que fait-on chez les femmes
Dans ce lieu de respect?
Le commerce des flammes
Y paroît-il suspect?—
Les galants sans ressource
Font voir pour leur malheur
Peu d'argent dans leur bourse,
Peu d'amour dans le cœur.

Des dames renommées
Ne dit-on que cela?
Sont-elles réservées?
Ont-elles dit holà? —
Chez les aventurières
L'amour règne toujours;
Ainsi que les rivières,
Celles-là ont leur cours.

En est-il d'assez fières
Pour se faire prier;
D'autres assez sévères
Pour ne rien octroyer? —
Dans toutes les ruelles
De différents états,
On en voit des plus belles
Faire le premier pas.

Que fait en son bel âge
Monseigneur le Dauphin?
Est-il toujours bien sage?
Va-t-il son même train? —
Il se plaît à la chasse,
Cela lui coûte peu;

Quand il pleut, il s'en lasse
Et revient à son feu.

Madame la Dauphine
A-t-elle du pouvoir
Comme l'on s'imagine
Qu'elle en devroit avoir? —
Son pouvoir se publie,
Elle en use fort bien,
Et sans sa comédie,
Elle ne feroit rien.

La charmante princesse,
La divine Conti,
A-t-elle la tendresse
Toujours de son parti? —
Elle en a pour son père
Et pour son cher époux,
Peut-être pour son frère,
Et n'en a pas pour tous.

Est-il rien de plus rare
Dans ce charmant séjour?
Sans bruit, sans tintamarre,
N'y fait-on point l'amour? —
Chez les vieilles coquettes
Quelques feux mal éteints
Prennent aux allumettes
Des infâmes blondins.

1696. — LAMPONS.

Ne disons mot de Villeroi [1],

---

[1] L'inhabile maréchal de Villeroi joua malheureusement un grand rôle à la cour de Louis XIV; toutes les

Il fut choisi par le roi ;
Faut s'en prendre à ce bon prince
D'avoir fait un choix si mince.
 Lampons, lampons, lampons.

Souvent il choisit fort mal,
Témoin le grand amiral,
Témoin le boiteux du Maine,
Témoin Maintenon, la reine.
 Lampons, lampons, lampons.

Il laisse le sang de Bourbon,
Et c'est là que tout est bon ;
N'est-ce pas une misère
De voir Conti volontaire ?
 Lampons, lampons, lampons.

Le babillard chancelier,
Et le fade Pelletier,
Croissy, le triste Pomponne,
Sont l'appui de la couronne.
 Lampons, lampons, lampons.

clefs des *Caractères* de La Bruyère s'accordent pour le représenter comme ayant servi de type au portrait de *Ménippe*, « qui ignore lui seul combien il est au-dessous du sublime et de l'héroïque. » Saint-Simon, qui aimait peu ce maréchal, l'a peint sous des traits qui paraissent fort ressemblants : « Grand homme, bien fait, fort agréable de visage, galant de profession, parfaitement au fait des intrigues de la cour et de la ville, dont il savait amuser le roi qu'il connaissait à fond ; homme fait exprès pour présider à un bal ou pour être le juge d'un carrousel, grand et beau joueur, point méchant gratuitement, glorieux à l'excès, brave de sa personne, mais sans capacité militaire ; nulle instruction ; ne connaissant ni les gens ni les choses ; fort propre à donner des modes, et rien au delà. »

Après quoi vient Barbezieux,
Qui ne vaudra jamais mieux.
De tous ces choix l'on peut dire
Que qui choisit prend le pire.
   Lampons, lampons, lampons.

A Jacques disoit Louis :
De Galles est-il votre fils?
Oui-dà, par sainte Thérèse,
Comme vous de Louis-Treize [1].
   Lampons, lampons, lampons.

1696. — JEAN DE VERT.

Voulez-vous éviter, grand roi,
  Mille accidents sinistres?
  A la réserve de Louvois,
  Chassez tous vos ministres
Vous ne pourriez en avoir pis
Quand ils auroient été choisis
   Par Jean de Vert.

Seignelay fait bien du fracas,
  Il a l'air magnifique;
Pour ordonner un bon repas,
  Il est grand politique;
Mais, pour ses conseils, j'en fais cas
Tout comme celui des goujats
   De Jean de Vert.

---

[1] On sait que l'on a contesté à Louis XIII et à Jacques II les honneurs de la paternité; nous avons parlé de ce qui concerne la naissance du prince de Galles dans une note de notre édition de la *Correspondance de Madame, duchesse d'Orléans,* 1855, t. I, p. 85.

On sait de ses dévotions
 Le très-pieux manége;
C'est par là que Maintenon
 Près de vous le protége.
Qu'est donc devenu son bon sens,
Et l'esprit qu'elle avoit du temps
 De Jean de Vert?

Ne renvoyez point Pelletier
 Sans quelque récompense;
Faites-en un bon marguillier,
 Il en a la prestance;
Mais, pour un ministre d'État,
J'aimerois mieux un goujat
 De Jean de Vert.

Chateauneuf comme bon bourgeois
 Mène une douce vie;
On ne lui demande sa voix
 Que par cérémonie :
Quand il signe en quelque édit,
Il n'en est pas mieux instruit
 Que Jean de Vert.

Si plutôt le bon Pontchartrain
 Eût réglé la finance,
Il eût, marchant en si bon train,
 Bientôt ruiné la France
Et fait regretter le bon temps
 De Jean de Vert.

D'Harlay le premier président
 Occupe bien sa place;
Il a tout l'air d'un vrai pédant
 Au milieu de la classe;

Il est bon pour les jeunes gens,
Mais il n'eût rien valu du temps
De Jean de Vert.

Du gros chancelier Boucherat [1]
J'admire la prudence,
Quand à table il juge d'un plat
Pour bien remplir sa panse ;
Mais pour juger d'un procès,
J'aimerois mieux les lansquenets
De Jean de Vert.

1696. — RÉVEILLEZ-VOUS, BELLES.

Sur les Moines [2].

Quand on eut appris la naissance
De l'incomparable Jésus,
Chacun lui fit la révérence,
Et tous y furent bien reçus.

---

[1] Mort le 2 septembre 1699 à 84 ans. La protection de Turenne, dont il dirigeait les affaires, le fit parvenir de correcteur de la Chambre des Comptes à l'emploi de chancelier. Sa joie frappa La Bruyère qui en a parlé, (chapitre de la Cour). « Voyez comme il plie sous le poids de son bonheur... Il se déconcerte, il s'étourdit ; c'est une courte aliénation. » P. 326 de l'édition de M. Walckenaer, 1844, in-8°, et p. 700, *note*.)

[2] Cette satire contre les ordres religieux rappelle un autre écrit plus mordant qui fut imprimé quelques années plus tard : *Les Moines, comédie en musique*. Les personnages portent des noms caractéristiques : ce sont les Pères Ventru, Sablant, Vineux, Trinquant ; la *Revue de Paris* (t. II, de 1844, p. 248) donne d'assez longs extraits de cette composition où règne une jovialité spirituelle. Voir aussi le *Catalogue de la Bibliothèque dramatique de M. de Soleinne*, 1844, t. III, p. 306.

Tout pleins d'esprit et de finesse,
Gens partirent de Loyola,
Songeant déjà par quelle adresse
Ils pourroient s'établir là.

Un seul venu de l'Oratoire
Dit à Jésus : Excusez-nous,
Tous nos pères n'ont pas pu croire
Que vous fussiez venus pour tous.

Un Célestin de blonde mine
Vint adorer le petit Dieu,
Mais ne sentant point la cuisine,
Il délogea sans dire adieu.

Un Cordelier, prêt à tout faire,
Entonne force chants joyeux,
L'âne aussitôt se mit à braire ;
Ils s'accordèrent bien tous deux.

Les deux pieds sentant la rhubarbe,
Un Capucin vint de fort loin ;
Le bœuf voyant sa grande barbe,
La voulut brouter pour du foin.

Un enfant de saint Dominique
Voulut prêcher dans ce saint lieu :
Père, quelle mouche vous pique?
A-t-on vu prêcher à un Dieu?

Si les moines et les tourières
Ne sont pas de ce rendez-vous,
Ne leur en faites point d'affaire,
Elles enragent autant que vous.

Mieux nourris que gens de Cocagne,
Chanoines, curés et prélats
Fourrés comme des chats d'Espagne,
Y vinrent, mais à petits pas.

En blanc manteau, chapeau, soutane,
Des Prémontrés un séculier,
S'étant placé derrière l'âne,
Fut pris de tous pour un meunier.

Un Mathurin lui dit : Nous sommes,
Seigneur, des marchands de haut prix ;
Nous vivons du rachat des hommes
Que vous avez sauvés gratis.

Un Augustin en bandoulière,
Un Saint-Benoît en justaucorps ;
L'un fut pris pour un mousquetaire,
L'autre pour un garde du corps.

Un Augustin à barbe peinte
Parut bras et jambes tous nus ;
Mais on le fit sortir, de crainte
Qu'il ne fît voir aussi son cul.

Un Carme de son monastère
Vint aussitôt toujours courant
Pour présenter son scapulaire
A Joseph, Marie et l'Enfant.

Une abbesse Bénédictine
Vint en carrosse à six chevaux,
Avec mainte nonne poupine
En grand air et petits bandeaux.

O Dieu ! quelle indigence extrême !
Crièrent-elles en entrant ;
Notre abbesse n'est pas de même,
Tout brille en son appartement.

Un Carme deschaux fort austère
Lui dit à l'oreille, à genoux :
Etant frère de votre mère,
Je suis votre oncle malgré vous.

Un Citeaux d'une graisse énorme,
Soufflant à grande peine, entra ;
On lui dit : Prenez la réforme,
Ou bien l'on vous réformera.

Un Bénédictin en réforme
D'un logis offrit portion,
Pourvu qu'on fasse un bail en forme
Et qu'on lui donne caution.

Dans la foule de ces bons pères,
Un gros, gras et frais Augustin,
S'approchant trop près des bergères,
Fut fort mordu de leur mâtin.

L'Ursuline, qui sait instruire,
A l'enfant promit tous ses soins,
Offrant de lui montrer à lire,
Mais d'elle on n'avoit pas besoin.

Après la fille Sainte-Ursule,
Qui souffloit bien fort en ses doigts,
Il y survint un Camaldule
Qui pour chauffer offrit gros bois.

Un Théatin dans l'indigence
Dit : Seigneur, nous suivons vos pas;
Nous attendons la Providence;
Mais aussi ne nous manquez pas.

Un Jacobin à brague fière,
Faisant le Rominagrobis,
Ayant mal écrit de la mère [1],
Ne fut pas bien reçu du fils.

Une Carmélite avec voile,
Un berger d'un ton fort gaillard,
Lui dit : Levez donc cette toile;
Jouez-vous à Collin-Maillard?

Un directeur de séminaire,
Faisant la génuflexion,
Dit : Pardonnez, on vient de faire
Chez vous une ordination.

Soyez bien venu sur la terre,
Seigneur, dirent deux Récolets;
Mais nous nous plaisons à la guerre,
Et vous venez donner la paix.

Un Chartreux fameux de son ordre
Dit : Cet enfant, nous le savons,
Vient réparer notre désordre
Et payer ce que nous devons.

Tout beau ! pénitent, qui tout ose,
Ne venez point mal à propos

[1] Les Jacobins ou Dominicains se montrèrent au moyen âge les adversaires de la croyance en l'Immaculée Conception soutenue par les Franciscains.

Éveiller l'enfant qui repose
Avec le bruit de vos sabots.

Des Cordelières une dame
Près d'un Cordelier se rangea.
Un pasteur dit : Voilà la femme
De ce bon père que voilà.

Une Jacobine à teint blême
Dit : Tous ces soins sont superflus,
Seigneur, gouvernez-vous vous-même;
Tous ces pères n'en peuvent plus.

Des Bénédictines une mère,
Revenant depuis peu de Sceaux,
Dit : Pour gagner mon monastère,
J'attends que les chemins soient beaux.

Un des Pères de Saint-Antoine,
A croix coupée, à haut collier,
Passa comme les autres pour moine,
Quoiqu'il se fût dit chevalier.

1697.

D'Harlay, Torcy et Caillières,
 Ont fait la paix;
Quels plénipotentiaires
 Vit-on jamais
Plus habiles que ceux-ci?
 Charivari.

Ces trois ministres habiles,
 En un seul jour,
Ont rendu trente-deux villes

Et Luxembourg;
A peine ont-ils sauvé Paris.
Charivari.

Aux quatre coins de la terre
On les a vus,
Pour terminer cette guerre,
Très-résolus,
Faire les héros aussi,
Charivari.

1697.

On dédaigne à la cour l'esprit et la science,
On méprise au palais les lois et l'équité;
La valeur dans nos camps est sans expérience,
Le commerce est sans liberté,
L'ordre est banni de la finance,
Et le clergé dévot n'a plus de charité.

1697.

Latour, ce grand directeur,
Prend du ciel l'investiture
Pour conduire à son bonheur,
Turlure,
L'imbécile créature,
Robin turlure.

Il fait vêtir la Montespan
Et d'étamine et de bure;
Mais, que vend ce charlatan?
Turlure,
De l'onguent pour la brûlure,
Robin turlure.

La Caylus à ses genoux,
En pénitente posture,
Lui dit : Mon père, avez-vous,
    Turlure,
De l'onguent pour la brûlure?
    Robin turlure.

Près de lui la Crève-Cœur,
De si gentille figure,
Minaude le créateur,
    Turlure,
Et lorgne la créature,
    Robin turlure.

A la savante Vieux-Bourg,
Il ordonne pour lecture
De méditer chaque jour,
    Turlure,
Un chapitre d'Épicure,
    Robin turlure.

A la petite Cayeux
Il interdit la parure,
Mais il permet à ses yeux,
    Turlure,
Quelque secrète capture,
    Robin turlure.

Ils chantent tous d'une voix
A la fin de leur lecture :
Nargue de ces saintes lois,
    Turlure,
Vivent celles de la nature,
    Robin turlure.

Villeroi, grand général,
Grand général en peinture,
Iroit au feu comme au bal,
  Turlure,
S'il ne craignoit la brûlure,
  Robin turlure.

Il laisse aller Vaudemont,
Qui se fait voir en posture ;
Donnons vite, lui dit-on,
  Turlure ;
Je n'en ferai rien, je le jure,
  Robin turlure.

Mais quand il peut, sans danger,
Se faire voir en posture,
L'on ne voit jamais guerrier,
  Turlure,
D'une si belle parure,
  Robin turlure.

S'il ne faut que bombarder,
Il soutient bien la gageure ;
Mais s'il s'agit de donner,
  Turlure,
La chose lui paroît dure,
  Robin turlure.

S'il faut donner du secours
A la désolée Namur,
Il marche jusqu'à Quimbourg,
  Turlure,
C'est un effet de nature,
  Robin turlure.

Il veut être le témoin
De cette perte trop sûre,
De cent mille hommes au moins,
    Turlure,
La valeur point ne l'assure,
    Robin turlure.

Son glaive et son baudrier,
Pour nous de mauvais augure,
Lui serviront de laurier,
    Turlure,
Pour honorer sa figure,
    Robin turlure.

Changez-nous ce général,
Grand roi, l'on vous en conjure,
Sinon l'affaire ira mal,
    Turlure,
Faut dire adieu la voiture,
    Robin turlure.

S'il tient du sang de Condé[1],
Bénissons sa géniture ;
Mais s'il tient de son côté,
    Turlure,
C'est un monstre de nature,
    Robin turlure.

Notre maréchal Chicot,
Général par aventure,
Pour faire bouillir son pot,
    Turlure,

---

[1] [Le maréchal de Joyeuse (n. du t.).]

Nous réduit à la pâture,
    Robin turlure.

Pour punir ce gros brutal,
Et pour venger cette injure,
Il le faut, comme un cheval,
    Turlure,
Renvoyer à la pâture,
    Robin turlure.

1698.

Au Dauphin, irrité de voir comme tout va,
Mon fils, disoit Louis, que rien ne vous étonne,
  Nous maintiendrons notre couronne;
Le Dauphin répondit : Sire, Maintenon l'a.

1698.

Sire, notre bonne ville
Demandoit un grand prélat;
Votre Majesté facile[1],
Ne lui a donné qu'un fat.
Tout Noailles est imbécile,
Ce sont gens de l'Évangile,
Servant aussi mal l'État
A l'église qu'au combat.

---

[1] [Lorsque le roi nomma le cardinal de Noailles à l'archevêché de Paris, vacant par la mort de M. de Harlay (n. du t.).]
Ce prélat mourut d'apoplexie, le 6 août 1695; le père Gaillard, qui fit l'oraison funèbre, ne s'en chargea qu'à la condition de très-peu parler du mort.

1699.

Notre archevêque nouveau,
Prélat de grande figure,
Fit l'autre jour un cadeau,
Turlure,
Où l'on ne but point d'eau pure,
Robin turlure.

Un chanoine gros et gras,
Et d'une épaisse encolure,
Fit le plaisir du repas,
Turlure;
Je vais conter l'aventure,
Robin turlure.

Assis sur un perroquet
Trop étroit pour sa carrure,
Il tomba sur le parquet,
Turlure,
Sans se faire de blessure,
Robin turlure.

Étendu comme un crapaud
Et prêt à crever d'enflure,
Il vous lâcha bel et beau,
Turlure,
Un vent de mauvais augure,
Robin turlure.

Au bruit de cet impudent,
Chacun rit outre mesure;
Mais monseigneur gravement,
Turlure,

Buvez, je vous en conjure,
    Robin turlure.

Meaux est un très-grand esprit
Et plein de littérature;
Mais quand on le contredit,
    Turlure,
Il a l'âme un peu dure,
    Robin turlure.

Si quelquefois il dit vrai,
Il se peut par aventure;
Mais il ne veut de Cambrai,
    Turlure,
Que voir la déconfiture,
    Robin turlure.

Il a fait, en vrai tyran,
A la Guyon une injure [1],
Disant que depuis longtemps
    Turlure,
Elle est bien loin d'être pure,
    Robin turlure.

---

[1] Jeanne Bouvier de la Motte, dame de Guyon, née en 1648, morte le 9 juin 1717. Le rôle qu'elle joua dans les controverses relatives au quiétisme l'a rendue célèbre, et tous les biographes de Fénelon sont entrés dans de fort longs détails à cet égard. Sa vie, écrite par elle-même (et attribuée très-souvent à l'abbé de Brion), a été imprimée à Cologne en 1720, 3 vol. in-8°; elle a été traduite en allemand par un anonyme (Francfort, 1721, in-8°), et par madame Henriette de Monteglant (Berlin, 1826, 3 vol. in-8°). Il y en a également une traduction anglaise par Thomas Digby Brooke (Londres, 1800, in-8°). Cette femme célèbre a récemment attiré l'attention de quelques écrivains en Allemagne et en Amérique,

Moïse et saint Paul, par lui,
Ont eu de la tablature,
Pour avoir, comme aujourd'hui,
Turlure,
Outrepassé la nature,
Robin turlure,

Aimer Dieu sans intérêt,
C'est pécher contre nature.
La charité lui déplaît,
Turlure,
Tant sa flamme est toute pure,
Robin turlure.

1699.

La cour, est-il vrai, juste roi,
Eût trop gémi si, par un choix sinistre,
Harlay fait ministre [1],

ainsi que l'attestent les ouvrages de Carl Hermes : *Züge aus dem Leben der Frau Guyon*, Magdeburg, 1845, in-8°; et de Th.-Ch. Upham : *Life and religious opinions and experience of madame de la Motte Guyon*, New-York, 1848, in-8°.

On peut consulter aussi un article de M. Desplaces dans la *Revue de Paris*, 3e série, t. XIV, 1830; et un autre signé F. dans la *Bibliothèque universelle de Genève*, février 1852, p. 140-170.

[1] [Lorsqu'à la mort du chancelier Boucherat, M. de Pontchartrain eut cette place qu'espéroit M. de Harlay, premier président (*n. du t.*).]

On sait quel rôle important joua ce magistrat, petit homme, sec, maigre, plein d'énergie, qui avait le plus grand ascendant sur le Parlement et le conduisait à son gré. Son inflexibilité et la nature de son esprit vif et caustique, sa franchise sévère s'exprimant sans ménagement et souvent avec dureté, lui firent beaucoup d'enne-

Lui donnoit la loi?
Tu as souffert que la justice
Fût pour toujours soumise à son caprice.
Quoi! toujours la victime
De ce faux censeur,
Qui n'a ni lois ni maximes
Que de sa fureur;
Qui, brocardant sans cesse
Du laquais jusqu'à l'altesse,
Juge tout par fureur
Ou par mauvaise humeur.

1699. — IL FAIT TOUT CE QU'IL DÉFEND.

Qu'au roi chacun rende grâces,
Harlay n'est point chancelier;
De ses modestes grimaces
Il a su se défier.
Le roi, pénétrant et sage,
A démasqué son visage.
Des sceaux il n'aura, mais huis,
Si ce n'est ceux de son puits.

Croyez-moi, barbe de chèvre,
Que votre menton soit net;
Allez sur le quai de Gèvre
Chercher un plus haut collet;
Cessez de vous contrefaire,
Vous n'en avez plus à faire;

mis, Saint-Simon en a tracé un portrait affreux, mais piquant. Il avoue d'ailleurs qu'il était son ennemi et qu'il l'avoit condamné dans une affaire. Madame de Sévigné lui accorde des éloges (lettre du 13 octobre 1675).

Car des sceaux il n'aura, mais huis,
Si ce n'est ceux de son puits.

Sachez que votre abondance
De dédains et de mépris,
Si peu de condescendance
Pour l'intérêt d'un autrui,
Font que chacun se réveille
Pour publier la merveille,
Que des sceaux vous n'aurez huis
Que les sceaux de votre puits.

Enfin la troupe éloquente
Vient de choisir Lamoignon :
Sera-t-il un des quarante?
Boileau dit oui, Têtu non.
Il recevroit avec grâce
L'honneur fait à sa vertu;
Mais auroit-il bien l'audace
De fâcher l'abbé Têtu [1]?

Colbert avoit un grand-père
Qui n'étoit pas si savant,
Qui n'étoit pas si sévère,
Ni si rude aux pauvres gens;
Il portoit sous son aisselle
Une tant jolie vielle,
Dont les doux et divins accords
Lui remettoient l'âme au corps.

[1] L'abbé Jacques Testu, littérateur fort médiocre, admis à l'Académie française en 1665, mort en 1706. Son nom reparaît souvent dans les *Lettres* de madame de Sévigné, qui avait une grande amitié pour lui, quoiqu'elle ne s'aveuglât point sur ses travers et sur ses ridicules.

Il n'avoit pour tout potage
Que celui qu'on lui donnoit,
Mais il avoit l'avantage
De voir son bien clair et net ;
Quelques notes de village
Faisoient tout son apanage,
Et maintenoient l'embonpoint
Du moule de son pourpoint.

1699.

Air : de la Médisance.

L'on dit que le parlement
Passe tout aveuglément ;
Ce n'est qu'une médisance.
On dit que pour récompense,
D'Harlay a la sûreté
D'être chancelier de France ;
C'est la pure vérité.

On dit qu'un prince aujourd'hui
Ne règle tout que par lui ;
Ce n'est qu'une médisance.
Une femme en pénitence,
Veuve d'un petit crotté,
Tient le timon de la France ;
C'est la pure vérité.

1699. — ROCHELOIS.

Racine, cet homme excellent,
Dans l'antiquité si savant,

Des Grecs, imitant les ouvrages [1],
Nous peint sous des noms empruntés
Les plus illustres personnages
Qu'Apollon ait jamais chantés.

Sous le nom d'Aman le Cruel,
Louvois est peint au naturel,
Et de Vasty la décadence
Nous retrace un tableau vivant
De ce qu'a vu la cour en France
A la chute de Montespan.

La persécution des juifs,
De nos huguenots fugitifs
Est une vive ressemblance,
Et l'Esther qui règne aujourd'hui
Descend des rois dont la puissance
Fut leur asile et leur appui.

Mais pourquoi, comme Assuérus,
Le roi si comblé de vertus
N'a-t-il pas calmé sa colère ?
Je vais vous le dire en deux mots :
Les juifs n'eurent jamais affaire
A jésuites ni à dévots.

L'établissement de Saint-Cyr
Aux gens de bien fait grand plaisir ;
Ils sont charmés de ces fontanges,
Dont la sage diversité
Distingue tous ces petits anges
Assemblés par la charité.

[1] (Sur la tragédie de Racine, *Esther*, pour être représentée à Saint-Cyr (n. du t.).)

Boufflers est un grand général [1],
Pourquoi en dire tant de mal?
Toutes nos dames sont charmées :
A Coudun il fait du fracas [2];
Il conduit fort bien une armée
Quand l'ennemi ne paroît pas.

Quand je vois Boufflers dans un camp
Crier : Tambours, battez aux champs!
Jouez, hautbois! sonnez, trompettes!
Il me paroît plus empêché
Que ne fut aux marionnettes
Jadis le fameux Brioché [3].

Le roi a choisi ce héros
Par-dessus tous les généraux;
Il ne faut pas que l'on s'en plaigne,
Car ce monarque étoit bien sûr
Qu'il feroit mieux devant Compiègne
Qu'il n'avoit fait devant Namur.

La gloire ne fut pas le but
De son pacte avec Belzébuth.
Je crois, chose plus véritable,
Que ce fût l'argent ou l'amour;
Falloit-il se donner au diable
Pour laisser prendre Philisbourg?

[1] [Camp de Compiègne (n. du l.).]
[2] [Coudun, lieu où étoit campé l'armée, près Compiègne (n. du l.).]
[3] Baladin fameux au commencement du règne de Louis XIV; il existe un opuscule peu commun, intitulé : *Le combat de Cyrano de Bergerac avec le singe de Brioché au bout du Pont-Neuf*, 1704.

Boufflers, ennemi du repos,
Recherche la gloire en héros ;
Pour commander il n'est pas bègue ;
Pour frapper il n'est point manchot ;
S'il eût été tel à Nimègue,
On ne l'eût pas nommé Pierrot.

1700. — LÈRE, LALÈRE, LENLA.

Le chevalier de Châtillon
Est un fort aimable garçon ;
Disant cela, l'on ne dit guère ;
Lère, lalère, lenlère, lalère, lenla.

Ce n'est plus la mode à la cour
D'avoir une intrigue d'amour,
Le roi ne songe plus à plaire,
Lère, lalère, lenlère, lalère, lenla.

Que diroit ce petit bossu [1]
S'il se voyoit être cocu
Du plus grand roi de la terre ?
Lère, lalère, lenlère, lalère, lenla.

---

[1] Il s'agit de Scarron, le premier mari de madame de Maintenon. Il avait paru en Hollande, en 1694, un pamphlet intitulé : *Scarron apparu à madame de Maintenon et les reproches qu'il lui fit sur ses amours*. Le gouvernement sévissait avec une extrême rigueur contre les distributeurs de ces libelles ; le 10 novembre 1694, deux malheureux furent pendus à l'occasion d'un écrit sur *l'Ombre de M. Scarron* ; d'autres furent envoyés aux galères ; tous subirent la question ordinaire et extraordinaire. Voir dans le *Manuel du Libraire* de M. J.-Ch. Brunet, 1843, t. IV, p. 217, un extrait du journal manuscrit de l'avocat Ant. Bruneau.

Il diroit que ce conquérant,
S'il a pris, prendra sûrement
Le reste de toute la terre,
Lère, lalère, lenlère, lalère, lenla.

Lorsque Vigean quitta la cour [1],
Les Jeux, les Grâces et les Amours
Entrèrent dans le monastère,
Lère, lalère, lenlère, lalère, lenla.

Les Ris pleurèrent ce jour-là,
Ce jour la beauté se voila
Et fit vœu d'être solitaire,
Lère, lalère, lenlère, lalère, lenla.

On voit écrit dès le matin
Sur la porte de la Quintin :
Impertinence plénière,
Lère, lalère, lenlère, lalère, lenla.

Dans ce temple jadis si saint [1],
Si quelque Dieu est encor craint,
Ce n'est plus celui de nos pères,
Lère, lalère, lenlère, lalère, lenla.

---

[1] Marthe de Vigean, célèbre par sa beauté et sa grâce pudique. Elle fut aimée du grand Condé ; mais cette tendresse vertueuse et pure demeura sans tache. La politique condamna le prince à un mariage qui lui répugnait, et mademoiselle de Vigean entra aux Carmélites de la rue Saint-Jacques. Voir sur cet épisode intéressant l'ouvrage de M. Cousin : *La Jeunesse de madame de Longueville*, 1853, p. 201 et suiv.

[2] [Sur les Jacobins (n. du t.).]
Leur église était, à certaine messe, le rendez-vous du beau monde, et ce n'était pas la piété qui attirait cette foule élégante.

L'enfant qu'on y adoroit,
La mère qu'on y respectoit,
Ont fait place à ceux de Cythère,
Lère, lalère, lonlère, lalère, lenla.

Le Dieu des Amours et des Ris
Y mène sa cour, et Cypris
En fait son premier séminaire,
Lère, lalère, lenlère, lalère, lenla.

Là vous voyez tous les matins
Les coquettes et les catins
Courir pour être des premières,
Lère, lalère, lenlère, lalère, lenla.

Vous voyez maints et maints galants,
Ou par grimace ou par argent,
Y venir mettre leur enchère,
Lère, lalère, lenlère, lalère, lenla.

De Foix, rebut de Polastron,
Y mène avec elle Biron;
La marchandise n'est pas chère,
Lère, lalère, lenlère, lalère, lenla.

La Condé, beauté de renom,
Veut immortaliser son nom
Par une conquête plus fière,
Lère, lalère, lenlère, lalère, lenla.

On la dit parvenue, enfin,
A l'honneur d'être la catin
Du grand ministre de la guerre,
Lère, lalère, lenlère, lalère, lenla,

Sa solide amie la Bertin,
Au cœur loyal et d'esprit fin,
Un nouvel amant cherche à faire,
Lère, lalère, lenlère, lalère, lenla.

1700.

A la fin la mort a mordu
   Le morne roi Guillaume [1],
Qui nous a fait tant qu'il a pu
   Du mal dans ce royaume.
Burnet [2] est sûr de son pardon,
La farirondaine, la farirondon,
Et le met dans le paradis,
    Biribi,
A la façon de Barbari,
    Mon ami.

C'étoit un Guillot le songeur
   D'une mine sournoise,
Qui tramoit toujours en son cœur
   Quelque nouvelle noise;

---

[1] Ces vers furent faits à l'occasion du bruit qui s'était répandu de la mort de Guillaume III, mais cette rumeur, qui fut accueillie avec une joie inconvenante, était prématurée; ce redoutable ennemi de Louis XIV ne rendit le dernier soupir que le 16 mars 1702.

[2] Gilbert Burnet, évêque de Salisbury, mort en 1715; il servit Guillaume avec beaucoup de zèle, et rédigea le manifeste de ce prince lorsqu'il vint renverser Jacques II. Il a laissé, entre autres ouvrages nombreux, l'*Histoire de son temps*, Londres, 1724, 2 vol. in-fol.; le premier volume de cette très-partiale histoire a été traduit en français par de la Pillonière, 1725, 2 vol. in-4°; 1727, 4 vol. in-12.

Il est mort de contrition,
La farirondaine, la farirondon,
　Pleurant pour ses péchés commis,
　　Biribi......

　On a songé que cette mort
　　Donneroit de la joie;
　On l'a mandé dans plus d'un port
　　Et par plus d'une voie;
　Mais nous en rions sans raison,
La farirondaine, la farirondon,
　Car il étoit de nos amis,
　　Biribi......

　Les Hollandois sont délivrés
　　D'une fâcheuse épine,
　Il les avoit tous bien dupés
　　Par sa trompeuse mine;
　Ils gémissoient sous son bâton,
La farirondaine, la farirondon,
　Mais ils vont bien prier pour lui,
　　Biribi......

　L'empereur en a dans le c.;
　　Avec sa noire intrigue
　Il n'auroit pas un quart d'écu
　　Des flatteurs de la ligue;
　Il espère en son roi saxon,
La farirondaine, la farirondon,
　Qui tient tout ce qu'il a promis,
　　Biribi......

　Eugène est fort embarrassé,
　　Sa plainte est apparente,
　Il voudroit être repassé

Sur le chemin de Trente ;
Vendôme est un rude garçon,
La farirondaine, la farirondon,
Qui lui donnera du répit,
Biribi......

1700. — ROBIN TURLURE.

Sous le règne de Louis
Nous n'aurons plus de dorure,
Car il nous a tous réduits,
Turlure,
A nous habiller de bure,
Robin turlure.

Villeroi, quittez le camp;
Tout Paris vous en conjure,
Le triomphe vous attend,
Turlure,
En dépit de la censure,
Robin turlure.

A voir ce grand baudrier,
Croisé sur votre dorure,
Chacun vous croyoit guerrier,
Turlure,
Mais on vous faisoit injure,
Robin turlure.

1701. — JOCONDE.

Princesse, le monde est surpris
Du choix qu'on vous voit faire.

Barbezieux¹ remporte le prix
  Sans mériter de plaire.
Pour moi, je ne m'étonne pas
  De cette préférence;
L'argent a pour vous des appas,
Peu d'autres en ont en France.

1701. — PETITE FRONDE.

Dieu, protecteur de ce royaume,
Qui vient de nous ôter Guillaume,
Veux-tu, par de nouveaux hasards,
Mettre fin à notre misère?
Ote-nous encor Chamillard;
Nous n'aurons plus de souhaits à faire.

Le premier étoit trop habile,
Le second est trop imbécile,
Car, pour le malheur des François,
D'un surintendant l'ignorance
Leur fait plus de mal que vingt rois
Ligués pour abaisser la France.

La Brissac a donc la chimère²,
Pour se distinguer du vulgaire
De se servir d'un cadenas³?
D'où lui vient le droit de le faire?

¹ [Mademoiselle d'Armagnac, duchesse de Valentinois, femme de M. de Barbezieux, secrétaire d'État de la guerre (*n. du t.*).]
² [Mademoiselle de Bechamel, fille de Chamillard (*n. du t.*).]
³ [Femme de M. le duc de Brissac, qui se faisoit mettre à table un cadenas comme celui du roi (*n. du t.*).]

Pour moi, je ne le comprend pas,
S'il ne vient de monsieur son père.

Si le mari, en homme sage,
Du cadenas faisoit usage,
Savez-vous ce qu'il en feroit?
Dans un endroit que je dois taire
Bien promptement il le mettroit,
Car je le crois fort nécessaire[1].

[1] Nous n'avons pas besoin d'insister sur le sens de ce couplet, nous dirons seulement qu'il y a des exemples de l'emploi du cadenas dont parle le chansonnier. Les bibliophiles recherchent beaucoup un livret de l'avocat Freydier, publié en 1750 à Montpellier : *Plaidoyer contre l'introduction des cadenas ou ceintures de chasteté.* Il s'agissait d'un procès tel qu'on n'en a sans doute jamais vu de pareil, entre le sieur Pierre Berle et Marie Lujon, jeune fille de Toulouse qu'il avait séduite et dont il se méfiait beaucoup. On conservait à Venise, au dire de François Misson (*Voyage en Italie*, t. I, p. 217), des ceintures auxquelles François Carrare, gouverneur de Padoue, avait recours, et, tout récemment, un marin hollandais a retrouvé à Java et aux îles voisines un usage auquel Rabelais a fait allusion dans son *Pantagruel*, l. III, ch. 38 (voir le *Voyage aux Moluques* du lieutenant Bondyck Bastiamsen, 1845, p. 124). Brantôme en avait parlé (*Dames galantes*, premier discours). Saint-Amand l'avait rencontré chez les Romains (*Rome ridicule*). Une estampe satirique, où l'on croit découvrir une allusion aux amours d'Henri IV et de la duchesse de Verneuil, et que signale M. Niel (*Portraits du xvie siècle*, douzième livraison), retrace ces ceintures; elles sont également représentées dans une figure qui orne un petit volume fort rare : *l'École des maris jaloux, ou les fureurs de l'amour jaloux*, Neufchâtel, 1698. Nous nous bornons à ces indications purement bibliographiques à l'égard d'un sujet dont nous ne voulons point parler davantage, et nous rappellerons seulement qu'un mot de madame Cornuel, rapporté par madame de Sévigné (lettre du 18 octobre 1679), au

On dit que, dessus la frontière,
Villeroi ¹, imitant Caillière,
Va nous rendre heureux à jamais.
Dieu bénisse son ministère,
Qu'il sache au moins faire la paix
Un peu mieux qu'il n'a fait la guerre.

1701. — NOEL.
Or, nous dites, Marie.

Ces vers sont dirigés contre les casuistes relâchés et contre les jésuites accusés d'être beaucoup trop indulgents au tribunal de la pénitence. Pareilles questions préoccupaient alors fortement les esprits.

Mon père, j'entends dire
Que vous n'ignorez rien ;
Voulez-vous bien m'instruire
Pour être homme de bien ? —
Vous ne saurez mieux faire ;
Quiconque vient à nous,
Nous trouve un cœur de père
Qui se fait tout à tous.

Mais de ma conscience
La situation
M'ôte toute espérance

sujet de madame de Ventadour, montre qu'on croyait à la cour de Louis XIV que des maris jaloux avaient pu s'aviser des préoccupations dont le chansonnier recommande l'emploi au duc de Brissac.

¹ [En 1701, le maréchal de Villeroi commandait en Flandre à la première année de la guerre contre l'Empereur. Elle n'étoit pas encore déclarée contre la Hollande, mais elle arriva par une rupture qui survint en hiver (*n. du t.*).]

De l'absolution. —
Cette terreur est vaine;
Nous ne sommes pas gens
A faire tant de peine
Aux pauvres pénitents.

Si j'ai fait tous les crimes
Qu'on peut imaginer,
Aurez-vous des maximes
Pour me les pardonner? —
On peut souvent mal faire
Sans être criminel,
Et c'est un grand mystère
Que le péché mortel.

Mais j'ai tué mon père
Pour jouir de son bien,
Empoisonné ma mère
Pour qu'elle n'en dît rien;
Une sœur jeune et sage
Evita le poignard;
Mais je lui fis l'outrage
Qu'Amnon fit à Thamar[1].

Tout ce que vous me dites
Est mal, assurément;
Mais savoir s'il mérite
L'éternel châtiment. —
Hé! dites-moi, mon père,
Où avez-vous trouvé

---

[1] Ce trait de l'histoire des Hébreux, raconté dans la Bible (IIe livre des *Rois*, ch. 13), est trop connu pour qu'il soit nécessaire d'en parler.

Qu'on puisse si mal faire
Sans être réprouvé ?

Ce n'est qu'à nos écoles
Qu'on apprend ce secret.
Je vais, en trois paroles,
Vous expliquer le fait ;
Mais, pour vous en instruire,
Ouvrez-moi votre cœur,
Car je veux vous conduire
En sage directeur.

Dites-moi donc, mon frère,
Quand vous avez péché,
Avez-vous cru rien faire
Dont le ciel fût fâché ? —
Je n'avais rien en tête,
Que mon ambition,
Et je suivois en bête
Une folle passion.

Tant mieux, Dieu ne s'offense
Que quand on songe à lui ;
Qu'heureuse est l'ignorance
Des pécheurs d'aujourd'hui ! —
Mais, mon père, j'estime,
Qu'en violant sa loi,
J'attirois par mon crime
Son courroux contre moi.

Que je suis un coupable
Dont j'ai moi-même horreur,
Un pécheur détestable
Digne de sa fureur. —

Vous vous trompez vous-même
Par cette humilité;
La grâce du baptême
Ne vous a point quitté.

Aurois-je encor la grâce,
Après tant d'attentats?
Qu'est-ce donc qui la chasse
Du cœur des scélérats? —
C'est ici le mystère
Qu'il faut bien remarquer;
Écoutez-moi, mon frère,
Je vais vous l'expliquer.

Péché philosophique
Ne blesse point les mœurs;
Le seul théologique
Peut corrompre les cœurs;
Mais ce n'est une offense
Et ce n'est un péché
Qu'autant qu'à Dieu l'on pense
En faisant le péché.

Pour le philosophique,
Il n'est jamais mortel;
On seroit hérétique
Si l'on le croyoit tel;
Jamais il ne vous ôte
L'amour du Créateur;
Ce n'est pas une faute
Digne d'un tel malheur.

Il est vrai qu'il s'oppose
A l'ordre naturel,

Mais jamais il ne cause
Le malheur éternel ;
Il a son injustice,
Et c'est toujours un mal ;
Mais c'est un simple vice
Et un péché moral.

Quand on a la pensée
Du souverain Seigneur,
Alors c'est chose aisée
D'offenser sa grandeur ;
Il faut, pour une offense,
Violer librement
La loi qui fait défense
D'agir injustement.

La liberté suppose
Qu'avec discernement,
A Dieu même on s'oppose
Malgré son mouvement.
Il est donc tout visible,
Qu'en tout temps, qu'en tout lieu,
Le crime est impossible
Si l'on ne songe à Dieu.

Mais l'Église et les Pères
Nous disent-ils cela ?
Ne sont-ils point contraires
A ces principes-là ? —
Les Pères, malhabiles,
N'ont jamais bien cherché,
Non plus que l'Évangile,
Ce qui fait le péché.

Cette gloire étoit due
Aux Pères de Dijon ;
Thèse fut soutenue
Sans opposition. —
Je n'ai donc rien à craindre
Des crimes que je fais ;
Je vais, sans me contraindre,
Passer mes jours en paix.

Je me trompois moi-même
Par ma simplicité ;
La grâce du baptême
Ne m'a jamais quitté. —
Voyez quelle est l'estime
Que vous nous devez tous,
Puisqu'il n'est point un crime
Qui tienne contre nous.

1702. — BRANLE.

Affaire de Crémone.

Que dit Louis, notre grand roi,
Du maréchal de Villeroi ?
O reguingué, ô lonlenla !
Il dit que c'est un habile homme,
S'il en est de Paris à Rome.

Il joue savamment tous les jeux ;
A tous les jeux il est heureux,
O reguingué, ô lonlenla !
Hors celui qu'on nomme bataille,
Il n'y fait jamais rien qui vaille.

A présent, que deviendra-t-il,
Ce général si bien bâti?
O reguingué, ô lonlenla!
Il ira faire la guerre aux belles,
Car il n'a du cœur que pour elles.

1702. — ROCHELOIS.

Affaire de Crémone.

Villeroi, dans votre malheur,
Vous pouvez vous combler d'honneur;
Satisfaites votre vengeance,
Nous délivrant du Chamillard;
Vous aurez plus fait pour la France
Que ni Vendôme, ni Villars.

Tessé, Tallard et Villeroi
Ont asez bien servi le roi;
Ils méritent pour récompense
Que l'on leur casse sur le dos
Les bâtons qu'autrefois la France
Leur donna fort mal à propos.

A Chiari si Villeroi
A perdu les troupes du roi,
S'il s'est laissé prendre à Crémone,
Enfin s'il a mal réussi,
Pourquoi s'en prendre à sa personne?
La faute est à qui l'a choisi.

Mais un coup heureux et hardi
Vient de nous délivrer de lui;
Dieu! qu'il nous a sauvé de peines!

Et qu'avons-nous à désirer,
Si ce n'est que le prince Eugène
Veuille garder son prisonnier?

L'armée en perdant Villeroi
N'en est pas plus en désarroi;
Au contraire, comme on le mande,
C'est du sort un vrai coup d'ami;
Sitôt que tout autre commande,
On vient à bout de l'ennemi.

Que le perfide Savoyard
S'unisse avec le Camisard,
Que tous les peuples en gémissent,
Pourvu que j'aie beaucoup d'argent,
Et que les carpes s'ébaudissent,
Tout cela m'est indifférent.

Qu'il soit mourant, qu'il soit guéri [1];
Qu'il soit amant, qu'il soit mari
De sa Chimène décrépite;
Qu'il soit vaillant ou fainéant;
Qu'il soit dévot ou hypocrite,
Tout cela m'est indifférent.

Surtout qu'elle soit chaste ou non,
Dévote ou sans religion;
Qu'elle soit épouse ou maîtresse,
Par art ou naturellement;
Qu'elle soit Ninon ou Lucrèce,
Tout cela m'est indifférent.

[1] [Sur Louis XIV (*n. du t.*).]

Quand le prince Eugène la nuit
Surprend Crémone à petit bruit,
Chacun en lui croit voir Ulysse,
Qui, d'un cheval de bois sortant,
Fait plus d'effet par sa malice
Que deux cent mille combattants.

Pour moi, dit un très-grand plaisant,
Je le compare au roi Priam ;
N'a-t-il pas fait même sottise ?
Car, prenant notre général,
Il perd la ville qu'il a prise,
Et ne garde qu'un grand cheval.

La perte d'un combat naval
A fait Tourville maréchal ;
Boufflers, qui Namur laissa prendre,
En est devenu duc et pair ;
A quel honneur peut donc prétendre
Villeroi qu'on a pris sans vert ?

De Paul, qui règne dans les cieux,
Vous tenez la place en ces lieux ;
Le même zèle vous embrase,
Vous portez son illustre nom [1] ;

---

[1] [Paul Godet, évêque de Chartres, grand ami de la Maintenon (*n. du t.*).] Ce prélat, mort le 26 septembre 1709, n'abusa jamais de son crédit sur la femme toute puissante qui le consultait sans cesse, et il se distingua par sa charité et par le zèle infatigable qu'il apporta dans l'exercice de ses devoirs. Saint-Simon, qui loue si rarement, n'a pu lui refuser des éloges. M. de Bausset a dit de lui dans son *Histoire de Fénelon* : « Il prêchait souvent et ne plaisait pas, mais il convertissait. »

Sans contredit, il est le vase,
Vous le godet de l'élection.

1702. — TRIOLETS.

Affaire de Crémone [1].

En nous enlevant Villeroi,
Qu'a prétendu le prince Eugène?
Pouvoit-il mieux servir le roi
Qu'en nous enlevant Villeroi?
Il croyoit nous remplir d'effroi;
Mais il nous a tiré de peine.
En nous enlevant Villeroi,
Qu'a prétendu le prince Eugène?

Catinat ne valoit plus rien,
Il n'avoit plus la tête bonne,
Et Villeroi, qui sait fort bien
Que Catinat ne valoit rien,
Quitte la Flandre, puis s'en vient
Perdre une bataille qu'il donne.
Catinat ne valoit plus rien,
Il n'avoit plus la tête bonne.

Ah! voyez comme Villeroi
Vient de battre le prince Eugène!

---

[1] La surprise de Crémone, coup de main hardi tenté par les Impériaux, et qui se termina par leur retraite et par la capture du commandant des Français, fit pleuvoir sur Villeroi une multitude de chansons. Nous n'en citerons qu'un échantillon de peu d'étendue et qui, d'ailleurs, suffit pour faire apprécier ces pièces satiriques. Quelques autres sont rapportées dans les notes qui accompagnent la *Correspondance de Madame, duchesse d'Orléans*, 1855, t. I, p. 18.

Voyez comme partout l'effroi
S'augmente au nom de Villeroi;
Voyez comme il sert bien son roi;
Voyez donc ce grand capitaine!
Ah! voyez comme Villeroi
Vient de battre le prince Eugène!

Gardez-le bien, ce général,
Puisque vous l'avez voulu prendre;
Pour nous consoler de ce mal,
Gardez-le bien, ce général;
Puissiez-vous prendre son égal
Qui conduit nos troupes en Frandre.
Gardez-le bien, ce général,
Puisque vous l'avez voulu prendre.

Pour réussir dans ce grand coup,
Eugène prend une lanterne,
Entre le premier dans l'égout,
Pour réussir dans ce grand coup,
Ayant la merde jusqu'au cou,
Va jusqu'au fond de la caverne.
Pour réussir dans ce grand coup,
Eugène prend une lanterne.

Admirez l'étoile du roi;
Son ennemi pour lui travaille,
Eugène lui prend Villeroi.
Admirez l'étoile du roi,
Depuis qu'il l'a mis dans l'emploi,
Jamais il ne fait rien qui vaille.
Admirez l'étoile du roi,
Son ennemi pour lui travaille.

Sans avoir l'ordre du bureau,
Voyez de quoi nos gens s'avisent :
Revel s'est battu comme il faut
Sans avoir l'ordre du bureau ;
Praslin jette le pont dans l'eau ;
Voyez un peu quelle sottise !
Sans avoir l'ordre du bureau,
Voyez de quoi nos gens s'avisent.

Vendôme, le reste d'Henri,
Est donc parti pour l'Italie ;
Il est soldat prudent aussi ;
Vendôme, le reste d'Henri,
Aimé, respecté et chéri,
Sans passion, sans jalousie ;
Vendôme, le reste d'Henri,
Est donc parti pour l'Italie.

Braves François, ce grand héros
N'entreprend rien à la légère ;
Il ne décide qu'à propos.
Braves François, ce grand héros,
Débrouille aisément le chaos
Des plus fines ruses de guerre.
Braves François, ce grand héros
N'entreprend rien à la légère.

Ne regrettez point Villeroi,
Ni son orgueilleuse figure ;
Il tient trop fort son quant à moi ;
Ne regrettez point Villeroi,
Son mérite est de faux aloi ;
Il n'est bon que pour la parure.

Ne regrettez point Villeroi,
Ni son orgueilleuse figure.

Gardez-le bien, chers Allemands,
Pour peu que la prise vous charme ;
C'est un matamore des plus grands,
Gardez-le bien, chers Allemands.
Nos autres chefs bien plus vaillants
Seront sans crainte, sans alarmes.
Gardez-le bien, chers Allemands,
Pour peu que la prise vous charme.

Dans le moment de l'action,
Tout secondoit vos espérances ;
Nos postes pris en faction
Dans le moment de l'action,
Ce n'étoit que confusion ;
Crénant fut blessé sans défense ;
Dans le moment de l'action,
Tout secondoit vos espérances.

Mongont, comme un autre Annibal,
Sans s'étonner de la surprise,
Combattoit à pied, à cheval,
Pour délivrer son général.
A son grand cœur trop martial
Vous devez sûrement la prise.
Mongont, comme un autre Annibal,
Sans s'étonner de la surprise.

Il vous souviendra de Praslin
A qui la prudence ressemble ;
Il sut détourner le chemin.
Il vous souviendra de Praslin,

Qui vous épargne le chagrin
De passer sur un pont qui tremble;
Il vous souviendra de Praslin
A qui la prudence ressemble.

Du courage de Firmacon
Vous avez fait l'expérience;
Tout trembloit au seul bruit du nom,
Du courage de Firmacon.
Défiez-vous-en, c'est un dragon
Qui sait punir qui nous offense.
Du courage de Firmacon
Vous avez fait l'expérience.

Pour conserver le Milanois
A son unique et jeune maître,
Un petit nombre d'Irlandois,
Pour conserver le Milanois,
Fut à la charge tant de fois,
Qu'il vous fit bientôt disparoître,
Pour conserver le Milanois
A son unique et jeune maître.

1702. — PIERRE BAGNOLET.

Affaire de Crémone.

La tête tourne au prince Eugène,
Il n'entend plus ses intérêts;
Le grand Villeroi qu'il emmène
Lui promettoit d'heureux succès.
  Oh! le benêt!
  Oh! le benêt!
Qui trouve en tête un tel capitaine,
Doit le laisser au lieu qu'il est.

1702. — DONS, DONS.

Alors que les Hollandois brûlèrent les galions qui étoient à Vigo, sous le commandement du comte de Châteaurenault [1].

Dès que la riche flotte
Du grand Châteaurenault
Eut abordé la côte,
Louis chanta tout haut :
Courage, mes enfants, nous avons la pécune !
Avec les galions, don, don,
Les grands trésors sont là, la ! là !
Quelle heureuse fortune !

C'est sur cette nouvelle
Que chacun fit soudain
Compliment avec zèle
A l'heureux Pontchartrain [2] :
D'abord il accourut, avec son œil de verre,
Dire à la Maintenon, don, don,
Que cet argent fera, la, la,
Succomber l'Angleterre.

Si jamais joie fut vive
Ce fut à ce coup-là ;
Mais enfin il arrive

[1] Châteaurenault, vice-amiral ; on peut voir, dans Saint-Simon, t. VI, p. 170, le récit de l'affaire de Vigo ; malgré cet échec, Châteaurenault fut nommé maréchal de France ; il devint plus tard lieutenant général de Bretagne et cordon bleu, et mourut à quatre-vingts ans. Consulter sur son compte les *Mémoires* précités, t. VI, p. 259, t. XXVII, p. 41.

[2] [Ponchartrain, secrétaire d'État de la marine, étoit borgne ; il avoit un œil de verre (N. du t.).]

Un courrier qui cria :
Voici sous Pontchartrain autre échec à la France :
Ce maudit duc d'Ormond, don, don,
A Vigo se fourra, la, la ;
Tout est en sa puissance !

Ce duc, bouillant de rage,
S'empara de nos forts,
S'étant fait un passage
Malgré nos vains efforts ;
Ensuite à nos vaisseaux le feu brillant sur l'onde
Fit croire aux galions, don, don,
Que c'étoit enfin là, la, la,
La triste fin du monde.

Mais l'amiral de France
Ne parut pas si fier,
Car, perdant l'espérance
De briller sur la mer,
Il s'écria : Morbleu ! les dieux Mars et Neptune
Sont pour le duc d'Ormond, don, don ;
Ce César armera, la, la,
Contre nous la fortune.

Le cardinal Noailles
Excommunia d'abord,
Au milieu de Versailles,
Ce valeureux milord ;
Au lieu de *Te Deum* il chanta sans musique :
Peste du duc d'Ormond, don, don ;
Que diable a-t-il fait là, la, la,
Ce maudit hérétique ?

Roquelaure s'écrie :
Vivent les pèlerins

            Qui peuvent en leur vie
            Faire éloge des saints!
Si le ciel à ce duc a paru si propice,
            C'est que son bon patron, don, don,
            A voulu qu'il vînt là, là,
            Pour le voir en Galice.

            Hé! pourquoi tant écrire
            Vous, Cambrai¹, et vous, Meaux²
            Quand on n'a rien à dire
            De bon ni de nouveau³?
Il vaudroit beaucoup mieux prier, gémir, se taire,
            Se mettre en oraison, don, don,
            Que de mettre *à quia*, la, la,
            Votre sacré confrère.

            Laissez juger à Rome
            Sans vous tant déchaîner;
            Le pape est un saint homme
            Et ne sauroit errer;
Que tous vos sentiments soient soumis à l'Église,
            Car tout votre jargon, don, don,
            Fait que l'on dit déjà, la, la :
            Bon Dieu, quelle sottise!

            Vous êtes en colère
            Tous deux également,
            Et vous faites une affaire
            D'un faux raisonnement;
Attachez-vous plutôt à vos deux diocèses;

¹ [M. de Fénelon, archevêque de Cambray (*n. du t.*).]
² [M. de Bossuet, évêque de Meaux (*n. du t.*).]
³ [Ils écrivirent aigrement l'un contre l'autre (*n. du t.*).]

Vous verrez tout de bon, don, don,
Que chacun oubliera, la, la,
 Aussitôt vos fadaises.

L'archiduc en campagne [1],
Comme un autre Jason,
S'embarque pour l'Espagne
Pour voler la Toison ;
Mais de ce grand dessein qui pourra lui répondre ?
Jamais le grand Bourbon, don, don,
Ni les princes qu'il a, la, la,
 Ne se sont laissés tondre.

Tout ainsi qu'en Égypte,
Ce méchant Pharaon,
Au peuple israélite
Marcha en furibond,
Les appelant larrons voulant lui faire outrage ;
Pour sa punition, don, don,
Dans l'onde il se noya, la, la,
 Avec son équipage.

C'est ici la figure
Des crapauds hollandois,
Qui vouloient faire injure
Aux généreux François,
Croyant pour cette fois s'emparer de l'Espagne ;
De ces buveurs d'houblon, don, don,
Personne n'en veut là, la, la,
 Pas même les montagnes.

Les vents et les tempêtes
Les ont tous submergés ;

[1] [L'archiduc Charles (*n. du t.*).]

Voulant lever la crête,
Ils ont été baignés.
Malheureux révoltés, pourquoi faire la guerre
A un prince si bon, don, don?
On vous repoussera, la, la,
Jusqu'à vos grenouillères.

L'Océan en furie
Inonde vos maisons;
Tout le monde s'enfuie
Et gagne les donjons.
Ils croyoient, ce dit-on, se sauver à la nage;
Mais les pauvres plongeons, don, don,
Qu'on croyoit à Bréda, la, la,
Sont dedans le naufrage.

Quelque chien en sa rage
Vous avoit-il mordus?
Pourquoi de ce breuvage
En avez-vous tant bu?
Vous étiez bien goulus d'en remplir vos bedaines;
Il n'est bon qu'aux poissons, don, don,
Comme nés de cela, la, la;
Regardez vos baleines.

Pourquoi dans vos contrées
Êtes-vous si mutins
De lever des armées
Contre tous vos voisins?
Allez, beaux dieux marins, dans la sombre demeure
A table chez Pluton, don, don;
On vous y servira, la, la,
Sans fromage et sans beurre.

C'est pour la récompense
De vos impiétés
Que la toute-puissance
Vous a ainsi traités.
Si vous êtes brûlés, c'est suivant vos mérites;
Démons, point de pardon, don, don;
Grillez ces gaillards-là, la, la,
Comme des carpes frites.

Dessus une éminence,
Charles les contemploit,
Et perdant patience,
Dans son cœur enrageoit.
Hélas! quel désarroi pour la triple alliance,
Pour la succession, don, don!
La prenne qui voudra, la, la,
Je pars en diligence.

Dites-moi, je vous prie,
Pourquoi vous embarquer?
C'étoit pure folie
De ne point hiverner
C'est pour vous châtier qu'il est parti pour Vienne.
Chassez ce mirmidon, don, don;
Qu'il aille à son papa, la, la,
Demander des étrennes.

1702. — ROBIN TURLURE.

Malgré tous vous grands projets,
Charles[1], j'ai fait la gageure

---

[1] [Sur l'archiduc Charles (*n. du t.*).]

Que vous ne serez jamais,
Turlure,
Roi d'Espagne qu'en peinture,
Robin turlure.

Vous serez dans vos combats
Toujours en déconfiture,
Et vous ne gagnerez pas,
Turlure,
De vos portraits la bordure,
Robin turlure.

1702. — AIMABLE VAINQUEUR.

Au commencement de 1702, lorsque le Roi fit M. Chamillard secrétaire d'État de la guerre à la place de M. de Barbezieux qui venoit de mourir cette année.

Heureux Chamillard,
Qu'un coup de billard
A mis dans la France
Sur notre finance,
Par un coup d'hasard.
Tu es sur la terre
Le dieu de la guerre;
N'est-ce point, bâtard,
Tu n'as qu'à vouloir,
Sans supercherie,
De la loterie
Le lot le plus noir?
Il te viendra
Quand il te plaira ;
Mais dans l'abondance,
Crains la décadence,

Il te souviendra
Que l'écureuil ¹
Qui régnoit sur la France
Est dans le cercueil.

1702. — JOCONDE.

Pour avoir au dieu de l'amour
   Trop su marquer son zèle,
Barbezieux ² a perdu le jour
   D'une façon cruelle ;
Si le clairvoyant Pontchartrain
   Trouvoit quelque Nanette
Qui le menât le même train,
   O la belle défaite !

Pourquoi vous scandalisez-vous,
   Carcé ³, de ma livrée ?
Nos amants ont le même goût,
   Nous même destinée ;
Vous ni moi n'entrons dans les frais,
   Il n'y va rien du nôtre :
Un duc ⁴ habille mes laquais,
   Un Suisse ⁵ a soin des vôtres.

¹ [M. Fouquet, intendant des finances ; ses armes sont un écureuil (n. du t.).]
² [Sur la mort de M. de Barbezieux, secrétaire d'État (n. du t.).]
³ [La Carcé se plaignoit de ce que la Nangis, fille d'Opéra, entretenue par le duc d'Ossonne, avoit pour ses gens des habillements semblables aux siens (n. du t.).]
⁴ [Le duc d'Ossonne (n. du t.).]
⁵ [Hoquère, banquier suisse (n. du t.).]

1690. — SUR LE ROI.

Que Marly toujours l'occupe
Par les soins de ses jardins,
Et qu'il soit toujours la dupe
Des bigots et des catins;
Dieu, quel avenir sinistre!
Sans général, sans ministre;
Je me ris de son destin,
Pourvu que j'aie du vin.

Que Conti toujours murmure
De n'être pas général,
Qu'avec aigreur il censure
Ce qu'il feroit bien plus mal,
Qu'au gré de tout le royaume,
Louis n'accorde pas Vendôme;
Je me ris de son destin,
Pourvu que j'aie du vin.

1703. — RAMONEURS.

Lorsque le duc de Savoie quitta le parti des deux rois pour prendre celui des alliés.

Ramoneurs que l'indigence
Presse de venir en France,
Restez dans vos froids climats;
Ramonez-ci, ramonez-là,
    La, la, la, la,
La cheminée du haut en bas.

Nous avons au cœur la rage
Contre votre duc volage;

C'est le plus grand des ingrats ;
Ramonez-ci, ramonez-là,
  La, la, la, la,
La cheminée du haut en bas.

On a fait monter sa fille
Sur le trône de Castille [1],
Sans y porter trois ducats ;
Ramonez-ci, ramonez-là,
  La, la, la, la,
La cheminée du haut en bas.

Loin de montrer pour son gendre
Un amour fidèle et tendre,
Il en use en vrai Judas ;
Ramonez-ci, ramonez-là,
  La, la, la, la,
La cheminée du haut en bas.

Quand il reçut nos pistoles,
Il nous donna des paroles,
Mais l'effet ne suivit pas ;
Ramonez-ci, ramonez-là,
  La, la, la, la,
La cheminée du haut en bas.

Les alliés, par leur brigue,
L'embarquent dans leur intrigue ;
Il a fait un vilain pas ;
Ramonez-ci, ramonez-là,

---

[1] La seconde fille du duc de Savoie, sœur de la duchesse de Bourgogne, avait épousé Philippe V ; le duc se rangeait du côté des ennemis de ses deux gendres.

La, la, la, la,
La cheminée du haut en bas.

Pour le mettre dans la chaîne,
On devoit lui livrer Gênes;
Il mord à ce doux appas;
Ramonez-ci, ramonez-là,
La, la, la, la,
La cheminée du haut en bas.

Pour un trône imaginaire,
Qu'on lui promet, qu'il espère,
Il trahit deux potentats;
Ramonez-ci, ramonez-là,
La, la, la, la,
La cheminée du haut en bas.

Au dire de la gazette,
Après la jonction faite,
Il fut tombé sur nos bras;
Ramonez-ci, ramonez-là,
La, la, la, la,
La cheminée du haut en bas.

Avec une grosse troupe,
Il devoit nous prendre en croupe;
Quel étoit notre embarras!
Ramonez-ci, ramonez-là,
La, la, la, la.
La cheminée du haut en bas.

A son exemple Lisbonne
Notre intérêt abandonne;
Il servit aux scélérats;

Ramonez-ci, ramonez-là,
    La, la, la, la,
La cheminée du haut en bas.

Avec de belles fumées,
L'empereur fait des armées ;
Il trouve chefs et soldats ;
Ramonez-ci, ramonez-là,
    La, la, la, la,
La cheminée du haut en bas.

En voulez-vous une marque ?
Pour ce nom seul de monarque
Brandebourg vole aux combats ;
Ramonez-ci, ramonez-là,
    La, la, la, la,
La cheminée du haut en bas.

Sur une fausse apparence,
On a débauché Bragance ;
Le Savoyard est relaps ;
Ramonez-ci, ramonez-là,
    La, la, la, la,
La cheminée du haut en bas.

Pour envahir des royaumes,
Tous deux chanteroient les psaumes[1],
Et se feroient renégats ;
Ramonez-ci, ramonez-là,
    La, la, la, la,
La cheminée du haut en bas.

---

[1] Ce qui signifie que le roi de Portugal et le duc de Savoie embrasseraient le protestantisme si leur ambition devait y trouver son compte.

Le petit duc de Savoie
Attend une grosse proie,
Mais il n'en tâtera pas ;
Ramonez-ci, ramonez-là,
  La, la, la, la,
La cheminée du haut en bas.

Il doit borner sa fortune
A se voir roi de la lune,
C'est là l'empire des fats ;
Ramonez-ci, ramonez-là,
  La, la, la, la,
La cheminée du haut en bas.

Vendôme, à la main hardie,
Pour punir sa perfidie,
Est entré dans ses États ;
Ramonez-ci, ramonez-là,
  La, la, la, la,
La cheminée du haut en bas.

Sa pourpre, vaille que vaille,
Sera mise en prétintaille,
Et peut-être en falbalas ;
Ramonez-ci, ramonez-là,
  La, la, la, la,
La cheminée du haut en bas.

Le sceptre dont on le flatte
N'est rien qu'un morceau de latte
Ou quelque vieil échalas ;
Ramonez-ci, ramonez-là,
  La, la, la, la,
La cheminée du haut en bas.

Sa couronne plus fragile,
Que n'est un morceau d'argile,
S'en va tomber par éclats ;
Ramonez-ci, ramonez-là,
　　La, la, la, la,
La cheminée du haut en bas.

En enlevant sa dépouille,
Nos gens lui chanteront pouille,
Criant avec grand fracas :
Ramonez-ci, ramonez-là,
　　La, la, la, la,
La cheminée du haut en bas.

Ils crieront par moquerie :
C'est le roi de Ligurie,
Il n'a ni souliers ni bas ;
Ramonez-ci, ramonez-là,
　　La, la, la, la,
La cheminée du haut en bas.

Ils l'amèneront dans les Gaules,
La perche dessus l'épaule,
Pour crier la mort aux rats ;
Ramonez-ci, ramonez-là,
　　La, la, la, la,
La cheminée du haut en bas.

De sa triste destinée
On parlera cette année
Dans les nouveaux almanachs ;
Ramonez-ci, ramonez-là,
　　La, la, la, la,
La cheminée du haut en bas.

Ainsi nous traitons les traitres,
Les ramoneurs et leur maître,
Et ceux qui sont dans ce cas;
Ramonez-ci, ramonez-là,
La, la, la, la,
La cheminée du haut en bas.

1703.

Dis-moi, mon cher Avertigni,
Où sont les catins de la ville ?
Dans le Marais La Bois-Landri[1],
La Thorigny loge dans l'île[2],
Du Roure[3] et Polignac[4] au faubourg Saint-Germain,
A Saint-Roch la Saint-Quentin.

Chez la Portsmouth[5] et la Bouillon,
On en trouve de toute espèce;
Parmi les p....ns de renom[6],
La de Nesle emporte la pièce.
Avec de l'argent ne crains point de rival,
Dieu te garde de mal.

---

[1] [Mademoiselle Turgot de Saint-Clair, femme de Bois-Landry (*n. du t.*).]

[2] [La présidente de Thorigny (*n. du t.*).]

[3] [La comtesse du Roure (*n. du t.*).]

[4] [Mademoiselle de Rambure, femme du comte de Polignac, frère du cardinal (*n. du t.*).] Les auteurs du temps, Saint-Simon, entre autres, donnent la plus fâcheuse opinion des mœurs de cette dame. La duchesse d'Orléans, mère du régent, s'exprime à cet égard, dans plusieurs endroits de sa *Correspondance*, avec sa crudité habituelle.

[5] [Mademoiselle de Kerouailles, duchesse de Portsmouth (*n. du t.*).]

[6] [Madame de Nesle, morte depuis de la petite vérole (*n. du t.*).]

La Du Roure ¹ et la Chambonneau ²
D'un Savoyard ³ sont les mignonnes,
Qui, plus vigoureux qu'un moineau,
Sait satisfaire deux personnes :
L'une le tient le jour, l'autre le tient la nuit
    Dans l'amoureux déduit.

Songer à tromper son époux
Par une feinte jalousie,
Vouloir en imposer à tous
Par une fausse prudhomie;
Un mérite pareil n'est pas enseveli.
    Adieu, belle d'Igny ⁴ !

1703. — BRANLE DE METZ.

De l'objet le plus bizarre,
Du corps le plus contrefait ⁵,

---

¹ [Mademoiselle de la Force, comtesse du Roure (*n. du t.*).]

² [Mademoiselle de Chambonneau, fille de condition de Poitiers (*n. du t.*).]

³ [Le prince Philippe de Savoie, frère du prince Eugène (*n. du t.*).]

⁴ [D'Igny, colonel de Touraine, fils d'un homme d'affaires; sa femme étoit fille d'un exempt des gardes du corps (*n. du t.*).]

⁵ [Sur le duc de Ventadour, par Vitrac, de l'Académie de Montpellier (*n. du t.*).]
Le duc de Ventadour, très-laid, très-contrefait, mais plein d'esprit et de valeur, mena une vie fort obscure et fort débauchée. Sa femme, Charlotte-Éléonore-Madeleine de la Mothe-Houdancourt, se rendit célèbre à la cour de Louis XIV par sa beauté et par sa galanterie. On peut lire ce que dit madame de Sévigné de ce mariage et de la séparation des deux époux; nous avons indiqué le mot de madame Cornuel sur le bruit qui courut de

J'entreprendrai le portrait
Si mon pinceau ne s'égare ;
Je n'en dirai pas le nom,
Sa bosse nous le déclare ;
Je n'en dirai pas le nom,
Or écoutez ma chanson.

De la bouche de ce faune,
D'un gnome le rejeton,
Il coule sur son menton
Une bave épaisse et jaune ;
Je n'en dirai pas le nom,
Sa maison est à Charonne ;
Je n'en dirai pas le nom,
Or écoutez ma chanson.

Il est parent d'un grand prince [1] ;
Son père jusqu'à la fin
Gouverna le Limousin [2],
Quoique d'un esprit fort mince,
Je n'en dirai pas le nom
Son titre est dans la province ;
Je n'en dirai pas le nom,
Or écoutez ma chanson.

l'étrange moyen employé par le duc pour soustraire sa femme aux empressements de nombreux adorateurs : « Il a mis un bon Suisse à la porte. » Le duc mourut en 1717 ; la duchesse fut gouvernante de Louis XV.

Voir les *Lettres* de madame de Sévigné, 27 janvier 1671, 11 septembre 1676, 18 octobre 1710, et les *Mémoires* de Saint-Simon, t. VII, p. 80 et 187, lequel signale Villeroi comme « le plus que très-intime ami de la duchesse dès leur jeunesse. »

[1] [Le prince de Condé (*n. du t.*).]

[2] [Le duc de Ventadour, le père, était gouverneur du Limousin (*n. du t.*).]

Sa femme, par sa prudence [1],
L'a quitté depuis vingt ans,
N'a souffert que trop longtemps
Son importune présence;
Je n'en dirai pas le nom,
Elle a soin des fils de France;
Je n'en dirai pas le nom,
Or écoutez ma chanson.

Dans une illustre famille
Il a porté tout son bien
Sans se garder presque rien,
Pour qu'on accepte sa fille;
Je n'en dirai pas le nom,
Elle porte une béquille;
Je n'en dirai pas le nom,
Or écoutez ma chanson.

De la boîte de Pandore
Il est sorti moins de maux
Que n'enferme de défauts
Ce magot que l'on abhorre;
Je n'en dirai pas le nom,
La Fillon [2] est son aurore;
Je n'en dirai pas le nom,
Or écoutez ma chanson.

Ses impudiques manières
L'ont fait chasser de la cour;
Aux plus braves en amour
Il tailloit des croupières;

---

[1] (Madame de Ventadour, gouvernante des enfants de France (*n. du t.*).)
[2] (La Fillon étoit sa maîtresse (*n. du t.*).)

Je n'en dirai pas le nom,
Il est peint aux tabatières [1] ;
Je n'en dirai pas le nom,
Or écoutez ma chanson.

Cette âme pleine de crasse,
Dont le corps est le miroir,
Marque ce qu'elle a de noir
Dans cette vilaine glace ;
Je n'en dirai pas le nom,
Dans Salem [2] était sa race ;
Je n'en dirai pas le nom,
Or écoutez ma chanson.

Il a d'un singe la mine ;
Pire que n'est un démon ;
Du père de Salomon
Il tire son origine [3] ;
Je n'en dirai pas le nom,
La Vierge étoit sa cousine ;
Je n'en dirai pas le nom,
Or écoutez ma chanson.

Quoique celui que je drape
Doive en être bien fâché,
Je ne me suis point caché ;
Que m'importe qu'il m'attrape ?
Il peut deviner mon nom

---

[1] [On vendoit des tabatières à la cour où il étoit peint en satyre (n. du t.).]

[2] [Salem, ville de Judée (n. du t.).]

[3] [Le nom de la maison de Ventadour est Lévy (n. du t.).] Cette famille prétendait, en effet, descendre des patriarches hébreux et des rois de Judée.

Dont la fin forme un pape,
Il peut deviner mon nom
Par la fin de ma chanson.

1703. — NOEL.

Où s'en vont ces gais bergers?

Notre roi Ludovicus
Que tout le monde honore,
Pour secourir Philippus,
Tout notre bien dévore;
Où sont allés tous nos écus?
Les verrons-nous encore?

1703. — PETITE FRONDE.

On peut, sans être satirique,
Trouver ce règne assez comique :
Voyez cette sainte pu...n [1]
Comme elle conduit cet empire;
Si nous n'en mourions pas de faim,
Nous pourrions en mourir de rire.

Est-ce une si grande merveille
Que le neveu du grand Corneille [2]
Puisse lui ressembler si peu?
Ce n'est pas une chose sûre
Que l'on renaisse en son neveu;
Pinchesne [3] l'étoit de Voiture.

---

[1] [Madame de Maintenon (*n. du t.*).]
[2] [Fontenelle, de l'Académie des sciences, neveu du grand Corneille (*n. du t.*).]
[3] [Pinchesne, neveu du grand Voiture (*n. du t.*).] et

Jamais Numa sans Égérie
N'eût réussi en Italie,
Ni Mahomet sans son pigeon;
Racine écrira dans l'histoire
Que, sans la sage Maintenon,
Le grand Louis seroit sans gloire.

Est-ce une nymphe? est-ce une fée?
Seroit-ce une femme trop aimée?
Le cas n'est pas bien évident;
Mais qu'une aussi vieille femelle
Mène par le nez son amant,
Il faut que le diable s'en mêle.

1704. — PETITE FRONDE.

Dans le cours de mon hyménée,
Avec mon époux renfermée [1],
J'admirois ses doctes écrits;
Mais par Massillon dirigée,
Sur les infiniment petits
Je suis enfin désabusée.

après sa mort, éditeur de ses Œuvres; il n'avait aucun mérite littéraire; la postérité n'a pas conservé à son oncle le rang beaucoup trop élevé auquel ses contemporains le placèrent.

[1] Charlotte de Romilley de la Chenelaye, femme de Guillaume-François, marquis de l'Hôpital, né en 1661, mort en 1704, mathématicien de premier ordre; son *Analyse des infiniment petits*, Paris, 1696, in-4°, fit une révolution dans les sciences et donna les premières notions exactes sur le calcul différentiel et sur la haute analyse. Quant à l'inculpation contenue dans ces vers, nous la regardons comme une de ces calomnies qui sont loin d'être rares dans les *Chansonniers*.

1704.

Air : *du bois de Boulogne.*

Le grand-duc de Bretagne est né [1];
Que cet empire est fortuné,
Et qu'on doit chérir la besogne
De monsieur le duc de Bourgogne !

Dans le moment qu'il vit le jour,
Vénus, les Grâces et l'Amour
S'emparèrent de la besogne
De monsieur le duc de Bourgogne.

De leur part les Jeux et les Ris
Volèrent en foule à Paris,
Et vinrent honorer la besogne
De monsieur le duc de Bourgogne.

Mercure en informa les dieux ;
Aussitôt le maître des cieux
Descendit pour voir la besogne
De monsieur le duc de Bourgogne.

Le dieu qui préside aux combats
Au même instant suivit ses pas,
Voulant seul garder la besogne
De monsieur le duc de Bourgogne.

[1] Cet arrière-petit-fils de Louis XIV, qu'on regarda un instant comme l'héritier de la couronne, mourut en bas âge et avant son père. Sa naissance fut célébrée par des fêtes somptueuses données à Paris et à Marly. Voir Saint-Simon, t. VII.

L'Amour s'y voulut opposer,
Quand Mars lui dit : C'est trop oser;
C'est pour moi qu'on fait la besogne
De monsieur le duc de Bourgogne.

L'Amour, piqué, lui répondit :
J'aurois peu de cœur et d'esprit,
Si je te devois la besogne
De monsieur le duc de Bourgogne.

Jupiter, voyant leurs débats,
Leur dit : Paix là; parlez plus bas;
Vous réveillerez la besogne
De monsieur le duc de Bourgogne.

J'ai seul ici droit de parler;
C'est à moi de vous accorder
Sur le destin de la besogne
De monsieur le duc de Bourgogne.

Cet enfant, plus beau que le jour,
Accordera Mars et l'Amour,
Et fera plus d'une besogne
De monsieur le duc de Bourgogne.

Quand son aïeul prit Philipsbourg,
Je lui fis dire par l'Amour
Qu'il verroit la belle besogne
De monsieur le duc de Bourgogne.

Tremblez, tremblez, fiers ennemis!
On vous verra bientôt soumis,
Et rendre hommage à la besogne
De monsieur le duc de Bourgogne.

Comme Louis, la foudre en main,
Il fera voir au genre humain
Que rien n'égale la besogne
De monsieur le duc de Bourgogne.

Que je vois de fameux combats !
Mais pour lui fournir des soldats,
Que chacun fasse la besogne
De monsieur le duc de Bourgogne.

Puisque tout folâtre en ces lieux,
Muse, quittons le sérieux
Pour faire honneur à la besogne
De monsieur le duc de Bourgogne.

Quand le sévère d'Argenson
Veut bien cesser d'être Caton,
Tout doit célébrer la besogne
De monsieur le duc de Bourgogne.

Il s'agit du bien de l'État ;
Permets donc, fameux magistrat,
Que chacun fasse la besogne
De monsieur le duc de Bourgogne.

1704. — TRIOLETS.
Sur le duc de Bavière [1].

L'amitié du roi très-chrétien
Vaut beaucoup mieux qu'une couronne ;

---

[1] Électeur de Bavière. Après avoir longtemps été l'ennemi de la France, il s'allia avec elle au moment où commencèrent les grands revers de Louis XIV ; il perdit ses États qui furent occupés par les Autrichiens.
Il est question de ce prince à plusieurs reprises dans

Bavière a choisi pour soutien
L'amitié du roi très-chrétien.
Sa fortune est réduite à rien ;
Mais voici comment il raisonne :
L'amitié du roi très-chrétien
Vaut beaucoup mieux qu'une couronne.

1704. — BRANLE DE METZ.

Mes amis veulent, pour rire,
Que je fasse une chanson
Sur l'ami du grand Bourbon,
Qui fut frotté dans l'empire ;
Je n'en dirai pas le nom,
Que Tallard vienne le dire ;
Je n'en dirai pas le nom ;
Écoutez bien ma chanson.

C'est celui qui dans Bruxelles
Gouvernoit le pays bas ;
Il fut ardent aux combats,
Non d'ennemis, mais de belles [1] ;
Je n'en dirai pas le nom,

---

les *Lettres* de Madame, duchesse d'Orléans ; il est représenté comme sans talent et ami des plaisirs. Ses prodigalités insensées contribuèrent à ses malheurs ; il avait la passion des fêtes, des représentations dramatiques ; il entretenait quinze cents chevaux et quatre mille chiens ; on ne comptait plus ses maîtresses. C'est lui que concerne également la pièce suivante : Mes amis veulent, etc.

[1] L'électeur de Bavière eut, entre autres maîtresses, la comédienne Desmarets, qui fut aussi aimée du Régent ; Madame en parle dans sa *Correspondance* (1855, t. I, p. 322) ; elle mentionne, t. I, p. 264 et 383, le goût de ce prince pour les grisettes.

Il est su dans les ruelles;
Je n'en dirai pas le nom,
Or écoutez ma chanson.

Son frère [1] est, on le publie,
La fleur des beaux marmousets;
Pour vous dire ce qu'il est,
Il a deux grains de folie;
Je n'en dirai pas le nom,
On le sait, on le publie;
Je n'en dirai pas le nom,
Or écoutez ma chanson.

On dit qu'ils cherchent à prendre
Un asile à Saint-Germain;
Mantoue en sait le chemin [2];
Nos électeurs vont s'y rendre;
Je ne dirai pas le nom
De ceux qu'on y doit attendre;
Je n'en dirai pas le nom,
Or écoutez ma chanson.

Un roitelet en peinture [3]
Habite ce beau château;
Là ce pauvre jouvenceau
S'exerce à la cadrature;
Je n'en dirai pas le nom,
Sa naissance est trop obscure;
Je n'en dirai pas le nom,
Or écoutez ma chanson.

---

[1] [L'électeur de Cologne (n. du t.).]
[2] [Le duc de Mantoue (n. du t.).]
[3] [Jacques III, roi d'Angleterre (n. du t.).]

Le maître du domicile
Fait la guerre tout exprès,
Afin de faire la paix;
C'est un politique habile;
Je n'en dirai pas le nom,
Son chapelet se défile;
Je n'en dirai pas le nom,
Or écoutez ma chanson.

Un poëte véritable [1],
Depuis trente ans se morfond,
Attendant sur l'Hellespont
Ce monarque redoutable;
Le Danube lui répond
Que le titre d'indomptable
Est un titre superflu,
Et qu'il ne lui convient plus.

Dans la place des Victoires [2]
On a trouvé ces couplets;

---

[1] Tout le monde sait que Boileau terminait son *Épître au Roi* sur le passage du Rhin, composée en 1672, par un vers un peu emphatique :

Je t'attends dans deux ans aux bords de l'Hellespont,

à la suite duquel Bussy-Rabutin se permit d'écrire : Tarare-pompon.

[2] Ce trait malicieux est reproduit dans divers écrits du temps. Une pièce satirique intitulée l'*Expédition d'Écosse et le Retour du prince de Galles*, est indiquée comme ayant paru chez *Louis Entrepreneur, et Jacques Fuyard, derrière la Place des Victoires*. Un pamphlet contre madame de Maintenon et son royal époux, que nous avons déjà indiqué, p. 106, était orné d'une estampe représentant la statue de la place des Victoires; mais au lieu des statues placées aux angles du piédestal, c'étaient

L'auteur ne les a pas faits
Pour embellir son histoire;
Je n'en dirai pas le nom,
La chose est facile à croire;
Je n'en dirai pas le nom,
Ainsi finit ma chanson.

1704. — BIRIBI.

Le grand maréchal de Tallard [1]
   Et le duc de Bavière
Ont, par un surprenant hasard,
   Donné les étrivières
Au prince Eugène, ce dit-on,
    La faridondaine,
    La faridondon,
Et aux confédérés aussi,
    Biribi,
A la façon de Barbari,
    Mon ami.

Malborough dit : Quel nouveau cas
   Et plaisant stratagème!
Pour moi, je ne le comprends pas,
   Et je m'en ris de même.
Comme il place ses bataillons,
    La faridondaine,
    La faridondon;
Et sa cavalerie aussi,

quatre femmes qui tenaient le roi enchaîné: mesdames de La Vallière, Fontanges, Montespan et Maintenon.

[1] [Bataille d'Hochstedt, que les ennemis gagnèrent sur le maréchal de Tallard (n. du t.).]

　　　　Biribi,
　　A la façon de Barbari,
　　　　Mon ami.

Tallard, que dans tous ses exploits
　　La victoire accompagne,
Se peut bien dire cette fois
　　Vainqueur de l'Allemagne ;
Il peut écrire au grand Bourbon,
　　La faridondaine,
　　La faridondon :
Sire, *veni, vidi, vici,*
　　　　Biribi,
　　A la façon de Barbari,
　　　　Mon ami.

Bavière n'est point dans l'erreur
　　De se joindre à la France :
C'est pour être fait empereur
　　Qu'il agit par prudence ;
Le grand Louis lui en répond,
　　La faridondaine,
　　La faridondon ;
Il tient tout ce qu'il a promis,
　　　　Biribi,
　　A la façon de Barbari,
　　　　Mon ami.

Louis, de son côté, fait bien
　　De se joindre à Bavière,
Pour conquérir, par ce moyen,
　　L'Europe tout entière.
Les pauvres alliés s'en vont,
　　La faridondaine,

La faridondon,
Être chassés de leur pays,
Biribi,
A la façon de Barbari,
Mon ami.

Pour accomplir ce grand projet,
On équipe une flotte
Plus formidable que jamais;
On les lave, on les frotte,
Hélas! qu'est-ce qu'ils deviendront
La faridondaine,
La faridondon?
En tous lieux ils seront déconfits,
Biribi,
A la façon de Barbari,
Mon ami.

Et de plus, pour surcroît de mal,
Le valeureux Philippe
A déniché du Portugal
Le prince à la grosse lippe;
Il a fait son paquet, dit-on,
La faridondaine,
La faridondon,
Pour repasser en son pays,
Biribi,
A la façon de Barbari,
Mon ami.

L'homme immortel, le grand Bourbon,
Étonné de sa gloire,
A fait chanter le *Te Deum*
Pour marquer sa victoire;

Et l'on rit dans chaque maison,
   La faridondaine,
   La faridondon,
A Fontainebleau et Marly,
   Biribi,
A la façon de Barbari,
   Mon ami.

Mais partout nous portons le deuil
   De nos exploits terribles.
Qu'on vous reverra de bon œil,
   Légions invincibles !
Mansard vous prépare, dit-on,
   La faridondaine,
   La faridondon,
Un arc de triomphe à Paris,
   Biribi,
A la façon de Barbari,
   Mon ami.

En France, nous avons, dit-on,
   Des généraux d'élite ;
Le lansquenet, le pharaon,
   Font leur plus grand mérite ;
Mais, s'il faut combattre, non, non,
   La faridondaine,
   La faridondon ;
Aussi leurs lignes perdent-ils,
   Biribi,
A la façon de Barbari,
   Mon ami.

Nos généraux ont, jusqu'ici,
   Fait trembler l'Allemagne ;

Mais Tallard a mieux réussi
 Dedans cette campagne;
Il peut bien, dans son écusson,
 La faridondaine,
 La faridondon,
Mettre *veni, vidi, vici*,
 Biribi,
A la façon de Barbari,
 Mon ami.

1703. — JOCONDE.

Venez, adorable Condé [1],
 Faire briller vos charmes;
Le tendre Amour vous a prêté
 Ses plus puissantes armes;
Vénus a fait ces traits vainqueurs,
 Ces yeux si sûrs de plaire,
Pour être ici reine des cœurs
 Comme elle de Cythère.

On ne voit rien dans ce séjour,
 Condé, qui vous égale;
La tendre mère de l'Amour
 Vous craindroit pour rivale.
Par votre esprit et vos beaux yeux,
 Vous êtes sans seconde :
Vénus est le plaisir des dieux,
 Et vous l'amour du monde.

Au palais de l'ambassadeur,

---

[1] [Sur madame Condé, petite-fille d'un commis de M. de Louvois (*n. du t.*).]

Si je fais ma demeure[1],
Je prétends qu'on m'y porte honneur,
Qu'on y joue à toute heure;
Je nargue monsieur d'Argenson[2];
Car mon cousin Noailles
Sauroit fort bien tirer raison
De toutes ces canailles.

Un fort honnête chevalier
Prend soin de ma partie;
C'est un homme de probité,
Quoi que l'on en publie,
Mais chacun a des envieux;
J'en sais dont le caprice
Dit que d'un sort injurieux
Il règle l'injustice.

Si vous le prenez sur ce ton[3],
Sire, adieu vos conquêtes;
Avant de donner des bâtons,
Faites faire des têtes;
Vous avez dix-neuf maréchaux
A qui l'on n'en voit guère;
Mais vous manquez de généraux,
C'est là la grande affaire.

En vain ces obligeants couplets,
Que partout on débite,
De dix maréchaux qu'on a faits
Nous vantent le mérite,

[1] [Mademoiselle de Los, parente et attachée aux Noailles (*n. du t.*).]
[2] [Lieutenant général de police (*n. du t.*).]
[3] [Promotion de l'année 1705 (*n. du t.*).]

On voit tout le monde compter
    Si dans cette dizaine
On pourra jamais remplacer
    Luxembourg ou Turenne.

Messieurs les états généraux,
    Ayant appris qu'en France
On avoit fait des maréchaux,
    Songeoient à leur défense;
Mais, du nom de ces dix guerriers
    Ayant fait la lecture,
On dit qu'ils se sont retirés
    Sans prendre de mesures.

Montperoux [1], rempli de courroux,
    Dit à la Chétardie :
Je quitte vos maigres genoux,
    Et pour toute ma vie;
L'hymen bientôt me vengera
    D'une âme si frivole;
Car ton époux te donnera
    La lèpre ou la v...le.

On trouve moyen de guérir
    La pierre et la gravelle;
La peste ne fait point mourir,
    Toujours quoique mortelle;
A la mer on peut recouvrer
    Un remède à la rage;

---

[1] (Le marquis de Montperoux, lieutenant général, amoureux de madame de Villebreuil, veuve de M. de la Chétardie; elle se préparoit alors à épouser M. de Monastrole, envoyé de l'électeur de Bavière (*n. de t.*).]

Mais la mort seule peut délivrer
Du mal du mariage.

1707. — JOCONDE.

La Savary parle à son tour [1],
  Et d'un ton colérique :
Il n'est rien d'égal à l'amour,
  Et foin de la critique !
Je verrai sans crainte d'Albret
  Faire le diable à quatre;
J'aimerai tout amant bien fait,
  Je n'en veux rien rabattre.

Si j'aime, dit La Ferté,
  Le grand comte de Lyonne,
C'est un effet de parenté
  Et non de la personne.
A quoi bon s'en estomaquer ?
  Il est si bon apôtre !
On ne vaut pas un sol marqué
  D'être autrement qu'une autre.

La Bertin, d'une foible voix,
  Ne dit qu'une parole;
Elle a beau compter par ses doigts,
  Elle finit son rôle.
Adieu, dit-elle, Amour et Ris,
  Le souvenir m'en choque,
Mon sein gâté, mon pied pourri,
  Enfin tout se disloque.

---

[1] Ces couplets, remplis de médisances et de calomnies à l'égard de quelques dames alors fort connues à Paris, font partie d'une pièce trop longue et souvent trop hardie pour être reproduite en entier.

Sur moi, dit la jeune Dubreuil,
   On garde le silence;
N'ai-je donc pas donné dans l'œil
   A gens de conséquence?
Je pourrois bien, sans me vanter,
   Compter plus d'une affaire,
Mais il est sage d'écouter
   Et prudent de se taire.

Je ne veux point, mal à propos,
   En critique incommode,
Blâmer le traité des bons mots [1],
   Ni des mots à la mode;
Mais il seroit bien plus heureux
   Pour nous et pour les autres,
Que qui les a faits tous les deux
   N'en eût jamais fait d'autres.

1707. — POT POURRI.

Mes amis veulent, pour rire,
Que je fasse une chanson,
Et que je change de ton
A chaque trait de satire :
Cela sera polisson;
Mais, qu'importe? je veux rire;
Cela sera polisson,
Or, écoutez ma chanson.

---

[1] [Callière, plénipotentiaire à la paix de Ryswick, en 1697, ayant blâmé en pleine Académie une ballade de l'abbé Régnier, secrétaire de l'Académie, il fit sur Callière ce couplet, pendant que Callière parloit en pleine Académie sur les deux livres qu'il avoit faits (*n. du l.*).]

Louis, avec sa charmante,
Renfermé dans Trianon,
Sur la misère présente
Se lamente sur ce ton :
Et allons, ma tourlourette,
Et allons, ma tourlouron.

Adieu Turin, ce beau siége ;
Adieu tout ce beau canon ;
Toute une armée prise au piége
Qui court par vaux et par monts.
Et allons, ma tourlourette,
Et allons, ma tourlouron.

De ce coup la paix faut faire,
Mais y penser tout de bon,
Madame, c'est votre affaire ;
Pour moi, voici ma chanson :
Et allons, ma tourlourette,
Et allons, ma tourlouron.

Vous verrez l'année prochaine
Malborough en ce salon ;
Je ne m'en mets guère en peine ;
Nous danserons tous en rond :
Et allons, ma tourlourette,
Et allons, ma tourlouron.

Le vingt est parti de Lille
Un courrier du cabinet.
On choisit le plus habile ;
Il part avec ses paquets.
Et allons, ma tourlourette,
Et allons, ma tourlouron.

Il s'en vient trouver la vieille,
Qui se doutoit bien du cas ;
Il lui dit bas à l'oreille
D'annoncer au roi tout bas :
Et allons, ma tourlourette,
Et allons, ma tourlouron.

Que Lille il a fallu rendre,
Que Boufflers se retirant,
C'étoit un plaisir d'entendre
Comme il disoit à ses gens :
Et allons, ma tourlourette,
Et allons, ma tourlouron.

On tint un conseil de guerre
Dont Monseigneur fut exclu.
Que diable eût-il été faire ?
Car le résultat en fut :
Et allons, ma tourlourette,
Et allons, ma tourlouron.

Qu'il falloit laisser Eugène
Continuer son chemin,
Puisque le pis qu'il en vienne,
C'est de dire un beau matin :
Et allons, ma tourlourette,
Et allons, ma tourlouron.

Nous voyageons parmi le monde,
  Françoise et moi ;
Qui sauroit, cent lieues à la ronde,
  Que c'est le roi ?

On verroit venir à foison
  Garçons et filles,

Pour y voir mon petit Bourbon
Et sa grande coquille.

Quelqu'un de la compagnie
Sans doute harangueroit,
Et d'une façon jolie,
En changeant d'air, il diroit :
Et allons, ma tourlourette,
Et allons, ma tourlouron.
Sire,
Quand on obtient ce qu'on aime,
Qu'importe, qu'importe à quel prix?

Françoise ne veut pas
Que je soupire auprès d'elle,
Françoise ne veut pas
Que je soupire tout bas.
C'est pourquoi, quand il vient
De mauvaises nouvelles,
Elle en a le chagrin,
Et moi je n'en sais rien.

Vive le roi de France !
C'est sans doute un grand roi;
Je sais tout ce que j'en pense.
Je l'estime, ma foi,
Comme un grand roi,
La, la, la, la,
Comme un grand roi.

Un prince débonnaire[1],
Très-matin se levoit,

---

[1] Le duc de Bourgogne.

Pour se mettre en prière,
Disant : Chacun fasse ce qu'il sait faire,
Pour moi, voilà mon fait.

Le prince Eugène, au contraire,
Ah! qu'il y va gaiement!
Lille pris, il passe à l'instant,
Tout le long de la rivière.
Ah! qu'il y va, ma bergère,
Ah! qu'il y va gaiement!

Le bon duc, voyant cela,
Disoit : ha! ha!
Disoit : ha! ha!
Mais à la messe il alla,
Sans leur tenir tête,
Car il étoit fête.

Il est revenu dans la ville,
Ce jeune héros malhabile;
Chacun eût donné un écu,
Pour lui bien tambouriner les fesses;
Chacun eût donné un écu,
Pour lui bien tambouriner le cu.

Il dit à son papa,
Il dit à son papa :
A la fin me voilà,
A la fin me voilà,
Frais débarqué de Flandre, en Flandre,
Frais débarqué de Flandre,
Et par delà.

Messieurs nos ennemis,
Messieurs nos ennemis,

Quand ils auront tout pris,
Quand ils auront tout pris,
N'auront plus rien à prendre,
En Flandre, en Flandre,
N'auront plus rien à prendre,
Aux Pays-Bas.
Toutes les dames de la cour
Vinrent lui rendre hommage ;
Chacune d'elles, tour à tour,
Lui tint ce doux langage :

Hélas ! qu'ils sont beaux,
Ces lauriers nouveaux !
Il en a sa charge.
Hélas ! qu'ils sont beaux !
Mais leur poids trop gros
Lui charge le dos.

L'auteur de ce vaudeville
Ne dira point ce qu'il est,
Par la raison qu'il se plaît
De voir de loin la bataille.
Il ne dira pas son nom,
Ni s'il est garçon ou fille ;
Il ne dira pas son nom,
Ainsi finit ma chanson.

1708. — ROCHELOIS.

Quittez votre camp de Sauroy,
Petit-fils de notre grand roi,
Vous y devenez inutile.
Vous reviendrez au mois de mai ;

Après avoir vu prendre Lille,
Vous verrez prendre aussi Tournay.

Du duc de Bourgogne à César,
Malgré les beaux vers de Nangeard,
Chacun connoît la différence ;
Car César vint, vit et vainquit,
Et, pour le malheur de la France,
Bourgogne vint, vit et s'enfuit.

Si notre vieux Louis peut voir
Renverser tout sans se mouvoir
Et que jamais rien ne l'attriste,
C'est que saintement élevé,
Il pense en parfait quiétiste
Qu'il veut à peine être sauvé.

Que sans savoir où est l'Escaut,
La Meuse, le Rhin ou le Pô,
Il soit ministre de la guerre [1] ;
Que sans crédit et sans argent
Lui seul il prétende tout faire,
Cela n'est pas indifférent.

Que chacun dise : C'est un fat ;
Qu'en ses mains périsse l'État,
Qu'au roi il rende tout facile,
Qu'au milieu de tant d'accidents
Il demeure toujours tranquille,
Cela n'est pas indifférent.

Chamillard pour sauver Toulon
S'est servi, dit-on, d'une chanson,

---

[1] Chamillard. Un des choix malheureux de Louis XIV à l'époque de sa décadence.

Et Tessé de la loterie.
Maintenant, puisqu'il est sauvé,
Qu'il nous rende la loterie
Et qu'il expulse le Tessé.

La troupe du sacré vallon
Avoit à sa tête Apollon,
Et la victoire étoit pour elle ;
Mais de Gêvres, ce grand docteur,
S'est joint au grand Polichinelle ;
Le duc s'est enfui de peur.

Lille est content de l'ennemi,
Luxembourg entre à petit bruit [1] ;
Chacun confus de la nouvelle,
S'excuse, jusqu'à l'officier :
Je n'ai pu, dit la sentinelle,
M'exposer au fils d'un sorcier [2].

Si pour entrer il est sorcier,
Pour sortir il est officier ;
Il se trouve là dans son centre.
Tout cède à son terrible effort ;
Ce n'est qu'un sorcier quand il entre,
Mais c'est un diable quand il sort.

Dans Lille [3], Eugène en quinze jours

---

[1] [Lorsque le marquis de Luxembourg, depuis prince de Tingry, fit entrer un convoi de poudre dans Lille qui en manquoit (*n. du t.*).]

[2] Le maréchal de Luxembourg avait été compromis dans l'affaire de ces devineresses, quelque peu empoisonneuses, qui motivèrent des poursuites où l'on vit figurer, entre autres personnes du plus haut parage, la duchesse de Bouillon.

[3] [Le prince Eugène fut blessé au siége de Lille (*n. du t.*).]

Vouloit donner un bal au Cours;
Mais un coup a rompu la fête
D'un étourdi qui ne craint rien;
Un peu de plomb dedans sa tête
Ne lui peut faire que du bien.

1708. — CONFITEOR.

Oh! Dieu, quel affreux changement!
Louis, votre raison sommeille;
Vous touchez au dernier moment;
Permettez que l'on vous réveille.
Arrachez enfin le bandeau
Qui vous offusque le cerveau.

Incessamment auprès de vous
Rappelez le duc de Bourgogne;
En Flandre, soit dit entre nous,
Très-dangereuse est sa besogne;
Ou bien qu'apprenti écolier
Il se laisse mieux gouverner.

A beaucoup de vos généraux,
Quoi! vous n'osez rendre justice;
De ce qu'ils causent tant de maux
Ne soyez point enfin complice.
Malgré tout ce qu'on vous dira,
Renvoyez-les à l'Opéra.

Mais j'oubliois de vous parler
De votre malheureuse Armide.
Ah! qu'elle a su vous ravaler!
Voyez comment elle vous guide;
Jadis grand, aujourd'hui petit :
Voilà de vous ce que l'on dit.

Où, diable, prenez-vous, Louis,
Des généraux de cette taille?
Tous leurs faits vraiment inouïs
Les distinguent dans les batailles;
L'on voit en eux l'échantillon
De la vertu du cotillon.

Louis, dedans votre printemps,
Vous égaliez le grand Hercule,
Venu sur le retour des ans,
Toute votre valeur recule;
Cessant enfin de l'affiler,
Vous ne faites rien que filer.

1708. — PETITE FRONDE.

Tout ce canon qui déjà gronde
Dispute l'empire du monde :
Ce jour fatal va décider
Qui la fortune favorise,
Et si la Seine doit triompher
Ou se soumettre la Tamise.

Louis le Grand aime la gloire;
Il a commandé son histoire
Pour immortaliser son nom.
De quoi sera-t-elle remplie?
De la noce de Maintenon,
De la fin de la monarchie.

Boufflers[1] ajoute à ses trophées
La gloire des grandes entrées;

---

[1] [Lorsque le roi accorda les grandes entrées au maréchal de Boufflers (n. du t.).]

Le roi vient de les lui donner.
Cette faveur n'est pas extrême :
Ma maîtresse, sans me vanter,
Tous les jours me traite de même.

Les dieux redeviennent propices [1]
Pour un roi qui fut leurs délices
Et qu'ils ont longtemps délaissé ;
En peu de jours combien de grâces !
Voilà son Mansard trépassé
Et Chamillard presque hors de place.

Le Savoyard vient en personne
Pour renverser notre couronne ;
Il a raison d'être empressé,
Mais pour apaiser sa furie
Nous avons le brave Tessé
Et le fond de la loterie [2].

Cambrai, reconnois ton pupille :
Il voit de sang-froid prendre Lille,
Demeurant dans l'inaction,
Toujours sévère et toujours triste ;
N'est-ce pas là la dévotion
D'un véritable quiétiste ?

Avec une puissante armée
D'une noble ardeur animée
D'Eugène fuir les escadrons,
Sans se bouger voir prendre Lille,

[1] [Lorsque M. Mansard qui, de maçon, devint surintendant des bâtiments du roi, vint à mourir (*n. du t.*).]
[2] [M. de Chamillard avoit fait une loterie royale, ne sachant pas où prendre de l'argent, et le maréchal de Tessé commandoit cette année-là en Dauphiné (*n. du t.*).]

Est-ce là le fruit des leçons
Du bon Mentor à son pupille?

Je crois le général Vendôme
Plus propre à défendre Sodome
Qu'à battre le fameux Anglois.
Le restaurateur de la France
N'a du grand comte de Dunois
Que le défaut de la naissance.

1708. — JOCONDE.

Grand prince[1] en qui nous avons mis
   Toute notre espérance,
A ton grand-père sois soumis,
   Imite sa vaillance;
Du saint démêle l'imposteur,
   De la peur la prudence,
Et prends garde qu'un confesseur
   Ne gouverne la France.

Jeune prince, recueillez-vous,
   Prenez enfin les armes;
D'un sommeil si long et si doux
   Faites cesser les charmes.
C'est ce que Lille presque aux fers
   Vous crie et vous annonce,
Et songez que tout l'univers
   Attend votre réponse.

Grand prince, pourquoi partez-vous?
   Quelle est votre prudence?

---

[1] [Pour M. le duc de Bourgogne (*n. du t.*).]

Si vous combattez Malborough,
   Vous exposez la France;
Si vous ne le combattez plus,
   Que faites-vous attendre?
Il sied mal d'être Fabius
   A l'âge d'Alexandre.

Belle Dodo [1], consolez-vous;
   Ne versez point de larmes;
Les grands exploits de votre époux
   Égalent bien vos charmes;
Eugène à un guerrier bigot [2]
   Doit toutes ses victoires,
Quoique le père Martinot
   En dispute la gloire.

Si, pour punir ta vanité,
   Orgueilleuse Thianges [3],
Là-bas on n'a point inventé
   Quelque supplice étrange,
Apprends-y qu'une Mortemart,
   Qui l'eût jamais pu croire?

[1] On appelait ainsi madame d'O, femme du marquis d'O, lieutenant-général, qui accompagna le duc de Bourgogne dans sa malheureuse campagne en Flandre. Il paraît qu'elle était laide, ce qui explique la raillerie du chansonnier.

[2] Le duc de Bourgogne. Le père Martinot était son confesseur.

[3] Sur madame de Thianges, sœur aînée de madame de Montespan; elles sortaient de la famille Rochechouard de Mortemart, et étaient très-fières de leur nom. Madame de Thianges est parfois vivement attaquée dans les écrits du temps; Madame, s'exprimant sur elle dans son style original, dit que « c'étoit un vrai diable aussi bien que sa sœur, mais encore pire. »

Vient d'épouser un Chamillard[1] :
  Quel affront pour ta gloire !

Le berger Pâris couronna
  Jadis une immortelle[2],
Et la pomme qu'il lui donna
  Étoit pour la plus belle[3].
Un dieu, princesse, en ce séjour,
  Vous rend le même hommage ;
Daignez recevoir de l'amour
  Cette pomme pour gage.

Il vous la donne par mes mains,
  N'osant ici paroître ;
Déguisé sous des traits humains,
  Qui pourroit le connoître ?
Il vous suit partout ; en tous lieux
  A vos pas il s'attache,
Mais dans vos cœurs et dans vos yeux
  Quelquefois il se cache.

Ce grand ministre Richelieu,
  Si vanté dans l'histoire,
Mériteroit le premier lieu
  Au temple de mémoire ;
Mais un homme encore plus grand

---

[1] [Lorsque M. de Cani, fils de M. Chamillard, épousa mademoiselle de Mortemart (*n. du t.*).]

[2] [Le 15 juin 1708, il y eut un bal à Versailles ; on y présenta à M. de Bourgogne une pomme d'or où étoit écrit ; *Pour la plus gracieuse.* Il la remit à sa femme (*n. du t.*).]

[3] [Ces paroles sont de M. Féran, conseiller au Parlement (*n. du t.*).]

Qu'aujourd'hui l'on révère
Y doit tenir le premier rang.
Et cet homme est Caillière [1].

Cessez, ambitieux prélats,
   De quêter la barrette ;
Rougissez de ramper si bas,
   Portant mitre et houlette.
Tellier [2] ne donne des chapeaux
   Qu'à des âmes vénales ;
Ayez, sans être cardinaux,
   Des vertus cardinales.

A Villars [3] que l'on blâme tant
   Faisons plus de justice ;
S'il a tant amassé d'argent,
   Ce n'est point avarice :
En Bavière de nos écus
   Ayant vu l'abondance,
Il craint que nous n'en ayons plus :
   Il les rapporte en France.

---

[1] Nous avons déjà parlé de ce diplomate qui remplaça Quinault à l'Académie française, signa le traité de Ryswick et devint secrétaire du cabinet du roi.

[2] Le jésuite Le Tellier, confesseur de Louis XIV.

[3] Villars accablait de contributions les pays ennemis, et après avoir entretenu et soldé l'armée, il lui restait encore de quoi *engraisser son veau*. C'est l'expression dont il se servit lui-même à la fin de la campagne de 1707, en écrivant à Louis XIV, qui lui répondit obligeamment qu'il n'avait fait que prévenir ses intentions. Un courtisan ayant observé que le maréchal faisait bien ses affaires, le roi répliqua : « C'est possible ; mais il faut convenir aussi qu'il fait bien les miennes. »

1708.

Sur ceux qui habitoient la Place Royale [1].

La nuit de la naissance
De notre Rédempteur,
D'une humble contenance
J'adorois le Sauveur.
A peine étois-je entré que je vis dans la salle
   Paroître un tourbillon, don, don,
   De gens qui vinrent là, la, la,
   De la place Royale.

D'un air sombre et farouche
Le bonhomme Olier
De la céleste couche
Approcha le premier.
Fils d'un grand Dieu, dit-il, ôtez-moi, je vous prie,
   Cette vieille guenon, don, don,
   Qui me suit pas à pas, la, la, la,
   Et qui fait la jolie.

---

[1] Nous avons inséré cette pièce, quoiqu'elle se rapporte à des personnes assez peu connues, parce qu'elle fournit quelques données utiles pour l'histoire de cette *Place Royale* qui fut, au milieu du dix-septième siècle, le beau quartier de Paris. M. Cousin qui, dans la *Jeunesse de madame de Longueville*, 1853, p. 263, a consacré une note fort intéressante à cette place célèbre, indique son histoire exacte et complète comme sujet d'études, à quelque élève de l'École des Chartes ou à quelque jeune artiste; « ils y trouveraient la matière des plus fines recherches, ainsi que des descriptions les plus charmantes, et une gloire modeste ne leur manquerait pas après quelques années du travail le plus attrayant. »

Le défenseur de Grave [1]
Qui le suivoit de près
Vint d'un pas ferme et grave
Présenter ses respects.
Je ne demande rien, dit-il d'une voix basse :
Maréchal et cordon, don, don,
Je vis avec cela, la, la,
Du reste je me passe.

D'une démarche lente
La Monjeu s'y rendit [2] ;
D'une voix menaçante
Voici ce qu'elle dit :
J'ai voulu sottement élever ma famille ;
D'Harcourt est un oison, don, don,
Qui vit comme un pied-plat, la, la,
Et qui ruine ma fille.

Par un valet conduite
Je vis la Dacigny [3]
Qui menoit à sa suite
Un minois récrépit.
Seigneur, d'un ton dévot disoit la bonne dame,
Recevez pour mon don, don, don,
Ma fille que voilà, la, la,
Faites-en une femme.

[1] Le maréchal d'Uxelles.
[2] Femme de M. de Monjeu. Elle avait pour père Jeannin de Castille, financier fameux dans les premiers temps du règne de Louis XIV ; elle eut une fille qui épousa le comte d'Harcourt, fils du prince de ce nom.
[3] [Mademoiselle d'Aûigné, femme de M. Dacigny, mère de la duchesse de Richelieu ; son autre fille, mademoiselle d'Aûigné, est restée fille (*n. du t.*).]

Un maître des requêtes [1]
Vint avec ses deux fils ;
Ce sont deux laides bêtes
S'il en est dans Paris.
Le père n'a qu'un œil, les fils que deux coulées :
Ce sont des mirmidons, don, don,
Et l'enfant demanda, la, la,
Si c'étoient des poupées.

Du dauphin la maîtresse
Se fit voir à son tour ;
Cette belle princesse,
Brillant comme en plein jour,
Disoit : Divin enfant, écoutez ma prière :
Que fait la Maintenon, don, don,
Avec le grand-papa, la, la ?
Otez-les de la terre.

La gorge et le visage
Pleins de rouge et de blanc,
Comme une belle image,
Et fière de son rang [2],
La de Gèvres parut pour honorer la fête ;
Mais le petit poupon, don, don,
Dès qu'il la regarda, la, la,
Crut que c'étoit la bête.

Le gouverneur de Flandre [3]
Parut d'un air content,
Voulant tout entreprendre

---

[1] [M. de Gourges (n. du t).]
[2] [Mademoiselle de Chenelay, duchesse de Gèvres (n. du t.).]
[3] [Le maréchal de Boufflers (n. du t.).]

Comme au milieu d'un camp :
Ne soyez point surpris de me voir inutile,
Réduit dans ma maison, don, don ;
Je ne serois pas là, la, la,
Si j'étois moins habile.

Derrière lui sa femme,
Humble, les yeux baissés,
Offroit du fond de l'âme
Des vœux fort empressés :
Seigneur, pour mes enfants, vous connoissez mon zèle,
Faites que leur maison, don, don,
Mille ans et par-delà, la, la,
Soit florissante et belle.

Comtesse de Tonnerre [1],
Vous y vîntes aussi
Faire votre prière
Pour votre beau Crecy [2] :
Seigneur, de nos amants prenez en main la cause,
Et que ce beau garçon, don, don,
Chez moi fasse cela, la, la,
Même sans qu'on en cause.

L'œil languissant et pâle,
Auprès d'elle à genoux,
Sa modeste rivale [3]
Parla de son époux :
Je sais bien que pour moi son dépit est extrême,

---

[1] [Mademoiselle de Ménevillette, femme du comte de Tonnerre (*n. du t.*).]

[2] [Crecy, fils du plénipotentiaire (*n. du t.*).]

[3] [Mademoiselle de Layle, femme de M. de Crecy (*n. du t.*).]

Qu'il n'a point de raison, don, don,
Qu'il mange ce qu'il a, la, la,
Et cependant je l'aime.

D'écarlate et d'hermine
Affublé jusqu'aux yeux [1],
Vantant son origine
Et ses nobles aïeux,
Novion vint à l'enfant en conter des plus belles ;
Mais il lui dit : Fi donc, don, don,
Monsieur le magistrat, la, la,
Ils faisoient des écuelles.

L'introducteur habile
De nos ambassadeurs [2],
De toute sa famille
Vint faire les honneurs :
Pour augmenter mon bien vous savez mes menées ;
Seigneur, je vous réponds, don, don,
D'envahir tout l'État, la, la,
Si je vis vingt années.

D'une étrange manière
J'entendis Danican [3],
En fille de corsaire,
Faire son compliment :
Voyez quel est mon sort, je suis plus qu'une altesse :
J'ai de l'or à foison, don, don,

[1] [Le président de Novion (*n. du t.*).] Ce président était « le plus corrompu de tous les magistrats de cette époque, » (à ce que dit M. Walckenaër dans son édition de La Bruyère, 1844, p. 742.)
[2] [Le baron de Breteuil (*n. du t.*).]
[3] [Femme de Landevisiau, fils de Lespines-Danican, fameux armateur de Saint-Malo (*n. du t.*).]

Des terres, des contrats, la, la ;
Est-il d'autres richesses ?

De son époux suivie
J'aperçus la Charost [1]
Qui dit : Je suis ravie
D'être avec ce dévot ;
Sa grande sainteté ne me fait point de peine ;
Il a cela de bon, don, don,
Qu'il est entre mes bras, la, la,
Quatre fois la semaine.

La mère Guéménée [2]
Y vint fondant en pleurs ;
A toute l'assemblée
Elle dit ses malheurs :
A régir mes enfants vainement je m'applique ;
Ma fille Montbazon, don, don,
Avec vingt margajats [3], la, la,
Vit en femme publique.

1708.

Sur le Roi, par le duc de La Ferté [4].

Et morbleu ! que vous importe

---

[1] [Femme du duc de Charost, capitaine des gardes du corps (*n. du t.*).]

[2] Charlotte-Élisabeth de Cochefilet, fille du comte de Vaurenteux. Son fils, le prince de Montbazon, avait épousé le 22 juin 1698, Louise-Julie de La Tour-Bouillon, morte le 21 novembre 1750.

[3] Mot peu usité, terme de mépris, qui signifie petit garçon. On le rencontre dans une des chansons de Collé : l'*Irrésolue* (*Chansons qui n'ont pu être imprimées*), 1784, p. 18.

[4] Le duc de la Ferté mourut à quarante-trois ans

Que je sois homme de bien,
Qu'un jour le diable m'emporte
Ou que je boive du vin?
Mais que la Scarron vous berne,
Qu'un sot boiteux vous gouverne
Sous ombre de prier Dieu ¹,
C'est votre affaire, morbleu!

Ah! que j'aime La Fontaine ²
D'avoir fait un opéra!
Je verrai finir ma peine
Aussitôt qu'on le jouera.
Par l'avis d'un fin critique,
Je m'en vais lever boutique
Pour y vendre des sifflets;
Je serai riche à jamais.

d'hydropisie; brave et spirituel, il fut tué par le vin et la crapule, sans que les conseils et les reproches du Roi pussent le corriger; il vécut brouillé et séparé de sa femme (Voir Saint-Simon, t. VII, p. 57).

¹ Nous voyons là une allusion au duc du Maine, qui était boiteux, qui ressentait ou qui affectait une grande piété, et qui avait sur l'esprit du roi, son père, une influence puissante.

² [Opéra d'Astrée, de La Fontaine (n. du t.).]

Cet opéra avait été représenté en 1691, il fut repris plus tard sans succès; on trouve dans le *Recueil des Œuvres posthumes* de Saint-Gilles, 1709, p. 71, une chanson adressée à La Fontaine sur son opéra de *Céladon*, c'est le titre qu'on pensait d'abord que porterait cet ouvrage (Voir Walckenaer, *Histoire de La Fontaine*, 1820, in-8°, p. 307 et 581). Collasse, qui avait fait la musique de cet opéra, fut un des meilleurs élèves de Lully, mais il était trop froid pour obtenir une grande vogue, et, délaissant la musique pour la recherche de la pierre philosophale, il mourut ruiné.

Chante Boccace ou Verville[1],
La Fontaine, c'est ton fait ;
Crois-tu qu'il soit si facile
D'être modeste et discret ?
S'il n'amuse ou ne badine,
L'on verra la libertine
Plus sotte qu'une catin
Qui fait la ⁂ mie de bien.

Pour régaler La Fontaine,
Apprêtons tous nos sifflets :
Cela donc est sur la scène ;
Qu'il n'y paroisse jamais,
Il fatigue tout le monde ;
Aussi l'auteur de *Joconde*
Peut-il donner de bons tours
A d'innocentes amours ?

Taisez-vous, maudit parterre ;
Le malheureux Céladon
Vous craint plus que le tonnerre,
Même plus que le Lignon ;
Il vient de sortir de l'onde ;
Peut-il plaire à tout le monde,
Pour s'écrier, tout d'abord,
Qu'il fera naufrage au port ?

L'on peut deviner sans peine,
A voir parler Céladon,
Que ce n'est pas d'Hélicon

---

[1] Béroalde de Verville, chanoine de Tours, à la fin du seizième siècle. On lui attribue un ouvrage beaucoup trop libre et fort connu, sous le titre de : *Moyen de parvenir*.

Qu'il nous vient de La Fontaine ;
C'est là le goût du Parnasse,
Et l'on a choisi Colasse
Pour y composer des airs
Aussi méchants que les vers.

1708.

A Colbert, ministre habile,
Le Pelletier [1] succéda ;
De ce dévot imbécile
Pontchartrain nous consola ;
Nous savons tous la pratique
De celui qui vint après ;
Dieu confonde la boutique
Qui doit suivre Desmarest [2].

Esprit-Saint, divine essence,
Descendez sur Chamillard ;
Votre bénigne influence
Se fait attendre un peu tard.
Louis va, par évidence,
Vous mettre sous son manteau ;
Pour le bonheur de la France,
Fussiez-vous dans son cerveau.

[1] Le Pelletier fut contrôleur général, et, se démettant de cette charge, il passa à l'administration des postes; dans sa retraite, il conserva tout son crédit (Voir Saint-Simon, t. III, p. 81).

[2] [Lorsque M. Desmarets fut fait contrôleur à la place de M. de Chamillard, qui acheta la charge de trésorier de l'ordre du Saint-Esprit (*n. du l.*).]

1708. — JEAN DE VERT.

Partez, jeune et vaillant héros [1],
   La gloire vous appelle;
Devant vous le roi des oiseaux
   Ne battra que d'une aile;
Vous ferez voir aux Allemands
Qu'on sait les vaincre comme au temps
   De Jean de Vert.

A votre abord ils diront tous :
   Evitons sa colère;
Il va faire tomber sur nous
   La foudre de son père;
Nos efforts seront impuissants
Tout comme ils l'étoient du temps
   De Jean de Vert.

C'est ce qu'on attend de vos faits
   Pendant cette campagne;
Vous ferez demander la paix
   Aux princes d'Allemagne,
Et par vous on verra Louis
Triompher de tout le pays
   De Jean de Vert.

La ligue de tant d'ennemis,
   Qu'en vain on vous oppose,
Va céder aux travaux du fils
   Quand son père se repose;

[1] Ces vers sont adressés au duc de Bourgogne, et, sous leur aspect adulateur, ils pourraient bien cacher une ironie amère.

Et l'on verra ce jeune Mars
Imposer la loi aux Césars
　　De Jean de Vert.

Ils savent, par vos premiers coups,
　　Que tout vous est facile ;
Ils vous fuiront comme des loups,
　　Sans trouver nul asile ;
Et, mettant les armes bas,
Ils feront tous comme les soldats
　　De Jean de Vert.

Vos guerriers, tous pleins d'amour,
　　Ne cherchent qu'à combattre ;
Ils vont, ainsi qu'à Philipsbourg,
　　Faire le diable à quatre ;
Ils porteront partout la mort ;
Heureux qui n'aura pas le sort
　　De Jean de Vert.

D'Asfeldt [1], tout en désarroi,
　　S'en vint en diligence
Trouver Monsieur, frère du roi,
　　Espérant récompense,
Qui lui dit, pour le soulager :
Je vous irai bientôt venger
　　De Jean de Vert.

Alors d'Asfeldt, tout confondu,
　　Sans nul argent en bourse,
S'écria : tout est perdu.
　　Oh ! la belle ressource !

[1] Lieutenant général ; il servit avec distinction sous Berwick et sous Villars ; il fut nommé maréchal en 1734.

Monsieur, soyez moins libéral,
Et ne faites point tant de mal
　　A Jean de Vert.

Maintenon a beau rechercher
　　Un reste de jeunesse,
Elle ne sauroit nous cacher
　　Les traits de sa vieillesse;
Car elle aimoit au Canada
Au temps qu'on livroit les combats
　　De Jean de Vert[1].

1708.

Air : *du Bois de Boulogne.*

Hélas! le pauvre Chamillard,
Qui devoit tant à son billard,
Au grand regret de son épouse,
Il s'est enfin mis dans la blouse.

Mais, quand par hasard il perdoit,
En bons billets il nous payoit;
Au grand regret de son épouse,
Il s'est enfin mis dans la blouse.

Rarement au but il touchoit,
Et cependant souvent gagnoit;

---

[1] La malice du chansonnier dépasse le but. Née le 25 novembre 1635, mademoiselle d'Aubigné, depuis madame de Maintenon, était à peine au monde lorsque Jean de Vert envahissait la France. Elle n'alla point au Canada, mais à la Martinique. Le texte manuscrit présente, au lieu de *aimait*, un mot plus énergique que les convenances nous ont fait une loi de modifier.

Au grand regret de son épouse,
Il s'est enfin mis dans la blouse.

Quand ses billets on méprisoit,
On les changeoit comme on vouloit;
Au grand regret de son épouse,
Il s'est enfin mis dans la blouse.

Quand il savoit qu'on y perdoit,
Il falloit voir comme il grondoit;
Au grand regret de son épouse,
Il s'est enfin mis dans la blouse.

Et toutes les fois qu'il grondoit,
Tous ses billets renchérissoient;
Au grand regret de son épouse,
Il s'est enfin mis dans la blouse.

Si quelquefois il billardoit,
Sans y penser il le faisoit;
Au grand regret de son épouse,
Il s'est enfin mis dans la blouse.

Jeune, les tripots il fréquentoit,
Étant vieux, toujours tripotoit;
Au grand regret de son épouse,
Il s'est enfin mis dans la blouse.

A toute belle il les faisoit;
Il les doubloit et les colloit;
Pour le noble jeu de la guerre,
Il est vrai qu'il n'y savoit guère.

Savez-vous pourquoi Monseigneur

Aime tant la Conti, sa sœur[1] ?
C'est qu'il lui fait la besogne
De monsieur le duc de Bourgogne.

Savez-vous à quoi les Loisons[2]
Ont gagné tant de ducatons?
C'est en faisant la besogne
De monsieur le duc de Bourgogne.

Si Chamillard n'a point d'argent,
Pourquoi se tourmente-t-il tant?
Que ne taxe-t-il la besogne
De monsieur le duc de Bourgogne?

L'autre jour je vis Gonnelieu[3]
Qui comme un charretier juroit Dieu
Contre ceux qui font la besogne
De monsieur le duc de Bourgogne.

Il mit en pièces son surplis,
Disant : Il n'est que les maris
Qui doivent faire la besogne
De monsieur le duc de Bourgogne.

Voyez-vous les enfants trouvés?
Sous des choux ils ne sont pas nés :
Ce sont des enfants de la besogne
De monsieur le duc de Bourgogne.

---

[1] [On accusoit Monsieur d'aimer madame de Conti, sa sœur, fille du Roi et de madame de La Vallière (*n. du t.*).]

[2] [Les Loisons, dont la cadette a épousé M. de Naumont, payeur des rentes (*n. du t.*).] Les écrits du temps font souvent mention de ces deux courtisanes.

[3] Jérôme Gonnelieu, jésuite, né en 1640, mort en 1715; prédicateur habile et auteur d'ouvrages ascétiques estimés.

Ce que je vous dis n'est pas un jeu ;
Vous serez brûlés dans le feu
Si vous faites encore la besogne
De monsieur le duc de Bourgogne.

1708.

AIR : *de Biribi.*

Sur la levée du siége de Toulon,

Qu'avez-vous fait devant Toulon,
   Valeureux Amédée ?
Vous avez ramoné, dit-on,
   Cinq ou six cheminées ;
Cette belle expédition,
   La faridondaine,
   La faridondon,
Vous rend un héros accompli,
   Biribi,
A la façon de Barbari,
   Mon ami.

Vous pensiez, partant de Turin,
   Envahir la Provence,
Et puis, suivant votre chemin,
   Prendre toute la France ;
Votre dessein étoit fort bon,
   La faridondaine,
   La faridondon ;
Aussi vous a-t-il réussi,
   Biribi,
A la façon de Barbari,
   Mon ami.

Vous ne comptiez pas dans Toulon
   Sur grande résistance ;
Aix et Marseille à votre nom
   Faisoient la révérence ;
Saint Pater avec son canon,
    La faridondaine,
    La faridondon,
Vous a rendu tout le pays,
    Biribi,
A la façon de Barbari,
    Mon ami.

Déjà parmi les potentats
   Vous brillez en mérite,
Et c'est aux dépens des États
   Que bouillent vos marmites ;
Vous leur avez écrit, dit-on,
    La faridondaine,
    La faridondon,
Je suis venu, j'ai vu, j'ai pris,
    Biribi,
A la façon de Barbari,
    Mon ami.

Charmé d'une belle saison
   Et du retour des princes,
Vous pensiez donner sans façon
   Dans toutes nos provinces,
Et en faisant la portion,
    La faridondaine,
    La faridondon,
Vous vous réserviez Paris,
    Biribi,

A la façon de Barbari,
　　Mon ami.

Prince, flattez-vous maintenant
　　D'une vaine espérance;
Dites : Je suis le conquérant
　　De toute la Provence;
Pourquoi n'attendre pas Bourbon?
　　La faridondaine,
　　La faridondon;
Vous auriez fait fuir ce beau-fils,
　　Biribi,
A la façon de Barbari,
　　Mon ami.

Eugène dit : Quel embarras,
　　Grand Dieu! quel stratagème!
Pour moi, je ne le comprends pas;
　　A-t-on rien vu de même?
On nous promettoit trahison,
　　La faridondaine,
　　La faridondon;
Les Provençaux étoient soumis,
　　Biribi,
A la façon de Barbari,
　　Mon ami.

Hesse-Cassel dit : C'est tout de bon
　　Que l'on nous fait la guerre;
Saint Pater avecque Dillon
　　Nous fait mordre la terre;
Il faut abandonner Toulon,
　　La faridondaine,
　　La faridondon,

Pour prendre au filet Medary,
　　　Biribi,
A la façon de Barbari,
　　　Mon ami.

Le grand général de Tessé
　　Brille à l'autre colonne;
Il paroît encor tout lassé
　　Du coup de Barcelone;
Il mérite autant que Biron,
　　La faridondaine,
　　La faridondon,
La faveur qu'il reçut d'Henri,
　　　Biribi,
A la façon de Barbari,
　　　Mon ami.

On voit à un portrait tout neuf
　　L'agréable effigie
Du gendre de feu Châteauneuf,
　　L'effroi de l'Italie;
C'est le célèbre d'Aubusson [1],
　　La faridondaine,
　　La faridondon,
Dont les projets ont réussi,
　　　Biribi,

[1] Louis d'Aubusson, duc de La Feuillade, l'un des généraux malhabiles que Louis XIV eut le malheur d'employer à la fin de son règne. Sa défaite devant Turin est malignement rappelée dans ce couplet. Saint-Simon trace de ce duc un portrait fort peu séduisant; il l'appelle « le plus solidement malhonnête homme qui ait paru depuis longtemps. » Malgré les revers éclatants qui avaient signalé sa carrière, La Feuillade devint, en 1724, maréchal de France.

A la façon de Barbari,
 Mon ami.

Au milieu de tous ces héros,
 Savez-vous qui préside ?
C'est la source de tous nos maux,
 La malheureuse Armide,
Autrement dit dame Alizon,
 La faridondaine,
 La faridondon ;
C'est elle qui les a conduits,
 Biribi,
A la façon de Barbari,
 Mon ami.

La Condé, Pléneuf et Crécy,
 Ces beautés peu cruelles,
De la bonté de leurs maris
 S'applaudissoient entre elles ;
Nous sommes la fleur du canton,
 La faridondaine,
 La faridondon,
Et chacun nous estime ici,
 Biribi,
A la façon de Barbari,
 Mon ami.

Pléneuf ! disoit : J'ai mille amants
 Dont je sais faire usage,
Et lorsque l'outrage des ans
 Flétrira mon visage,

[1] [Mademoiselle de Donilly de Corsay, deuxième femme de M. Berthelot de Pléneuf (n. du l.).]

Chaque année je me fais un fonds,
    La faridondaine,
    La faridondon,
Pour m'en équiper plus de six,
    Biribi,
A la façon de Barbari,
    Mon ami.

Condé [1] dit : J'ai bien moins d'argent,
    Mais j'ai bonne fortune ;
L'amour sait à chaque moment
    M'en procurer quelqu'une ;
Un grand dont j'ignore le nom,
    La faridondaine,
    La faridondon,
L'autre jour six fois me chérit,
    Biribi;
A la façon de Barbari,
    Mon ami.

Il faut l'avouer, dit Crécy [2],
    Tout brille sur nos traces ;
Dans notre printemps tout nous rit,
    Nous sommes les trois Grâces.
Ces bonnes dames ont raison,
    La faridondaine,
    La faridondon ;
Ce sont les trois Grâces d'ici,
    Biribi,

---

[1] [Mademoiselle Petit, femme de Condé, fils d'un marchand de draps (*n. du t.*).]

[2] [La femme de Crécy, officier des gendarmes de la garde, fils de celui qui étoit chez le duc du Maine (*n. du t.*).]

A la façon de Barbari,
　　Mon ami.

S'il ressemble à son grand papa [1],
　　Il sera pauvre prince ;
Si c'est à son grand papa,
　　Il sera un bon prince ;
Mais à son papa Bourguignon,
　　La faridondaine,
　　La faridondon,
Il défendra bien son pays,
　　Biribi,
A la façon de Barbari,
　　Mon ami.

Enfin Eugène et Marlborough
　　Sont les maîtres de Lille ;
Ils ont cru frapper un grand coup
　　En prenant cette ville ;
Mais on les tient comme en prison,
　　La faridondaine,
　　La faridondon,
Et les oisons se trouvent pris,
　　Biribi,
A la façon de Barbari,
　　Mon ami.

Nos chefs, las d'éprouver partout
　　La fortune marâtre,
Près d'Oudenarde et de Touroux,
　　Battus, mais comme plâtre,

[1] [En 1708, sur le duc de Bretagne (*n. du t.*)] Le *pauvre prince* s'applique à Louis XIII.

Ont pris la résolution,
   La faridondaine,
   La faridondon,
De recourir aux tours d'esprit,
   Biribi,
A la façon de Barbari,
   Mon ami.

Sans hasarder en combattant
   Et vie et renommée,
Le premier jouant au volant,
   L'autre en chaise percée,
Par une belle invention,
   La faridondaine,
   La faridondon,
Ils vous accablent l'ennemi,
   Biribi,
A la façon de Barbari,
   Mon ami.

Or, comme ils sont des plus savants
   Aux ruses de la guerre,
Ils assiégent les assiégeants
   Et par mer et par terre;
Et déjà de ces fanfarons
   La faridondaine,
   La faridondon,
Je vois le sot orgueil détruit,
   Biribi,
A la façon de Barbari,
   Mon ami.

Sans nul secours, sans nuls envois,
   Quoi qu'en France on publie,

Réduit à vivre dans l'Artois
Et dans la Picardie,
Les malheureux crèveront,
La faridondaine,
La faridondon,
De faim, de soif et de dépit,
Biribi,
A la façon de Barbari,
Mon ami.

Le reste presqu'à demi mort,
De la pauvre canaille
Favorisés de passeports,
Iront jusqu'à Versailles,
Tous couverts de confusion,
La faridondaine,
La faridondon,
Se jeter aux pieds de Louis,
Biribi,
A la façon de Barbari,
Mon ami.

L'affaire, à ce que vous voyez,
Est plus qu'à demi faite;
Si ma chanson vous ne croyez,
Croyez-en la gazette;
Elle en fait longue mention,
La faridondaine,
La faridondon,
Et l'almanach nous le prédit,
Biribi,
A la façon de Barbari,
Mon ami.

De nos habiles généraux
    Admirons la prudence,
Les efforts de leurs grands cerveaux,
    Leur vaste intelligence ;
Elle mérite pension,
    La faridondaine,
    La faridondon,
Ou tout au moins un grand merci,
    Biribi,
A la façon de Barbari,
    Mon ami.

Marlborough, voulant de l'Escaut
    Essayer le passage,
S'informe et prend des généraux
    Le conseil le plus sage ;
Attaquez, dit-on, Souternon [1],
    La faridondaine,
    La faridondon ;
Il a du cœur et de l'esprit,
    Biribi,
A la façon de Barbari,
    Mon ami.

Quand Eugène fut repassé,
    Il envoya son page
Dire au général Cotté :
    Mangez votre potage,
Vous pouvez dormir sans façon,

---

[1] Cet officier-général perdit la tête et laissa les ennemis passer l'Escaut ; il fut obligé de quitter le service. Voir Saint-Simon.

La faridondaine,
La faridondon;
Surtout défendez bien Paris,
Biribi,
A la façon de Barbari,
Mon ami.

Hautefort, voyant son cousin
Qui avoit pris le large,
S'écria comme un vrai lutin :
Sauvons notre bagage !
Allons camper sous Charenton,
La faridondaine,
La faridondon,
Nous défendrons au moins Paris,
Biribi,
A la façon de Barbari,
Mon ami.

Quand son char eut de bons coursiers,
Il rouloit bien sans doute ;
Lionne, Colbert et Le Tellier[1]
Tinrent fort bonne route ;
Ils ne quittoient point le timon,
La faridondaine,
La faridondon,
Et n'alloient pas comme aujourd'hui,
Biribi,
A la façon de Barbari,
Mon ami.

[1] C'est-à-dire Louvois, l'un des ministres attachés au char de Louis XIV.

Pourquoi fuyez-vous, grand héros?
　　Poussez votre conquête;
On s'en va vous servir le rôt,
　　La fricassée est prête;
Restez, notre vin est fort bon,
　　　La faridondaine,
　　　La faridondon;
Vous en boirez et vos amis,
　　　Biribi,
A la façon de Barbari,
　　　Mon ami.

Je vous remercie de bon cœur,
　　Répond notre Amédée;
Si je vous ai fait quelque peur,
　　Elle m'est renvoyée;
Il me faut tourner les talons,
　　　La faridondaine,
　　　La faridondon,
Après avoir tout accompli,
　　　Biribi,
A la façon de Barbari,
　　　Mon ami.

Sans Vauvrai et sans Langeron,
　　Toute l'armée navale
N'eût rien fait auprès de Toulon;
　　Mais l'habile cabale
A fait noyer notre canon,
　　　La faridondaine,
　　　La faridondon;
Ces deux amis nous ont servis,
　　　Biribi,

A la façon de Barbari,
    Mon ami.

Ils ont coulé bas nos vaisseaux,
    Renvoyé nos galères,
Jeté les munitions dans l'eau
    Et démoli les frères;
Du port ils ont comblé le fond,
    La faridondaine,
    La faridondon;
Les ennemis ont-ils fait pis,
    Biribi,
A la façon de Barbari,
    Mon ami?

Ils ont démeublé leurs maisons,
    Mis le parc au pillage,
Jeté l'épouvante à Toulon,
    Le désordre et la rage;
Mis leurs maîtresses en Avignon,
    La faridondaine,
    La faridondon;
Le roi leur doit un grand merci,
    Biribi,
A la façon de Barbari,
    Mon ami.

L'un veut la vice-amirauté,
    L'autre le ministère;
Ils ont tous deux bien mérité
    Récompense et salaire,
Prisons ou petites-maisons,
    La faridondaine,
    La faridondon;

Et le roi sera mieux servi,
  Biribi,
A la façon de Barbari,
  Mon ami.

Accourez tous, grands esprits,
 A la cérémonie;
De ces héros du grand Louis
 La gloire se publie;
Venez au pied de Montfaucon,
 La faridondaine,
 La faridondon,
Maître André en fait le récit,
  Biribi,
A la façon de Barbari,
  Mon ami.

Tallard paroît tout le premier
 En héros d'importance,
Son portrait est à un pilier,
 En grande magnificence;
On voit à ses yeux de héron,
 La faridondaine,
 La faridondon,
La peur qu'il fit aux ennemis,
  Biribi,
A la façon de Barbari,
  Mon ami.

Villeroi est peint en regard
 De ce grand capitaine;
Il a de même que Tallard
 Profité sous Turenne;

Le baudrier de ce champion,
    La faridondaine,
    La faridondon,
Brille du gain de Ramilli,
    Biribi,
A la façon de Barbari,
    Mon ami.

A présent un triste bidet [1],
    Une méchante rosse [2] ;
Un cheval borgne [3], un vrai criquet [4],
    Mènent notre carrosse ;
Le roi dedans, c'est Alizon,
    La faridondaine,
    La faridondon,
Qui les attelle et les conduit,
    Biribi,
A la façon de Barbari,
    Mon ami.

N'agissez pas comme ennemis,
    Messieurs les commissaires [5],
Contre les crimes qu'ont commis
    Trois de nos pauvres pères ;
Car, touchés de compassion,
    La faridondaine,

---

[1] [Sur les quatre ministres du Roi ; le triste bidet, M. de Torcy (n. du t.).]

[2] [La méchante rosse, M. Chamillard (n. du t.).]

[3] [Le cheval borgne, M. Pontchartrain (n. du t.).]

[4] [Le vrai criquet, M. de la Vrillière (n. du t.).]

[5] [Sur les commissaires examinateurs de trois petits-pères noirs, dont la conduite avait été un sujet de scandale (n. du t.).]

> La faridondon,
>
> Ils s'en sont très-fort repentis,
>
> > Biribi,
>
> A la façon de Barbari,
>
> > Mon ami.

> Isidore, Alipe, Augustin,
>
> > N'ont point d'autres études
>
> Que de rompre avec un grand soin
>
> > Leurs tendres habitudes ;
>
> Pour en obtenir le pardon,
>
> > La faridondaine,
> > La faridondon,
>
> Ils se sont de cœur convertis,
>
> > Biribi,
>
> A la façon de Barbari,
>
> > Mon ami.

> Une chrétienne charité
>
> > Succède à leur vengeance,
>
> Et la vertu de chasteté
>
> > A leur intempérance ;
>
> Ils ont renoncé, se dit-on,
>
> > La faridondaine,
> > La faridondon,
>
> Aux plaisirs de ce monde-ci,
>
> > Biribi,
>
> A la façon de Barbari,
>
> > Mon ami.

> Isidore, pour espérer
>
> > La force nécessaire,
>
> S'est démis, sans trop balancer,
>
> > Du prieuré d'Auxerre ;

Touché de la dévotion,
　　La faridondaine,
　　La faridondon,
Il veut se sauver hors Paris,
　　Biribi,
A la façon de Barbari,
　　Mon ami.

Pour éviter tous les écueils
　　Qu'on trouve dans la ville,
Il ne demande qu'Argenteuil
　　Pour être son asile;
Car on dit qu'en cette maison,
　　La faridondaine,
　　La faridondon,
Il sera près du paradis,
　　Biribi,
A la façon de Barbari,
　　Mon ami.

Augustin promet désormais
　　D'avoir l'âme docile,
Et de ne caresser jamais
　　Femmes, veuves, ni filles;
Son aveu demande pardon,
　　La faridondaine,
　　La faridondon;
Il tiendra tout ce qu'il a promis,
　　Biribi,
A la façon de Barbari,
　　Mon ami.

Alipe est tout couvert d'horreur
　　De sa noire imposture,

D'avoir contrefait du prieur
   Le seing et l'écriture;
Passez-lui cette trahison,
    La faridondaine,
    La faridondon,
Car il s'en est bien repenti,
    Biribi,
A la façon de Barbari,
    Mon ami.

1708.

Voulez-vous savoir l'histoire
Des coquettes de Paris[1],
La gazette Savary
Donneroit bien des mémoires;
Mais j'aime bien mieux ici,
Tandis que nous sommes à boire;
Mais j'aime bien mieux ici
Vous en faire le récit.

Commençons par la doyenne :
Sans doute, c'est la Dubreuil,
Qui du petit coin de l'œil
Ménage demi-douzaine
De mauvais petits seigneurs
Qui lui content leurs fredaines,
De mauvais petits seigneurs
Qui galopent son grand cœur.

[1] Cette chanson, dont nous avons dû adoucir quelques traits, est un des échos des bruits que la chronique scandaleuse répandait alors au sujet de certaines femmes fort connues à la cour et à la ville.

Mettrons-nous de compagnie
La Ferté et la Bertin,
Qui de l'habile Arétin
Ont surpassé le génie
En épuisant tous les tours
De la fameuse Julie,
En épuisant tous les tours
Que l'on peut faire en amour?

La Condé mérite-t-elle
Pour elle qu'un seul couplet?
Il en faudroit au moins sept,
Si l'on nommoit la séquelle
De tous les adorateurs
Qui ont *aimé* la donzelle,
De tous les adorateurs
Qui partagent son grand cœur.

Pléneuf et Crécy sont dignes
De tenir ici leur rang;
Un très-grand nombre d'amants
Rendent ces beautés insignes;
Je vous tiendrois bien longtemps,
S'il faut que je les désigne;
Je vous tiendrois bien longtemps,
Elles changent à tous moments.

Nous pouvons, sans médisance,
Rire un peu de la Poncet,
De son précieux caquet,
De son air de suffisance;
Elle a beau prendre Gonteint,
Il ne prêche qu'abstinence;

Elle a beau prendre Gonteint,
Tout son barbouillage est vain.

D'Albert, en coquette habile,
A tâté des trois états;
Lassée du bourgeois Dumas
Et de sa mince guenille,
Elle rentre entre les bras
De Colaudre l'imbécile.
Elle rentre entre les bras
De qui n'en fait pas grand cas.

La Carsé point ne s'écarte
De l'exemple de sa sœur;
Pour un orgueilleux seigneur
Elle troque son Descartes;
Le magot de président
En a eu la fièvre quarte,
Le magot de président
Ne veut plus donner d'argent.

Plaignons le sort de Verrue
Qui se livre aux roturiers;
Se peut-il qu'un teinturier,
Fils d'un balayeur de rue,
Dans ses impudiques bras,
La possède peu vêtue,
Dans ses impudiques bras
Jouisse de tant d'appas?

Mais aussi pouvoit-on croire
Ce que la Cessac a fait?
Qui dans le monde ne sait
Des rois de Perse l'histoire?

Frère et sœur en leur maison
De se chérir faisoient gloire,
Frère et sœur en sa maison
Se *chérissent* aussi, dit-on.

Parlons de la Chétardie,
Sans oublier la Coulon,
Qui toutes deux, se dit-on,
Sont déjà si aguerries
Que bientôt elles pourront
Passer l'ancienne Julie,
Que bientôt elles pourront
En revendre à la Fillon.

Il faut que la Flamanville
Aye place dans nos chansons;
Ses mines et ses façons
Enchantent toute la ville,
Malgré sa gale au menton,
Elle dompte la Castille;
Malgré sa gale au menton,
Elle fait rage du front.

Laissera-t-on la duchesse
Veuve du vieux gouverneur?
Sans parler de son humeur,
Combien elle fait largesse;
Le milord Colifichet,
Qui partage sa tendresse,
Le milord Colifichet
Doit publier son bienfait.

Laissons en paix La Fontaine;
Respectons ses cheveux gris,

Quoiqu'elle offre ses débris
A qui veut prendre la peine ;
Le seul commandeur charmé
De cette Samaritaine,
Le seul commandeur charmé
Aime son gris pommelé.

Sans me taxer de malice,
J'en sais qui, sans trop d'éclat,
Avec ces précieuses-là,
Peuvent bien rentrer en lice ;
Je raye de ma chanson,
De crainte de la police,
Je raye de ma chanson
Le nom de la d'Argenson.

Son mari à tous sévère,
Pour elle est trop indulgent ;
Mais sait-il qu'à quarante ans
Cette jument poulinière,
Avec Ris à l'Opéra,
En faisant la grande affaire,
Avec Ris à l'Opéra,
Sur le fait on la trouva ?

N'oublions pas la duchesse
Avec son Colifichet ;
D'abord ce laid marmouset
Fut l'objet de sa tendresse ;
Mais elle le quitte enfin
Avec bien plus de bassesse,
Mais elle le quitte enfin
Pour un fat de comédien.

1708.

Sur les coquettes de Paris.

Pour la centième fois
La Mussy peu cruelle[1]
Quitte un prince fidèle,
Et fait un autre choix
Pour la centième fois.

Pour la première fois,
D'Albert lorgna la belle;
Il dit à la donzelle :
Vous serez dans un mois
A la centième fois.

A ce mot de cent fois,
La belle fut tentée;
Mais elle fut trompée,

[1] [Madame de Mussy fut la maîtresse du duc de Bourbon, mari de mademoiselle de Nantes, mort en 1710. Il l'avoit connue en Bourgogne, et il la fit venir à Paris où il l'installa somptueusement. Cette dame, très-coquette, était l'amie de madame de Bois-Landry, veuve du frère du président d'Alègre et qui avoit pour amant un lieutenant aux gardes, nommé de Chevilly. Le comte d'Albert venoit chez cette dame, et madame de Mussy se lia avec lui. Le duc de Bourbon en fut averti, et il alla lui faire une scène, cassant miroirs et porcelaines; elle ne s'en émut guère et lui dit avec sang-froid qu'elle n'étoit point sa femme, qu'il n'avoit rien à lui dire ni à lui reprocher, qu'elle avoit du goût pour le comte d'Albert qui étoit bien plus aimable que lui, et que, pour en juger lui-même, il n'avoit qu'à se regarder avec lui en un miroir. Le duc, piqué de ce discours, abandonna la dame et lui ôta tout ce qu'il put (*n. du t.*).]

Quand à la fin du mois
Le nombre fut de trois.

Pour la centième fois
Bois-Landry l'incommode
Jure que c'est la mode
D'en compter aux grivois
Pour la centième fois.

Sois aveugle, d'Harcourt;
Ta femme est infidèle;
Pour bien vivre avec elle
C'est trop peu d'être sourd,
Sois aveugle, d'Harcourt.

Vendôme, les combats!
Ne sont que dans ta tête,
On t'a donné une bête
Qui fait des almanachs :
Ne le connois-tu pas?

Vendôme et Catinat
N'iront plus à la guerre,
Car la vieille sorcière
Ne veut plus de combats;
Ne la connois-tu pas?

1708.

On dit que c'est la Maintenon
Qui renverse le trône,
Et que cette vieille guenon
Nous réduit à l'aumône;

Louis-le-Grand soutient que non,
La faridondaine,
La faridondon,
Et que tout se règle par lui,
Biribi,
A la façon de Barbari,
Mon ami.

1709. — ROCHELOIS.

D'Argenson, ce fameux général,
De nuit a surpris Port-Royal[1] ;
De ce coup la ligue alarmée
Craint après un exploit si beau
Qu'à la tête de nos armées,
On ne mette ce noir museau.

Déplorons tous le sort fatal,
De nos vierges de Port Royal ;
Sans autre forme de justice,
Cette sainte maison de Dieu,
Sous le grand nom de la police
A sauté comme un mauvais lieu.

Quand d'Argenson à Port-Royal
Montra son minois infernal,
Chaque nonne se mit à dire :
C'est le vicaire de Satan,
Qui, frais sorti du noir empire,
Prend ce saint lieu pour un boucan.

[1] Voir dans Saint-Simon, t. XIV, p. 84, l'enlèvement que fit d'Argenson des religieuses de Port-Royal, et t. XXXIV, p. 266, l'appréciation du caractère de ce magistrat célèbre.

Il a vaincu, ce grand Louis,
Ses plus dangereux ennemis;
Toujours habile politique,
Il court au plus pressant danger;
Il bat l'ennemi domestique,
Puis fera face à l'étranger.

Louis, dans son adversité,
N'a plus besoin de fermeté;
Il vient de dissiper ses craintes,
Rien ne saurait plus aller mal,
Il a détruit les toiles peintes
Et les filles de Port-Royal.

On ne peut plus de Chamillard [1]
Faire qu'un maître de billard;
Là brillera sa suffisance
En donnant la blouse à souhait,
Mais pour la guerre et la finance
Clergé [2] l'auroit beaucoup mieux fait.

Le noble sang de Mortemart
Se repent quand il est trop tard;
Il a cru or tout ce qui brille,
Mais il en a le démenti,
Et le chagrin de voir sa fille
N'avoir pu séduire qu'un Cany [3].

---

[1] [Lorsque M. Chamillard fut déplacé du secrétariat d'État de la guerre que l'on donna à M. Voisin (*n. du t.*).]

[2] [Clergé, fameux maître de paume (*n. du t.*).]

[3] [M. de Cany, fils de M. de Chamillard, venoit d'épouser mademoiselle de Mortemart, fille du duc de ce nom (*n. du t.*).]

Pour ministre on nomme Voisin[1];
Dieu nous le donne à bonne fin;
Du moins, si cet homme est sans ordre,
Si c'est encor quelque cheval,
Il ne fera pas grand désordre ;
On ne peut faire plus de mal.

Tout l'univers est culbuté,
Point de chaleur pendant l'été ;
En hiver le tonnerre gronde;
Grand Dieu ! tout va-t-il au hasard,
Ou bien pour gouverner le monde
Auriez-vous quelque Chamillard ?

Quand sous le plus digne des Rois
L'hérésie est mise aux abois,
Ce seroit d'indignes spectacles
De voir l'ennemi des chrétiens
Faire cesser ces saints oracles
Qui rendirent muets les saints.

Contre un si terrible attentat,
C'est à vous, pieux potentat,
De lancer promptement la foudre;
Et puissiez-vous du même éclat

---

[1] Daniel-François Voisin, né en 1654, mort en 1717 ; après avoir rempli divers emplois importants, il remplaça, en 1709, Chamillard dans la charge de secrétaire d'État de la guerre. Grâce à la protection de madame de Maintenon, il devint chancelier en 1714. Il ne faut pas s'en rapporter sur son compte aux assertions de Saint-Simon qui ne pouvait pardonner à un homme, issu d'une famille « de pleine et entière roture, » d'être parvenu aux premières charges de l'État.

Écraser et réduire en poudre
Tous ceux qui pillent votre État!

Et toi qui d'un zèle divin
Méprise l'aride écrivain,
Bien loin de garder le silence
Détruis l'ouvrage des démons,
Et fais leur sentir l'éloquence
Qui brille dans tous tes sermons.

Par des instruments différents
L'on a fait fortune en tous temps;
Et ce qui la rend si complète
Dans la race des Chamillard,
C'est du grand-père la navette
Et du petit-fils le billard.

A ce sang de férandinier,
La Feuillade va s'allier;
Marsan en fait le mariage;
A ce grand prince pour présent
L'on promet de hausser les gages
Qu'il tire des surintendants.

C'est trop d'honneur qu'un duc et pair
Avec vous veuille aller de pair;
Grand d'Espagne, la préférence
Est due aux François, en effet;
Vous, quel est votre état en France?
Qu'un apanage de cadet.

Sur le choix de la Maintenon,
Que peut-on attendre de bon?
Cette vieille sempiternelle

A donné la guerre à Voisin ;
J'espère que Polichinelle
Aura la finance demain.

Quand je te vis aller au feu,
Villars, je te croyois un Dieu,
Mais te voyant pour une femme
Quitter le service du Roi,
Je corrigeai mon épigramme ;
Villars est homme comme moi.

A Marly[1] survint un courrier
Qu'il importoit d'expédier ;
Mais l'huissier qui gardoit la porte :
Où vas-tu, dis-moi, mon ami ?
La carpe favorite est morte,
On n'ouvre à personne aujourd'hui.

1709.

Un Roi[2] par la victoire
Autrefois couronné,
Perd l'éclat de la gloire
Par un sot gouverné ;
Partout l'on entend dire :
Malheureux jour !
Que maudit soit l'empire
De son amour.

[1] [Le roi, ne voyant point paroître dans le canal de Marly une carpe qu'il aimoit, fit mettre le bassin à sec, et la trouvant morte, il ne voulut parler à personne ce jour-là, pas même à un courrier de M. de Torcy qui alloit en Angleterre pour des affaires de conséquence (n. du t.).]

[2] [Sur le roi et madame de Maintenon (n. du t.).]

Vaincu en Allemagne,
En Flandre confondu ;
Pris pour dupe en campagne,
En Italie battu,
Partout l'on entend dire :
 Malheureux jour !
Que maudit soit l'empire
 De son amour.

Créole abominable,
Infâme Maintenon !
Quand la Parque implacable
T'enverra chez Pluton,
Oh ! jour digne d'envie !
 Heureux moment !
S'il en coûte la vie
 A ton amant.

1709.

Air : *Lère, lenlère, lère, lenla.*

Que je jouerois bien au brelan,
 Dit Desmarets[1] d'un air content ;

---

[1] Nicolas Desmarets, neveu et élève de Colbert ; après avoir été maître des requêtes, intendant et directeur des finances, il remplaça, le 27 février 1708, Chamillard au contrôle général des finances. Il se trouva aux prises avec toutes les difficultés de la guerre de la Succession ; la sagesse de ses opérations et sa prudence permirent à l'État de sortir de ces crises redoutables. A peine Louis XIV fut-il mort, que Desmarets fut remplacé. C'était, selon Voltaire, « un ministre zélé, laborieux et intelligent ; il fut immolé à la haine publique, et ses successeurs le firent regretter. » Notons en passant que

Si jamais la paix se peut faire,
Lère, la, lenlère, lenla.

Le nouveau marquis de Sablé
En prendra bien mieux son café ;
Ses commis feront leur affaire,
Lère, la, lenlère, lenla.

Le Pontchartrain s'enrichira,
Et de plus belle volera
Avec la Blansac, sa commère,
Lère, la, lenlère, lenla.

Nous verrons le bon chancelier
Gronder son fils et se marier
Avec sa vieille chancelière,
Lère, la, lenlère, lenla.

Le Beauvillier, ce bon enfant,
Dans la paix, comme auparavant,
Tranquille dira son bréviaire,
Lère, la, lenlère, lenla.

Paix ou guerre, tout est égal,
Et ne fera ni bien ni mal
Au pauvre petit La Vrillière,
Lère, la, lenlère, lenla.

Voisin a toute la ferveur
Et d'un novice la vigueur;

lorsque le régent le renvoya du ministère, madame Desmarets devint folle du regret que lui causa la chute de son mari. De nos jours, les femmes des ministres congédiés ont heureusement plus de philosophie.

Mais sans argent que peut-il faire?
Lère, la, lenlère, lenla.

1709. — JOCONDE.

Desmarets[1] prétend ignorer
Pour faire la monnoie,
Qu'il faut charbon et balancier;
Prétend-il qu'on le croie?
Jadis comme un faux-monnoyeur
Il frisa la potence,
Il veut réparer son honneur
Par sa feinte ignorance.

Nous te croyions plus de valeur,
D'esprit et de sagesse;
Le sort nous a tiré d'erreur
En cessant ses caresses;
Le masque est tombé, l'univers
Voit ta foiblesse extrême;
Veut-il par de nouveaux revers
Se détromper lui-même?

Le grand-père est un fanfaron[2],
Le fils un imbécile[3],
Le petit-fils un grand poltron[4];

---

[1] [Desmarets, contrôleur général des finances. Étant commis de M. de Colbert, son oncle le fit chasser pour friponnerie dans l'affaire des pièces de quatre sols, et ce couplet est sur l'édit qui ordonnoit une fabrique des écus de 5 fr. en 1709 (*n. du t.*).]
[2] [Louis XIV (*n. du t.*).]
[3] [Le dauphin (*n. du t.*).]
[4] [Le duc de Bourgogne (*n. du t.*).]

Oh ! la belle famille[1] !
Que je vous plains, pauvres François
Soumis à cet empire !
Faites comme ont fait les Anglois :
C'est assez vous en dire.

Après les cruelles horreurs
D'un hiver effroyable,
Nous croyions goûter les douceurs
D'un printemps agréable ;
Le vent, la grêle et les brouillards
Causent mille désastres ;
N'est-ce point quelque Chamillard
Qui gouverne les astres ?

1709. — QUAND IRIS PREND PLAISIR.

Animé de l'esprit d'Ignace,
Franc juif et chrétien par grimace,
D'Argenson détruit Port-Royal ;
Entre un boucan et ce saint sanctuaire
Le rapport lui paroît égal,
Il traite Christ en Bélial ;
Pour Escobar (*bis*),
Pour Escobar peut-on moins faire ?

1709. — PETITE FRONDE.

En exerçant votre vengeance[2]
Contre la plus pure innocence,

---

[1] [Sur la famille royale (*n. du t.*).]
[2] [Sur la duchesse de Bourgogne, parce qu'elle s'étoit déclarée contre le duc de Vendôme et le comte d'Évreux,

Princesse, vous vous abusez ;
Car malgré vous, dedans l'Europe,
Vendôme et d'Évreux sont prisés
Autant que le peut être Ésope.

Non, je n'aime point l'ironie
De cette chanson qu'on publie,
De Chamillard et de l'enfer ;
Malgré d'Hozier, Dieu me pardonne,
Je le crois plus loin de Colbert,
Que d'Elbeuf et que de Lionne.

Partez, prince, pour la victoire[1],
Et revenez couvert de gloire,
Et par mille exploits prouvez-nous
Que vous valez mieux qu'on ne pense,
Et que c'est mal juger de vous
Que de juger sur l'apparence.

Quand l'hiver on ne vous voit faire
Que confessions et que prières,
Vivre à la cour comme au désert,
Blâmer les jeux et les spectacles,
Pour soutenir un tel hiver,
Il faut un été de miracles.

Vous pouvez en toute assurance[2],
Sans faire grand tort à la France,

qui disoient qu'il n'avoit tenu qu'au duc de Bourgogne de battre les ennemis à Lille, et que son conseil n'étoit composé que de poltrons (*n. du t.*).]

[1] [M. le duc de Bourgogne qui fut en Allemagne en 1709 (*n. du t.*).]

[2] Ce couplet s'applique à la duchesse de Bourgogne ; son père, le duc de Savoie, était ennemi de la France.

Goûter les plaisirs les plus doux ;
Mais contre Vendôme en colère,
Sous ombre d'aimer votre époux,
Vous servez trop bien votre père.

J'ai vu Méléagre et Semelle[1],
Mais trêve ici de parallèle
Entre les rivaux de Lulli ;
Je dis, sans parler de la note,
Que l'un est digne de Jolly,
Et l'autre indigne de La Mothe.

Sur les bords fameux de la Seine,
On voit paroître sur la scène
Maints opéras tous de travers ;
Si l'on en croit la voix publique,
Les musiciens ont fait les vers
Et les poëtes la musique.

Amis, buvons à tasse pleine,
A la santé de cette reine[2]
Qui vient à nous l'olive en main ;
Qu'à jamais le ciel la bénisse,
Et qu'au salut du genre humain
La Hollande seule périsse.

Le Tellier[3], ce grand casuiste,
De son devancier suit la piste

---

[1] *Sémélé*, tragédie lyrique, par La Mothe, musique de Marais, représentée le 9 avril 1709 ; *Méléagre*, par Jolly, musique de Stuck, représentée le 24 mai 1709.

[2] La reine d'Angleterre faisait alors à la France des propositions de paix ; elles n'eurent pas de suite.

[3] (Le père Le Tellier, jésuite, confesseur du roi (*n. du t.*).)

Et ne s'en écarte sur rien;
Il permet qu'on soit calviniste,
Anabaptiste, luthérien,
Mais point de grâce au janséniste.

1709. — BRANLE.

Oublions tout le mal souffert [1],
Dansons un nouveau branle,
Je vois déjà le ciel ouvert;
Je vois l'esprit du grand Colbert
Raffermir ce qui branle;
Rappelons Louvois de l'enfer,
Tout reprendra son branle.

A l'Étang [2], l'on voit Chamillard
Danser un triste branle;
Ses parents l'ont mis à l'écart,
Lui font un petit pot à part
Pour son cerveau qui branle;
Le noble sang de Mortemart
Ne rit pas de ce branle [3].

Le roi d'Angleterre est parti,
Et la flotte est en branle
Pour un projet assez hardi,
Beau quand il aura réussi:

---

[1] [Lorsque M. Desmarets fut contrôleur général (*n. du t.*).]

[2] [Lorsque M. de Chamillard fut à sa terre de l'Étang, où l'on ne le voyoit point à cause d'une maladie qu'il avoit (*n. du t.*).]

[3] Nous avons déjà dit que le fils de Chamillard était devenu le gendre du duc de Mortemart.

Il va pour mettre en branle
L'Écosse, qui, à ce qu'on dit,
Au manche déjà branle[1].

Les Écossois lui ont écrit :
Sire, venez au branle ;
L'argent étant rare à Paris,
N'en empruntez pas à Louis
Pour les frais de ce branle ;
Nous vous ferons plutôt crédit
Jusqu'à la fin du branle.

Ces offres l'ont déterminé,
Et l'ont fait mettre en branle ;
Le roi seulement a donné
De quoi le mettre en sûreté
Et commencer le branle.

---

[1] Cette expédition, qui n'eut aucun succès, provoqua une pièce satirique intitulée : *L'Expédition d'Écosse, ou le retour du prince de Galles en France*, tragi-comédie en quatre actes et en vers, Paris (Hollande), *Louis entrepreneur et Jacques Fuyard, derrière la place des Victoires, à l'enseigne des Gasconnades maritimes*, in-12. La pièce se termine par le supplice du chancelier d'Écosse, à qui Louis XIV fait trancher la tête pour le punir d'avoir décidé cette fâcheuse tentative, en assurant que les Écossais étaient prêts à la seconder. L'auteur n'oublie pas d'affirmer la bâtardise du prince de Galles, assertion soutenue alors par les ennemis de Louis XIV et par les écrivains à la solde du roi Guillaume III. Il fait dire à Jacques II au lit de mort :

> Je voulus, par l'avis d'un jésuite pervers,
> Faire la reine grosse aux yeux de l'univers ;
> La chose réussit ; la reine en apparence,
> Dans une obscurité de nocturne silence,
> Mit au monde un enfant né depuis plus d'un mois,
> Car il étoit le fils d'un des moindres bourgeois.

Il faut qu'il y soit couronné,
Sinon malheur au branle.

Réponse des coquettes de Paris à ceux qui les nomment coquettes.

C'est en vain qu'un rimeur méchant
Contre nous se déchaîne ;
Ce n'est pas un crime si grand
Que de soulager un tourment
Qui nous cause des peines ;
Ce n'est pas un crime si grand
Que d'avoir l'âme humaine.

Pour moi, dit la belle Pléneuf,
Quand un amant fidèle
Sait d'un doux langage amoureux
Exprimer vivement ses feux,
Faut-il être cruelle,
Et faut-il faire un malheureux
Lorsque l'on est si belle ?

Et moi, dit l'aimable Condé,
Fort peu je me soucie
Qu'on nomme trop peu de fierté
Des marques de sincérité ;
Ce n'est qu'une folie ;
Trouve-t-on dans la cruauté
Les plaisirs de la vie ?

Écoutez donc, dit la Crécy ;
Quel est ce beau langage ?
Ce n'est pas la mode à Paris
Que pour avoir pris un mari

A lui seul on s'engage;
On n'a jamais en ce pays
Suivi un tel usage.

Et moi, dit la jeune Carzay,
A la fleur de mon âge
Quand je ne fais que commencer,
Comment pouvoir y renoncer?
J'en veux suivre l'usage;
Quand j'aurai bien mon temps passé,
Alors je serai sage.

La Luxembourg d'un œil riant,
A dit sans nul mystère :
Le mérite dans un amant
N'est pas pour moi celui du rang;
Ce n'est qu'une chimère;
Je ne m'en tiens qu'à son talent,
Pourvu qu'il sache plaire.

Pourquoi trouve-t-on étonnant,
Répondent les duchesses,
Si nous ne cherchons fort souvent
Ni la dignité, ni le rang,
Ni l'ancienne noblesse?
Ça ne vaut point dans un amant
Les marques de tendresse.

Puisqu'aux François Lille n'est plus,
Qu'il a dansé le branle,
Nos guerriers bientôt revenus
Vont faire triompher Vénus,
Et nous aurons le branle;

Que déjà ne sont-ils venus ?
Amour, mets-les en branle.

Venez, venez, braves soldats,
Venez danser le branle ;
Venez donc tous, hâtez le pas,
Venez ici prendre vos ébats,
Il faut changer de branle ;
Il est un temps pour les combats,
Un autre pour le branle.

Boufflers le premier dansera,
Il mènera le branle ;
Et tant que le monde sera
Toute la terre dansera.
Il est si beau, son branle,
Que Malborough confessera
Qu'il est le roi du branle.

Brave Surville[1], nous irons
Te présenter le branle ;
Et toutes nous te conduirons
A Marly chercher le bâton,
Car c'est le prix du branle ;
Te refuser, le pourroit-on,
Après un si beau branle ?

Dupuis, Vauban revient dans peu,

---

[1] Surville, colonel du régiment du Roi ; après s'être attiré des désagréments très-vifs par suite de son emportement et avoir été mis à la Bastille, il fut blessé au siége de Lille, et défendit Tournay qu'il rendit après vingt jours de siége. Ses plaintes contre Villars le perdirent une seconde fois ; il alla s'enterrer en Picardie et y mourut (voir les *Mémoires* de Saint-Simon).

Frais émoulu du branle ;
Par nos belles on sait depuis peu
Qu'il sait de certains tours au jeu
Qui font beaucoup au branle ;
Pour lui faisons des vœux à Dieu
Qu'il le maintienne au branle.

Honneur, honneur à Luxembourg,
Il veut être du branle ;
Il est juste qu'il ait son tour,
Car en guerre comme en amour,
Il vaut son père au branle ;
Il est toujours prêt au secours
Dans les besoins du branle.

La Crézillière en belle humeur —
Est pis qu'un diable au branle ;
Il y montre tant de fureur
Qu'avec un si rude joueur
Toute la terre branle,
Et le ciel même avec fureur
Croit qu'un géant est au branle.

De tous nos maréchaux de camp
Nous ne faisons qu'un branle ;
S'ils ont le déduit aussi franc
Qu'à Lille on le prouva souvent
Par leurs hauts faits au branle,
Est-il près de guerriers si grands,
De vertu qui ne branle ?

Apprêtons-nous pour Maillebois ;
C'est un grand maître au branle ;
Contre le Batave et l'Anglois

Il s'est mesuré maintes fois
Sans s'étonner du branle;
C'est assez dire : il est François
Et tout Colbert au branle. —

Son petit frère est déjà grand
Dans les bons tours du branle,
Et Lille nous est un garant
Qu'il est intrépide et prudent
A bien mener le branle;
Heureux Desmarets dont le sang
Fait tant d'honneur au branle!

Quant à vous, braves officiers,
Comptez tous sur le branle;
Si nous vous nommons les derniers,
Chez nous vous êtes les premiers
Quand il s'agit du branle;
Et nos robins sont les greffiers
De vos exploits du branle.

Si Lille a vu sur ses remparts
Tant de grivois au branle,
Nous verrons ces enfants de Mars
Braver ici d'autres hasards,
Car il en est ensemble
Qui, dans les faubourgs, à l'écart,
Vont répéter ce branle.

Villars a dit aux Allemands :
Ne craignez point le branle,
Car je n'en veux qu'à votre argent.
Ainsi, voyez s'il est comptant;
Pour vous point d'autre branle,

Je fais la guerre au paysan,
Et c'est là le bon branle.

A Guimingue si j'eus voulu
Faire danser ce branle,
A d'autres qu'à moi n'eût tenu ;
Mais je n'en veux qu'à vos écus,
Car c'est là le bon branle.
Ainsi, messieurs, ne fuyez plus,
Vous n'aurez point de branle.

1710.

Air : *de Biribi.*

Après le retour de Torcy,
   Malgré notre misère,
Il falloit prendre un bon parti :
   On résolut la guerre ;
On réforma le Bourguignon,
   La faridondaine,
   La faridondon ;
Il avoit pourtant bien servi,
   Biribi,
A la façon de Barbari,
   Mon ami.

Le dauphin étant furibond,
   A dit dans sa colère :
Chamillard n'est rien qu'un oison ;
   Il nous perdra, mon père,
De même que votre guenon,
   La faridondaine,
   La faridondon ;

Vous les avez tous deux choisis,
    Biribi,
A la façon de Barbari,
    Mon ami.

Le roi, en fronçant le sourcil,
    Songea à cette affaire,
Et, pour satisfaire son fils,
    Changea le ministère ;
Et, par cette grande action,
    La faridondaine,
    La faridondon,
Il fait trembler les ennemis,
    Biribi,
A la façon de Barbari,
    Mon ami.

Les Hollandois ayant appris
    Ce qu'on venoit de faire,
Aux alliés ils ont écrit :
    Continuons la guerre ;
Voisin, instruit par Maintenon,
    La faridondaine,
    La faridondon,
Rétablira le grand Louis,
    Biribi,
A la façon de Barbari,
    Mon ami.

Le roi veut bien faire la paix,
    Cette affaire s'avance ;
Le courrier va partir exprès
    Pour la grande alliance :

Il porte les conditions,
  La faridondaine,
  La faridondon;
Ils signeront, sans contredit,
  Biribi,
A la façon de Barbari,
  Mon ami.

Pour bien régler nos intérêts
  Et finir nos misères,
On a nommé deux bons sujets
  Plénipotentiaires [1];
Ce sont gens de fort grand renom,
  La faridondaine,
  La faridondon,
Et partout ils ont réussi,
  Biribi,
A la façon de Barbari,
  Mon ami.

Le maréchal est entendu,
  Et chacun sait sa gloire
D'avoir Mayence défendu,
  Comme le dit l'histoire [2];
L'abbé, d'un jugement profond,
  La faridondaine,
  La faridondon,

---

[1] [Le roi nomma le maréchal d'Uxelles et l'abbé de Polignac à La Haye comme plénipotentiaires, croyant que les ennemis vouloient la paix (*n. du t.*).]

[2] [Le maréchal d'Uxelles avoit défendu Mayence en 1695, et le public ne lui avoit pas rendu toute la justice qu'on lui devoit (*n. du t.*).]

En Pologne a fait roi Conti [1],
  Biribi,
A la façon de Barbari,
  Mon ami.

Mais s'ils avoient moins de talents
  Et moins de suffisance,
Le roi les rendroit tout-puissants
  Par sa pleine puissance :
On n'a qu'à voir l'instruction,
  La faridondaine,
  La faridondon,
Dont il a fait part à Torcy,
  Biribi,
A la façon de Barbari,
  Mon ami.

Mais consultons un peu le cas;
  Si l'Allemand rebelle,
A nos lois ne souscrivoit pas
  Et nous cherchoit querelle,
Que ferons-nous? tiendrons-nous bon?
  La faridondaine,
  La faridondon;
Ferons-nous peur à l'ennemi
  Biribi,
A la façon de Barbari,
  Mon ami?

Soldats battus et sans argent,

---

[1] [L'abbé de Polignac avoit été en Pologne lorsque le prince de Conti y fut pour être roi (*n. du t.*).] On sait que cette négociation échoua et que le prince n'obtint point la couronne.

Un conseil imbécile,
Dans tous les postes importants
　Des faces d'Évangile ;
Mais peut-être que nous avons,
　　La faridondaine,
　　La faridondon,
Beaucoup d'argent et de crédit,
　　　Biribi,
A la façon de Barbari,
　　Mon ami.

Les fléaux d'Égypte on ressent,
　Tout gèle, l'air infecte ;
Que d'impôts ! que d'édits sanglants !
　Maltôtiers, fiers insectes,
Scorbut, famine et d'Argenson,
　　La faridondaine,
　　La faridondon,
Qui dans nos maux nous a servis,
　　　Biribi,
A la façon de Barbari,
　　Mon ami.

Grand roi, rien n'est plus dangereux
　Que d'ignorants ministres ;
Peut-il arriver avec eux
　Qu'évènements sinistres ?
Ils méritent compassion,
　　La faridondaine,
　　La faridondon ;
Mais nous la méritons aussi,
　　　Biribi,
A la façon de Barbari,
　　Mon ami.

1710.

Air : *Réveillez-vous, belle endormie.*

Vous me demandez des nouvelles
De notre languissante cour ;
Seigneur, en voici des plus belles
Sur la politique et l'amour.

Louis, toujours de gloire avide,
Mais dépérissant à vue d'œil,
Par l'ambition qui le guide
Se fait escorter au cercueil.

Sa sempiternelle maîtresse,
Plus souveraine que jamais,
Malgré le mal qui nous oppresse,
Ne veut point qu'on fasse la paix.

Le Dauphin, bourgeois de Versailles,
Chasse, mange et se divertit ;
La Chouin, cette vieille médaille,
Seule l'occupe et le ravit [1];

Bourgogne, dévot et stupide,
Passe son temps en oraison ;

---

[1] Marie-Émilie Jolly de Chouin ; on croit que le Dauphin avait contracté avec elle un mariage secret. Elle survécut longtemps à ce prince et mourut en 1744. Il ne paraît pas qu'elle fût fort attrayante, mais l'on sait combien le grand Dauphin avait des goûts peu délicats. Elle ne fut jamais, selon Saint-Simon, « qu'une grosse camarde, brune, ayant l'air d'une servante et qui était devenue excessivement grosse et puante. » Ses dents gâtées répandaient une odeur infecte, au dire de Madame (*Lettres*, 1855, t. II, p. 98 et 223).

Plus raffolé d'Adélaïde
Qu'un aveugle de son bâton.

Pour lui, dissimulant sa haine,
Elle contraint tous ses désirs,
Et déjà voudroit être reine
Pour goûter de libres plaisirs.

Le marquis de Nangis l'adore,
Elle répond à tous ses vœux ;
Mais je ne sais s'ils ont encore
Trouvé le moment d'être heureux.

Dans les bras de sa jeune femme,
Berri reste jusqu'à l'ennui ;
Mais on dit que la pauvre dame
N'est pas fort contente de lui.

De Conti l'ancienne douairière
Ayant perdu ses agréments,
Ne pouvant plus charmer son frère,
Cherche et ne trouve plus d'amant.

Monsieur ayant eu la foiblesse
De proscrire la d'Argenton [1],
Qui voudroit être sa maîtresse,
Qu'une élève de la Fillon ?

Il fait succéder à la gloire

---

[1] Mademoiselle de Séry, une des premières maîtresses du Régent et la seule qui put le captiver quelque temps ; Il la fit comtesse d'Argenton. Saint-Simon raconte très en détail la rupture qui la sépara du prince. Voir aussi les *Lettres* de madame de Maintenon, édition de La Baumelle, 1756, t. VI, p. 55.

La musique et la volupté;
On le nommera dans l'histoire
Le héros de l'oisiveté.

De sa femme et de sa fortune,
Esclave soumis et rampant,
Du Maine ne se livre à l'une
Que quand de l'autre il est content.

Sa femme joue en comédienne,
Reçoit toutes sortes de gens,
Et sa maison est toujours pleine
De coquettes et de galants.

A Malézieux cette princesse
Prodigue ses plus doux appas;
Il lui montre de la tendresse,
Mais on dit qu'il ne l'aime pas.

On dit aussi que la coquette
Par d'Albert s'est laissé charmer,
Mais qu'elle en est mal satisfaite
Et qu'il ne peut se ranimer.

L'amiral voit couler sa vie
Dans une morne oisiveté,
Depuis qu'aux ports de l'Ibérie
Ce grand héros a tout gâté.

A la foire, à la comédie,
Conti tous les jours est niché;
Le goût du théâtre étudie,
Pour se voir à Sceaux recherché.

Que ce crayon-là vous suffise,

Je ne dis rien de nos seigneurs ;
D'un mot je les caractérise,
Ce sont gens sans esprit ni mœurs.

1711.

C'est à ce coup, fiers Hollandois,
   Que va tourner la chance ;
On vous fera voir dans six mois
   Le pouvoir de la France ;
On va se battre tout de bon,
   La faridondaine,
   La faridondon,
L'édit du dixième[1] le dit,
   Biribi,
A la façon de Barbari,
   Mon ami.

L'incomparable de Villars,
   Malgré son infortune,
Doit encor tenter les hasards,
   Suivant la voix commune ;
Il en a les ordres, dit-on,
   La faridondaine,
   La faridondon,
En bonne forme et bien écrit,
   Biribi,
A la façon de Barbari,
   Mon ami.

---

[1] [L'édit du dixième, en 1710, disoit que c'étoit pour se battre tout de bon en 1711, puisque la Hollande ne vouloit pas faire la paix (*n. du t.*).]

Si l'on en croit tous ses amis,
  Il fera des merveilles :
De ses faits nobles et hardis
  Il remplit leurs oreilles;
Il jure par son fameux nom,
    La faridondaine,
    La faridondon,
Qu'il détruira les ennemis,
    Biribi,
  A la façon de Barbari,
    Mon ami.

Il doit enfin livrer combat
  A la troupe liguée,
Et par quelque grand coup d'État
  La bien rendre intriguée,
Secourir Douai tout de bon[1],
    La faridondaine,
    La faridondon,
Et faire comme il a promis,
    Biribi,
  A la façon de Barbari,
    Mon ami.

Finalement il est parti,
  On n'en fait aucun doute,
Et pour marcher à l'ennemi,
  Il prend la droite route;
Il court et par vaux et par monts,
    La faridondaine,
    La faridondon,

---

[1] [Projets de la campagne de 1711 (n. du t.).]

19.

Et remplit d'espoir les esprits,
    Biribi,
  A la façon de Barbari,
    Mon ami.

Le voici qui vient à grands pas,
    Il s'avance à Péronne,
Et de Cambrai droit vers Arras
    Il appelle Bellone ;
Mais on dit qu'elle lui répond,
    La faridondaine,
    La faridondon :
La gloire t'attend à Vitri [1],
    Biribi,
  A la façon de Barbari,
    Mon ami.

Lorsqu'il arriva dans Cambrai,
    L'on vit la populace,
L'esprit content et le cœur gai,
    Le suivre en chaque place,
En s'écriant : Le voici donc !
    La faridondaine,
    La faridondon ;
C'est de Bourbon le seul appui,
    Biribi,
  A la façon de Barbari,
    Mon ami.

Il va mener tambour battant
    Malborough et Eugène ;
Il paroît avoir l'air content,

[1] [Village près de Douai (n. du t.).]

Quoiqu'il marche avec peine ;
Il a promis au grand Bourbon,
　　La faridondaine,
　　La faridondon,
Qu'en deux jours ils seroient soumis,
　　Biribi,
A la façon de Barbari,
　　Mon ami.

Avec trois autres maréchaux
　Il tint conseil de guerre,
Et puis levant le pied haut,
　Il en frappa la terre ;
Il s'écria d'un maître ton,
　　La faridondaine,
　　La faridondon :
Je suis Villars, vrai cadédis!
　　Biribi,
A la façon de Barbari,
　　Mon ami.

A la victoire il faut courir,
　Pour nous la gloire est née ;
Il nous faut vaincre ou bien mourir,
　C'est notre destinée ;
Vengeons l'honneur du grand Bourbon,
　　La faridondaine,
　　La faridondon,
Et celle de son petit-fils,
　　Biribi,
A la façon de Barbari,
　　Mon ami.

Tout bien conté, tout rabattu,

Sur cette confiance,
On comptoit l'ennemi battu,
De Douai la délivrance ;
L'on préparoit le *Te Deum*,
La faridondaine,
La faridondon,
Pour plaire aux badauds de Paris,
Biribi,
A la façon de Barbari,
Mon ami.

Le dernier mai, suivant nos vœux,
L'on comptoit de se battre ;
Villars devoit, quoique boiteux,
Faire le diable à quatre,
Y perdre béquille ou bâton,
La faridondaine,
La faridondon,
Du combat remporter le prix,
Biribi,
A la façon de Barbari,
Mon ami.

Ayant vu l'air non sans effroi
De la troupe ennemie,
Il ne faut pas, dit-il en soi,
Rien faire à l'étourdie ;
Conduisons-nous par la raison,
La faridondaine,
La faridondon ;
Empêchons Douai d'être pris,
Biribi,
A la façon de Barbari,
Mon ami.

Attendons qu'à Gertruidemberck
 La paix enfin se fasse,
Les affaires de Flacremberck
 Prendront une autre face;
Ceux de Dalocoko [1] se rendront,
 La faridondaine,
 La faridondon;
Les Philippus nous l'ont promis,
 Biribi,
A la façon de Barbari,
 Mon ami.

Avec tous les soins diligents,
 Malborough et Eugène
Pour leur champ de Mars près de Lens
 Ont pris la vaste plaine;
Là se verra le fanfaron,
 La faridondaine,
 La faridondon,
Et s'il remportera le prix,
 Biribi,
A la façon de Barbari,
 Mon ami.

Malgré ses beaux futurs exploits,
 Villars fait la cagade;
Douai, lassé d'être aux abois,
 Enfin bat la chamade;
Voilà ce guerrier, se dit-on,
 La faridondaine,
 La faridondon;

[1] C'est ainsi que ces noms sont écrits dans le manuscrit que nous avons sous les yeux; ils sont évidemment défigurés.

Ce défenseur des fleurs de
       Biribi,
A la façon de Barbari,
       Mon ami.

1711.

Sur le maréchal de Villars.

On voit ce héros nouveau
       Chez Rigaud ;
Oh ! la folle contenance !
On diroit qu'il va parler
       Et crier :
Je vais seul sauver la France !

Sur ce qu'il en dit au roi,
       Qui le croit
Il le fait duc par avance ;
Mais je m'en étonne, moi,
       Sur ma foi,
Quand je songe à sa naissance.

Les greffiers de Condrieux,
       Ses aïeux,
Auroient-ils jamais pu croire
Qu'on vît duc et cordon bleu
       Leur neveu ?
Quel beau trait pour leur histoire !

1711.

Lorsque je fus blessé,
    Je gagnai la bataille ;

Par mille funérailles
J'allois me signaler,
Lorsque je fus blessé [1].

Est-il vrai, monseigneur [2]?
Tout le monde l'ignore;
Mais on dit plus encore
Que vous aviez grand peur;
Est-il vrai, monseigneur?

Nous allons comme au bal [3],
Général de Noailles,
Par mille funérailles
Vous faire maréchal;
Nous allons comme au bal.

D'Aligre a bien choisi,
Chevilly est aimable;
On le dit redoutable
En guerre ainsi qu'au lit;
D'Aligre a bien choisi.

Ah! si pour La Ferté [4]
On revient d'Angleterre,
Que ne pourroit-on faire
Pour une autre beauté?
Il n'en faut plus parler.

Parlons du beau Charlot [5]

---

[1] [Lorsque le maréchal de Villars fut blessé (n. du t.).]
[2] [Dialogue du maréchal et de son écuyer (n. du t.).]
[3] [Le siége de Gironne (n. du t.).]
[4] [Lorsque le comte de Lionne revint d'Angleterre pour revoir la marquise de la Ferté (n. du t.).]
[5] [Le prince Charles de Lorraine (n. du t.).]

Que la Pléneuf adore [1];
Mais elle adresse encore
Ses vœux au roi Jaquot [2];
Mazarin est un sot [3].

D'Elbeuf [4] pour Valencé [5]
Devient amant fidèle ;
Il quitte tout pour elle,
Il est ensorcelé,
D'Elbeuf pour Valencé.

1711. — BIRIBI.

Dans le choix de nos généraux [6],
   C'est le sort qui préside,
Et pour la ressource à nos maux,
   Notre vieille Armide
A dit après son oraison,
   La faridondaine,
   La faridondon :
Au hasard il les faut lotir,
   Biribi,
A la façon de Barbari,
   Mon ami.

Dans un chapeau faut ramasser
   Tous nos grands capitaines,

---

[1] [Madame de Pléneuf (n. du t.).]
[2] [Le jeune roi d'Angleterre (n. du t.).]
[3] [Le duc de Mailly (n. du t.).]
[4] [Le prince d'Elbeuf (n. du t.).]
[5] [Mademoiselle Raimond, femme de M. de Valencé (n. du t.).]
[6] [Sur une nomination de généraux (n. du t.).]

Avec nos princes les brouiller,
  Puis, sans nous mettre en peine,
L'un après l'autre tirerons,
  La faridondaine,
  La faridondon,
Laissant agir le Saint-Esprit,
  Biribi,
A la façon de Barbari,
  Mon ami.

Aussitôt dit, aussitôt fait;
  La loterie commence;
Chamillard fait chaque billet
  Avec grande prudence,
Et les montre à dame Alison,
  La faridondaine,
  La faridondon,
Qui dit qu'il a bien réussi,
  Biribi,
A la façon de Barbari,
  Mon ami.

Harcourt arriva le premier,
  On nomme l'Allemagne;
Le prince qu'on vint à tirer
  Pour la même campagne,
Ce fut le fameux Bourguignon,
  La faridondaine,
  La faridondon,
L'épouvantail des ennemis,
  Biribi,
A la façon de Barbari,
  Mon ami.

Après survint notre Dauphin
   Pour commander en Flandre,
Et Villars tomba sous la main,
   Auquel nom, sans attendre,
S'écria la dame Alison,
   La faridondaine,
   La faridondon :
Oui, nous allons tout conquérir
   Biribi,
A la façon de Barbari,
   Mon ami.

Berwick dans le fond du chapeau
   Resta pour la Provence ;
Lors on dit : Faute de Manceau,
   Voyons si la prudence
Pourra, par quelque invention,
   La faridondaine,
   La faridondon,
Du Savoyard nous garantir,
   Biribi,
A la façon de Barbari,
   Mon ami.

Tout étant ainsi décidé,
   Le roi, fort à son aise,
Alla vite se reposer
   Chausses bas, dans sa chaise,
Et de là dit à Alison,
   La faridondaine,
   La faridondon :
Voilà qui va bien, Dieu merci !
   Biribi,

A la façon de Barbari,
  Mon ami.

1714. — LE BON BRANLE.

En Flandre nous avons dansé,
  Ma foi, un fameux branle ;
Nos princes n'en ont point tâté ;
Les bigots ayant consulté,
  Ils ont quitté le branle,
Et à Gand se sont retirés
  Pour être loin du branle.

Au mont Pagnotte ils ont monté
  Pour voir un peu le branle ;
Aussitôt D'O s'est écrié :
Monseigneur, ils sont enragés,
  Voilà un vilain branle ;
A la cour il faut retourner ;
  Gardons-nous d'un tel branle.

On vit grand nombre d'officiers
  Suivre le même branle,
Qui pour à Versailles briller
Tous à la fuite ont opiné ;
  Car c'est là le bon branle
Qui les fera récompenser ;
  C'est pourquoi l'Etat branle.

Pour vous, mesdames de Paris[1],
  Vous entrerez au branle,

---
[1] [Réponse des femmes de la cour à celles de Paris (n. du t.).]

Vous avez un mérite exquis
Et vos talents sont infinis
Pour briller dans ce branle;
Venez, chers suppôts de Cypris,
Embellir notre branle.

Vous ne devez point de Beaumont[1]
Redouter l'aventure;
Les Beauvilliers et Maintenon
Vous méprisent trop, se dit-on,
Pour craindre vos censures,
Et de l'éclairé d'Argenson
La femme vous rassure.

Des Tavannes et des Croïs,
Luxembourg dégoûtée
A tout homme donnant dit oui :
Elle n'a pas jusqu'aujourd'hui
Nulle offre refusée,
Et Quinault même est bien ouï
Quand la somme est comptée.

Confuse, et de plus d'un amant
D'Albret abandonnée,
Se plaint à tous amèrement :
J'ai, dit-elle, un corps si charmant;
Faut-il qu'une poupée
Qui n'a plus ni taille ni dents
Soit ainsi préférée?

Colifichet dit, tout en pleurs :

---

[1] [La cadette Loison, femme de Beaumont, payeur des rentes, exilé pour avoir causé au bal avec madame de Bourgogne (*n. du t.*).]

Ma duchesse est coquette,
Chers amis, plaignez mon malheur;
Baron a part à ses faveurs.
Pauvres sots que vous êtes,
Elle aime mieux de bons acteurs
Que des marionnettes.

La Villefranche a demandé :
Puis-je entrer dans ce branle?
Quoique ma mère m'ait montré
A danser, il m'a bien coûté
Pour danser ce bon branle;
A Paris, je l'ai bien dansé
Ce bel et joli branle.

Après cet illustre portrait,
Peint d'une main si chère,
La Ferté, d'aucun nouveau trait,
Tu ne dois point craindre l'effet;
Donne-toi donc carrière;
Bientôt dans tout ce qu'elle a fait
Tu passeras ta mère.

Pléneuf de ses égarements
Désormais revenue,
Ecarte une foule d'amants,
Et des restes de son printemps
Avare devenue,
Hors à son prince[1] seulement
Reste à tous inconnue.

Pauvre court collet, tu l'es donc

[1] [Le prince Charles, fils du comte d'Armagnac (*n. du t.*).]

Cocu dedans les formes;
Pour un aussi joli garçon [1]
Il te manquoit cette façon;
Ta joie sera sans bornes.
Les princes plus t'en aimeront,
Car ils aiment les cornes.

La Ravois se croit du Marais
Des beautés la déesse;
Avec un jargon fait exprès,
Bourgeoise et folle avec excès,
Elle redit sans cesse
A son ennuyeux du palais :
Adore ta princesse.

De Carzé l'esprit pénétrant,
La grâce sans pareille,
Méritoit au moins le galant
Que ses yeux trouvent si charmant ;
Couple rare et fidèle,
Le seul Des Cartes auparavant
Etoit plus digne d'elle.

Trop maigre et trop sèche beauté [2],
Voici le temps des larmes;
De ton squelette noir et brûlé
Famier nous a tous dégoûté ;
Tu vois tes faibles charmes
Même à ton brave La Ferté
Faire baisser les armes.

[1] [M. de Turmedy, garde du trésor royal, qui étoit toujours avec les princes (*n. du t.*).]
[2] [Mademoiselle Charmois, femme de M. Le Famier, maître des comptes (*n. du t.*).]

Après avoir longtemps dansé,
Du Breuil appesantie
Jouit en paix du doyenné
A ses services accordé ;
Elle fait chère vie,
Et prétend être cet été
De son rhume guérie.

Devinez par qui Boislandry
Se fait conduire au branle ?
Sans doute c'est par Chevilly

¹ [Mademoiselle Turgot de Saint-Clair, femme de M. Boislandry, et Chevilly, capitaine aux gardes, qu'elle a épousé depuis (*n. du t.*).]

Voir, au sujet de cette dame, une longue note de M. Walckenaër dans son édition des *Caractères* de La Bruyère, p. 723-726. Chaulieu l'aima et lui adressa beaucoup de vers, mais elle l'abandonna pour le marquis de Lassay, si connu par ses succès galants et par ses mariages répétés. M. de Boislandry, personnage peu délicat, intenta à sa femme un procès scandaleux. Il plaidait en séparation, et, pour ne pas rendre la dot qu'il avait reçue, il soutenait que sa santé était compromise par le commerce conjugal. Pour parer ce coup, Turgot Saint-Clair, père de madame de Boislandry, prit un parti violent ; il demanda que sa fille fût visitée par des docteurs, lesquels déclarèrent fausse l'accusation de l'époux. Toutefois, la séparation fut prononcée. Les faiseurs de vaudevilles ne pouvaient laisser échapper un pareil incident ; ils chantèrent à qui mieux mieux :

> Pauvre petite Boislandry,
> Ne pleurez pas votre aventure...
> Rien n'est plus net que votre affaire...
> Avec un tel certificat,
> D'amants vous aurez affluence,
> Malgré votre époux, ce pied-plat.

² Réponse des femmes de la cour à celles de Paris (*n. du t.*).]

Ils sont tous deux bien assortis,
Ils commencent le branle ;
Elle sait aussi bien que lui
La figure du branle.

Quel démon jaloux de l'Amour
Veut renverser l'empire
Et se déchaîne tous les jours
Sur nous qui composons sa cour ?
Belles, laissons-le dire ;
Du branle interrompre le cours,
C'est vouloir tout détruire.

Amour, pouvons-nous faire mieux
Pour seconder tes armes ?
Avec nous tes sujets heureux
Languissent peu pour nos beaux yeux ;
Leur épargnant des larmes,
D'abord nous exauçons les vœux
Qu'ils adressent à nos charmes.

Le double boiteux est ici
Pour enseigner ce branle ;
Dessous les traits de Dufaï[1]
Il a chansonné tout Paris,
Et fait que tout y branle ;
Mais, ma foi, si c'est avec lui,
C'est un fort vilain branle.

1713. — BIRIBIS.

Monsieur l'abbé de Polignac,

---

[1] [Dufaï, capitaine aux gardes (*n. du t.*).]

Et le marquis d'Uxelles,
Ont enfin du fond de leur sac
　Tiré grandes nouvelles[1];
Louis s'est mis à la raison,
　　La faridondaine,
　　La faridondon;
Il tient bien plus qu'il n'a promis,
　　Biribi,
A la façon de Barbari,
　　Mon ami.

Ce prince, fier de ses succès,
　Consent de bonne grâce
Que pour le bien de ses sujets
　La paix enfin se fasse;
Les alliés en chanteront,
　　La faridondaine,
　　La faridondon,
La gloire de la fleur de lis,
　　Biribi,
A la façon de Barbari,
　　Mon ami.

Après que son bras a conquis
　Tant de fortes murailles,
Et par des exploits inouïs
　Gagné tant de batailles,
Voyez sa modération,
　　La faridondaine,
　　La faridondon;

[1] (Propositions de paix faites par les plénipotentiaires français (*n. du t.*).)

Il vous rend tout ce qu'il a pris,
  Biribi,
A la façon de Barbari,
  Mon ami.

Il cède Naples à l'Empereur,
  Milan et la Sardaigne,
Il ajouteroit de bon cœur
  L'Amérique et l'Espagne;
Mais on dit que nous la cédons,
  La faridondaine,
  La faridondon,
Au duc d'Anjou son petit-fils,
  Biribi,
A la façon de Barbari,
  Mon ami.

Il signera que sur le Rhin,
  L'ancienne frontière
A l'un et l'autre État voisin,
  Serve encore de barrière;
A sa recommandation,
  La faridondaine,
  La faridondon;
Nous le signerons après lui,
  Biribi,
A la façon de Barbari,
  Mon ami.

On dit déjà que les Anglois,
  Nation fort facile,
De tous temps amis des François,
  Verront d'un œil tranquille
Ces belles propositions,

La faridondaine,
La faridondon,
Et qu'ils y pourront consentir,
Biribi,
A la façon de Barbari,
Mon ami.

Il offre à la Reine en pur don,
De sa main bienfaisante,
La baie et le détroit d'Hudson,
Et deux îles adjacentes ;
Les bons Anglois le béniront,
La faridondaine,
La faridondon,
Et ils en seront enrichis,
Biribi,
A la façon de Barbari,
Mon ami.

Il assure en secret le roi
De la Lithuanie,
Qu'il le défendra dans son droit,
Contre la ligue unie ;
L'honneur de sa protection,
La faridondaine,
La faridondon ;
Suffira pour le maintenir,
Biribi,
A la façon de Barbari,
Mon ami.

Et si Philippe aux Portugais
Vouloit faire la guerre,
Jusqu'à Lisbonne à peu de frais,

Et par mer et par terre,
Les François le secourront,
    La faridondaine,
    La faridondon,
Comme alliés et bons amis,
    Biribi,
A la façon de Barbari,
    Mon ami.

Il accorde Furne aux États,
    Laknock, Ypres et Bergues,
Et jure, foi de potentat,
    De démolir Dunkerque;
Après la démolition,
    La faridondaine,
    La faridondon,
Nous lui devrons un grand merci,
    Biribi,
A la façon de Barbari,
    Mon ami.

Il voudroit, pour tant de bienfaits
    Et par reconnoissance,
Qu'on lui rendit Lille et Tournay
    Avec leurs dépendances;
Pourquoi le refuserait-on,
    La faridondaine,
    La faridondon?
Nous lui rendrons Menin aussi,
    Biribi,
A la façon de Barbari,
    Mon ami.

Pour prix de nous donner la paix,

Dans sa bonne fortune
Il redemande aussi Douai,
   Saint-Venant et Béthune;
A quoi tous ces murs sont-ils bons?
   La faridondaine,
   La faridondon;
Puisqu'il les veut, donnons-les-lui,
   Biribi,
A la façon de Barbari,
   Mon ami.

Mais si Louis, par un traité,
   Enrichit tous nos princes,
En cédant sans nécessité
   Tant de vastes provinces,
Nos neveux nous reprocheront,
   La faridondaine,
   La faridondon;
Que tous nos biens sont mal acquis,
   Biribi,
A la façon de Barbari,
   Mon ami.

De tous ces présents, c'est en vain
   Qu'on voudroit se défendre.
Ce grand roi veut, jusqu'à la fin,
   Imiter Alexandre;
Aussi nous les accepterons,
   La faridondaine,
   La faridondon,
Et nous prendrons le bon parti,
   Biribi,
A la façon de Barbari,
   Mon ami.

Il ne fera qu'un saint emploi
    De l'or du nouveau monde;
Croyons-en de bien bonne foi
    Sa piété profonde;
Elle sera sa caution,
    La faridondaine,
    La faridondon;
On peut s'en fier à lui,
    Biribi,
A la façon de Barbari,
    Mon ami.

Pour un électeur sans Etats,
    Sa tendresse est extrême;
En lui donnant les Pays-Bas
    Et la Bavière même,
Il paye avec profusion.
    La faridondaine,
    La faridondon,
La gloire de l'avoir servi,
    Biribi,
A la façon de Barbari,
    Mon ami.

Il demande pareillement
    Que monseigneur son frère,
En son pays tranquillement,
    Vive à son ordinaire,
Et qu'il y chante un *Te Deum*,
    La faridondaine,
    La faridondon,
Comme il a fait pour Ramilly,
    Biribi,

A la façon de Barbari,
　　Mon ami.

Le Savoyard, seul inconstant,
　　Nous dit dans sa colère :
Donnez-moi de l'argent comptant,
　　Et qu'on me laisse faire ;
Je prendrai Marseille et Toulon,
　　La faridondaine,
　　La faridondon,
Et bien d'autres pays aussi,
　　Biribi,
A la façon de Barbari,
　　Mon ami.

Eugène, fier de ses exploits,
　　S'étoit mis dans la tête
Qu'il feroit, au nez des François,
　　Encore une conquête ;
De gloire enflé comme un ballon,
　　La faridondaine,
　　La faridondon ;
Il vint assiéger Landrecy,
　　Biribi,
A la façon de Barbari,
　　Mon ami.

Les généraux les plus heureux
　　Ne sont pas les plus sages,
Voulant tenir comme les dieux
　　La fortune à leurs gages,
Vient une résolution,
　　La faridondaine,
　　La faridondon,

Voilà leurs projets accomplis,
  Biribi,
A la façon de Barbari,
  Mon ami.

Pour rendre des derniers François
  La défaite assurée,
Eugène voyoit les Anglois
  De trop dans son armée ;
Il a laissé partir d'Ormont,
  La faridondaine,
  La faridondon,
Disant : Je vaincrai bien sans lui,
  Biribi,
A la façon de Barbari,
  Mon ami.

De Malborough ne vantons plus
  La prudente conduite ;
Ses exploits étoient superflus,
  Nous en verrons la suite,
Sans avoir besoin de second,
  La faridondaine,
  La faridondon ;
Eugène ira droit à Paris,
  Biribi,
A la façon de Barbari,
  Mon ami.

Anne offre pour cette paix
  Ses généreux offices ;
Eugène veut, de ce procès,
  Sa part dans les épices
Et se faire à coups de canon,

La faridondaine,
La faridondon,
Du moins abbé de Saint-Denis,
Biribi,
A la façon de Barbari,
Mon ami.

Jadis, fondant sur le rabat
Le plan de sa fortune,
Du refus d'un canonicat
Vient toute sa rancune;
Il jura, par le Phlégéthon,
La faridondaine,
La faridondon,
Qu'il le revendroit à Louis,
Biribi,
A la façon de Barbari,
Mon ami.

Le prince Eugène ayant promis
De conquérir la France,
Avec grand soin s'étoit muni
De tout en abondance :
Pain, poudre, boulets et canons,
La faridondaine,
La faridondon,
Aussi a-t-il pris Landrecy,
Biribi,
A la façon de Barbari,
Mon ami.

Villars, de Câteau-Cambresis,
Partit en diligence;
Et pour tromper ses ennemis,

Remplis de défiance,
Fit défiler ses bataillons,
  La faridondaine,
  La faridondon ;
Albermarle en fut averti,
  Biribi,
A la façon de Barbari,
  Mon ami.

On avance jusqu'à l'Escaut
  En bonne contenance,
Puis on fait un pont de bateaux
  Sans nulle résistance ;
On les brida, ces bons oisons,
  La faridondaine,
  La faridondon,
Et sans tarder on les servit,
  Biribi,
A la façon de Barbari,
  Mon ami.

Broglio dansa des premiers,
  Et commença la danse ;
Il enfonça les cuirassiers,
  Les mit en décadence ;
Les Hollandois ont tenu bon,
  La faridondaine,
  La faridondon ;
Leurs auxiliaires aussi,
  Biribi,
A la façon de Barbari,
  Mon ami.

Dès que parut Albergoty

Avec l'infanterie,
Il avança vers l'ennemi
　　En grande cérémonie,
Trois fois lui donna les violons,
　　La faridondaine,
　　La faridondon;
Il ne dansa qu'en étourdi,
　　　Biribi,
A la façon de Barbari,
　　　Mon ami.

Ce ne fut pas sans Luxembourg
　　Que se passa l'affaire;
Il attaqua aussi le bourg
　　Et le prit par derrière;
Là, dirent-ils, le grand poltron,
　　La faridondaine,
　　La faridondon,
Nous aurons bon marché de lui,
　　　Biribi,
A la façon de Barbari,
　　　Mon ami.

Les vieux soldats l'ont reconnu
　　Pour le fils de son père;
Il est du sang de ce bossu,
　　Gare les étrivières,
Qui les battit en caleçon,
　　La faridondaine,
　　La faridondon;
A Steinkerque et à Saint-Denis,
　　　Biribi,
A la façon de Barbari,
　　　Mon ami.

Sitôt qu'on eut forcé Denain,
    Albergoty s'avance
Vers Saint-Amant le lendemain
    En grande diligence ;
Mais surpris de ce carillon,
    La faridondaine,
    La faridondon,
La garnison se défendit,
    Biribi,
A la façon de Barbari,
    Mon ami.

Broglio à Marchienne arriva,
    En croyant la surprendre ;
Le commandant pour les États
    Fut contraint de se rendre ;
On trouva des provisions,
    La faridondaine,
    La faridondon,
Plus qu'il n'en tiendroit dans Paris,
    Biribi,
A la façon de Barbari,
    Mon ami.

FIN.

ADDITIONS

En relisant nos épreuves, l'occasion s'est offerte d'ajouter quelques lignes à certains points que nous avions touchés, d'offrir encore quelques renseignements relatifs à divers personnages; nous n'avons pas su résister à cette tentation.

Page xi.

Nous citerons entre autres travaux récents relatifs à l'épouse clandestine du grand Roi, l'article de M. Émile Chasles: *Madame de Maintenon à la cour*, article inséré dans la *Revue contemporaine*, n° du 15 janvier 1856, p. 444-465. Indiquons aussi l'article de M. H. Rabou dans l'*Athenæum* du 23 décembre 1854, sur l'édition des *Lettres* de madame de Maintenon, entreprise par M. Lavallée, et l'article de M. Cuvillier-Fleury dans ses *Nouvelles études*, 1855: *Madame de Maintenon à Saint-Cyr*.

Page xv.

Tallemant des Réaux nous apprend que la reine Marie de Médicis et l'élégant Bassompierre se servaient, en parlant de femmes d'une conduite plus que légère, d'un mot grossier que le cardinal Mazarin, dans un moment de vivacité, appliqua à la duchesse de Chevreuse. Louis XIV vint et amena plus de retenue. Toutefois, Molière donnait à une de ses comédies un second titre qu'on n'oserait pas afficher aujourd'hui[1], et elle était accueillie avec des applaudissements d'ailleurs bien mérités. Les vers que Benserade faisait pour les ballets où le jeune roi figurait en personne renferment une foule d'allusions qui blessent effrontément la décence et qui devaient paraître des plus choquantes, mais on s'en formalisait si peu que les œuvres du poëte officiel se publiaient et se réimprimaient avec privilége de Sa Majesté.

Page xv.

Voir l'édition allemande des lettres que Madame écrivait à sa sœur *non mariée*, lettres que M. Wolfgang-Menzel a publiées pour la première fois, Stuttgart, 1843. La manière dont la duchesse parle des mœurs du calviniste Ruffigny, de celles de son frère la Caillemote et du comte de Zintzendorf, ambassadeur d'Autriche, (p. 94), et les détails dans lesquels elle croit devoir entrer (p. 98), ne peuvent se traduire; il faut également laisser dans le texte allemand (p. 412), le récit d'une scandaleuse orgie à laquelle se livrèrent quelques jeunes seigneurs du temps de la Régence.

Page 63.

M. Dufaï vient de publier dans l'*Athenæum français*, 1856, p. 476 et 493, deux articles intéressants sur les *Mémoires* de madame de Courcelles.

[1] Des auteurs dramatiques de la même époque étaient encore plus hardis que l'auteur de *Sganarelle* lorsqu'il s'agissait d'intituler leurs pièces; Dorimond publiait, en 1661, l'*Ecole des cocus*; Doneau mettait au jour, en 1662, la *Cocue imaginaire*; Dumas faisait imprimer à Bordeaux (vers 1686) le *Cocu en herbe et en gerbe*, comédie en cinq actes et en vers, devenue aujourd'hui introuvable.

Page 265.

Madame d'O était dame du palais de la duchesse de Bourgogne, voir ce que dit Saint-Simon (t. ii, p. 202), de son esprit romanesque et galant, de ses intrigues.

Page 265.

Ce fils de Chamillard obtint à l'âge de dix-huit ans, la survivance de secrétaire d'État ; il épousa mademoiselle de Mortemart, prit le nom de Cani et se trouva heureux, lorsque la disgrâce de son père le délivra d'un travail dont il n'avait ni le goût ni l'aptitude. Il entra au service, s'y distingua et mourut de la petite vérole, regretté de tout le monde par sa modestie ; le Régent donna à son fils aîné, âgé de sept ans, la charge de grand maréchal-des-logis du roi qu'il venait d'acheter à la mort de Cavoie (Saint-Simon).

TABLE DES NOMS CITÉS

Aiguillon (la duchesse d'), 4, 15, 20.
Alègre (madame d'), 339.
Alluy (le marquis d'), 152.
Alluy (madame d'), 151, 153.
Ancre (le maréchal d'), 1.
Anne d'Autriche, 37.
Argenson (d'), 305, 314, 328.
Argenson (madame d'), 302, 344.
Aumont (la duchesse d'), 84, 112.

Barbezieux (le marquis de), 143, 225.
Barillon, 58.
Bavière (l'électeur de), 241, 242, 244.
Beaufort (le duc de), 28, 68.
Beauvais (madame), 67.
Beauvilliers, 312.
Béjart (la), 101.
Berry (le duc de), 320.
Bertin (madame), 252, 309.
Boileau, 113.
Boislandry (madame de), 305, 347.
Bordeaux (madame de), 87.
Bossuet, 187.
Boucherat (le chancelier), 173.
Boufflers (le maréchal de), 195, 212, 271.
Bourbon (le duc de), 150.
Bourgogne (le duc de), 239, 256, 259, 263, 264, 277, 288, 315, 329, 341.
Brégis (la comtesse de), 69.

Bretenvilliers (la présidente de).
Brissac (la duchesse de), 72, 74, 77, 93, 202.
Bussy-Rabutin, VII.

Caillière, 253, 267.
Candale (le duc de), 69.
Caumartin (l'abbé de), 152.
Cessac (madame de), 301.
Chamillart, 202, 224, 239, 276, 279, 281, 307, 314, 317, 324.
Charles (l'archiduc), 223.
Charost (madame de), 273.
Châteaurenault (le comte de), 213.
Châtillon (le chevalier de), 109, 195.
Châtillon (la duchesse de), 40.
Chevreuse (la duchesse de), 28.
Chouin (mademoiselle), 329.
Clérambault (la maréchale de), 76.
Combalot (madame de); voir Aiguillon.
Condé (le prince de), 15, 18.
Condé (le Grand), son fils, 16, 39.
Condé (madame), 198, 249, 287, 300, 319.
Conti (le prince de), 108.
Conti (la princesse de), 173, 281, 320.
Cornu (la), 97.
Courcelles (la marquise de), 63.
Courtanvaux, 141.
Crécy (madame de), 271, 287.

Crussol (la comtesse de), 44.

Dangeau, 93, 102, 103.
Dauphin (le grand), fils de Louis XIV, 172, 281, 313, 329.
Desmarest, 313.
Dubreuil (madame), 253, 299, 347.
Dufrénoy (madame), 101.

Eugène le (prince), 200, 217, 245, 237, 264, 284, 288, 3-5, 337.

Filles d'honneur de la Reine, 118, 119.
Fontenelle, 237.
Fouquet, 81.

Gaillard (le Père), 126.
Gèvres (madame de), 270.
Gonnelieu (le Père), 251.
Gourdon (madame de), 89.
Gouville (la marquise de), 81.
Guerchy (mademoiselle de), 50, 60.
Grignan (madame de), 94.
Guémené (madame de), 273.
Guiche (le comte de), 65, 68, 72, 73, 90.
Guyon (madame), 137.

Harcourt (d'), 269, 305.
Harlay (premier président), 191.
Harlay (archevêque de Rouen, puis de Paris), 81, 84.
Humières (le maréchal d'), 132, 144.

Igny (madame d'), 233.

Jacques II, roi d'Angleterre, 116, 125, 126.
Jansénistes, 123.
Jésuites, 124, 204.

La Ferté (madame de), 88.
La Fontaine, 274, 275.
La Motte, 17.
La Tour (le Père), 183.
Laugeais (le marquis de), 79, 83.
La Baume (la marquise de), 81.
La Chétardie, 302.
La Feuillade (le duc de), 285.
La Villefranche (madame de), 343.
Lauzun (le duc de), 99.
L'Escalopier, 43.
L'Hôpital (la marquise de), 238.
Le Pelletier, 176.
Le Tellier, archevêque de Reims, 140.
La Force (mademoiselle de), 116.
Loison (la), 281.
Longueville (le duc de), 24.
Louis XIII, 2.
Louis XIV, 106, 134, 149, 170, 187, 196, 226, 237, 250, 251, 256, 261, 274, 292, 307, 310, 325, 329, 349.
Louvois, 123, 136, 140.
Luxembourg (le maréchal de), 115, 129, 167.
Luxembourg (le marquis de), son fils, 260, 359.
Luxembourg (madame de), 320, 341.

Montpensier (mademoiselle de), cousine de Louis XIV, 99.
Maine (duchesse du), 320.
Maintenon (madame de), 137, 193, 196, 237, 238, 254, 256, 261, 279, 286, 296, 305, 311, 340.
Marie de Médicis, 1.
Marlborough, 245, 254.
Massillon, 238.
Mazarin (le cardinal), 36, 39, 55, 89.
Mazarin (la duchesse de), 63.
Moines, 177, 296.
Monsen (madame de), 268.
Monsieur, frère du roi Louis XIII, 17, 20.
Monsereaux, 117.
Montbazon (la duchesse de), 28, 69.

Montbazon (la princesse de), 273.
Montchevreuil (madame de), 99.
Montglas (la marquise de), 59.
Moussaye (le marquis de la), 16, 38.
Mussy (madame de), 304.

Ninon de l'Enclos, 41.
Noailles (le duc de), 155, 160.
Novion (le président de), 272.

O (madame d'), 265.
Olier, 268.
Olonne (la comtesse d'), 70.
Orange (le prince d'), 130, 145, 199.
Orléans (la duchesse d'), Henriette d'Angleterre, 90.

Place Royale, 268.
Pléneuf (madame de), 286, 300, 319, 340, 343.
Polignac (la comtesse de), 232.
Pommereuil (la présidente de), 85.
Pontchartrain, 312.
Portsmouth (la duchesse de), 153, 202.

Racine, 113, 195.
Richelieu (le cardinal de), 5, 6, 9, 15.
Roquelaure (la duchesse de), 198.

Sainte-Maure (le comte de), 152.
Sancourt (le marquis de), 65.
Savoie (le duc de), 137, 226, 282, 293, 355.
Ségur (mademoiselle de), 81.
Seignelay (le marquis de), 136.
Soissons (la comtesse de), 67.
Sourdis (de), archevêque de Bordeaux, 18, 19.
Souternon, lieutenant-général, 291.

Tallard (le maréchal de), 295.
Tessé (le maréchal de), 285.
Thianges (madame de), 265.
Tonnerre (la comtesse de), 271.

Uxelles (le maréchal d'), 269, 326.

Valence (madame de), 340.
Vardes (le marquis de), 67.
Vendôme, 155, 201, 264.
Ventadour (le duc de), 233.
Verrue (madame de), 301.
Villars, 267, 300, 323, 332 à 339.
Villeroi, 162 et suiv., 173, 185, 201, 204, 209 et suivantes, 295.
Vigean (mademoiselle de), 197.
Voisin (le chancelier), 303.
Waldeck (le prince de), 130.

FIN.

Paris. — Imprimerie de G. GRATIOT, 30, rue Mazarine.

SUPPLÉMENT

A LA NOTICE DE JUILLET 1856

DES NOUVELLES PUBLICATIONS ET ACQUISITIONS

DE LA

LIBRAIRIE DE GARNIER FRÈRES

6, RUE DES SAINTS-PÈRES, ET PALAIS-ROYAL, 215

10 JUILLET 1856

GALERIE
DE
PORTRAITS

POUR LES

MÉMOIRES DU DUC DE SAINT-SIMON

—

S'ADAPTANT A TOUTES LES ÉDITIONS

—

La Galerie de **PORTRAITS DE SAINT-SIMON** se composera de **38 Portraits** représentant les personnages les plus célèbres du temps, et gravés avec une exactitude remarquable, d'après les tableaux originaux du Musée de Versailles.

———

La Collection formera dix Livraisons qui paraîtront tous les huit jours au prix de 1 fr.; net : 75 c., ou 7/5 ex. à 1 fr.

NOUVEAU
SIÈCLE DE LOUIS XIV
ou
CHOIX DE CHANSONS
HISTORIQUES ET SATIRIQUES

PRESQUE TOUTES INÉDITES, DE 1634 A 1712

ACCOMPAGNÉES DE NOTES

Par le traducteur de la *Correspondance de Madame*
duchesse d'Orléans

Un volume grand in-18 anglais; prix : 3 fr. 50; net : 2 fr. 25.

ESSAI
SUR LA PHILOSOPHIE SOCIALE
PAR CHARLES DOLFUS

---

1 vol grand in-18 : 3 fr. 50; net : 2 fr. 40.

INONDATIONS DE 1856

VOYAGE DE L'EMPEREUR
PAR CHARLES ROBIN
AUTEUR DE L'HISTOIRE DE LA RÉVOLUTION DE 1848

Un joli volume grand in-18 anglais; prix : 1 fr. 25; net : 80 c.

Éditions illustrées in-8° à 1 fr. le vol.; net : 75 c.

OEUVRES COMPLÈTES
DE VOLTAIRE

RÉIMPRIMÉES D'APRÈS LES MEILLEURS TEXTES

Sous la direction de

LOUIS BARRÉ

Illustrées par Ch. Mettais, E. Bocourt, Staal, Gust. Leroux

En vente à 1 fr.; net : 75 c. le volume

Siècle de Louis XIV, illustré par Ch. Mettais. . . .	1 vol.
Siècle de Louis XV. — Histoire du Parlement, illustrés par E. Bocourt.	1 vol.
La Henriade. — Poèmes, — illustrés par Ch. Mettais.	1 vol.

OEUVRES COMPLÈTES
DE
J.-J. ROUSSEAU

RÉIMPRIMÉES D'APRÈS LES MEILLEURS TEXTES

AVEC DES PIÈCES INÉDITES

Sous la direction de

LOUIS BARRÉ

Illustr. par Tony Johannot, Baron, Cél. Nanteuil, Damoureux

En vente à 1 fr.; net : 75 c. le volume

Les Confessions (2 vol.), illustrées de 50 grav.
La Nouvelle Héloïse (2 vol.)

Il paraîtra un ou deux volumes tous les mois.

OEUVRES
DE
JEAN RACINE

AVEC UN

ESSAI SUR LA VIE ET LES OUVRAGES DE J. RACINE
PAR M. LOUIS RACINE

Ornées de 13 vignettes d'après Gérard, Girodet, Desenne

Un beau vol. gr. in-8° jésus : 12 fr. 50 ; net : 8 fr.

Reliure demi-chagrin . . . . 3 fr.
Même reliure, plats en toiles, tranche dorée.   5 fr. 50

OCCASION

Dictionnaire universel d'Histoire naturelle par Charles d'Orbigny. 13 volumes grand in-8°, brochés en 26 parties, avec figures coloriées. — Net : 230 fr. au lieu de 420 fr.

Le même ouvrage, très-bien relié en demi-chagrin. 10 volumes grand in-8°, dont 3 volumes de planches coloriées. — Net : 260 fr.

N'ayant que 3 exemplaires de cet ouvrage, nous prévenons nos correspondants, que s'ils tardaient à nous faire leur demande, elle pourrait rester non avenue.

Paris. — Imprimerie de G. Gratiot, 30, rue Mazarine.

À LA MÊME LIBRAIRIE
ŒUVRES DE M. FLOURENS
Secrétaire perpétuel de l'Académie des Sciences, Membre de l'Académie française, etc.

ÉLOGES HISTORIQUES
LUS DANS LES SÉANCES PUBLIQUES DE L'ACADÉMIE DES SCIENCES
2 vol. grand in-18 anglais. Prix : 3 fr. 50 c. chacun

DE LA LONGÉVITÉ HUMAINE
ET DE LA QUANTITÉ DE VIE SUR LE GLOBE
3e édition, revue et augmentée. 1 v. grand in-18 ang.
Prix : 3 fr. 50 c.

HISTOIRE DES TRAVAUX ET DES IDÉES DE BUFFON
2e édition, revue et augmentée. 1 vol. grand in-18 anglais.
Prix : 3 fr. 50 c.

CUVIER
HISTOIRE DE SES TRAVAUX
2e édition, revue et augmentée. 1 vol. grand in-18
Prix : 3 fr. 50 c.

FONTENELLE
OU DE LA PHYSIOLOGIE MODERNE RELATIVEMENT AUX SCIENCES PHYSIQUES
1 vol. grand in-18 anglais. Prix : 2 fr.

DE L'INSTINCT ET DE L'INTELLIGENCE DES ANIMAUX
3e édition, entièrement refondue et augmentée
1 vol. grand in-18 anglais. Prix : 2 fr.

EXAMEN DE LA PHRÉNOLOGIE
3e édition, augmentée d'un Essai physiologique sur la folie
1 vol. grand in-18 anglais. Prix : 2 fr.

ŒUVRES COMPLÈTES DE BUFFON avec la Nomenclature linnéenne et la classification de Cuvier. Édition nouvelle, revue sur l'édition in-4º de l'Imprimerie royale; annotée par M. FLOURENS, membre de l'Académie française, Secrétaire perpétuel de l'Académie des sciences, professeur au Muséum d'histoire naturelle. Les *Œuvres complètes de Buffon* forment 12 volumes grand in-8º jésus; illustrées de 161 planches, 800 sujets coloriés, gravés sur acier d'après les dessins originaux de M. Victor Adam; imprimées en caractères neufs, sur papier pâte vélin, par la typographie J. Claye.

M. le Ministre de l'Instruction publique a souscrit, pour les bibliothèques, à cette magnifique publication (aujourd'hui complètement achevée), reconnue par les hommes les plus compétents comme une édition modèle des œuvres du grand naturaliste. Le nom et le travail de M. Flourens la recommandent d'une façon toute particulière, et lui donnent un cachet spécial.

Pour satisfaire aux nombreuses demandes des personnes qui préfèrent l'acquisition par volumes, à la vente par livraisons, nous avons ouvert une souscription par deux volumes du prix de 8 francs.

www.ingramcontent.com/pod-product-compliance
Lightning Source LLC
Chambersburg PA
CBHW071856230426
43671CB00010B/1359